# 智能与数字传播丛书
## 编审委员会

（按姓氏笔画排序）

| | |
|---|---|
| 王成军（南京大学） | 王国燕（苏州大学） |
| 韦　路（浙江大学） | 匡文波（中国人民大学） |
| 杨　正（苏州大学） | 吴小坤（华南理工大学） |
| 沈　阳（清华大学） | 张梦晗（苏州大学） |
| 张明新（华中科技大学） | 陈积银（西安交通大学） |
| 周荣庭（中国科学技术大学） | 周葆华（上海交通大学） |
| 周舒燕（苏州大学） | 高博文（苏州大学） |
| 曹三省（中国传媒大学） | 巢乃鹏（深圳大学） |
| 喻国明（北京师范大学） | 程　曦（苏州大学） |

智│能│与│数│字│传│播│丛│书

# INTRODUCTION TO NEW MEDIA CULTURE

# 新媒体文化导论

周舒燕 ◎ 编著

中国科学技术大学出版社

## 内 容 简 介

本书在综述媒介文化理论历史的基础上,介绍了新媒体文化的意识形态与权力、符号与表征、生产与劳动、消费与受众、性别视角、空间批评、身体研究、视觉性等专题,并分别探讨了新媒体、青年与亚文化研究以及新媒体、全球化与民族文化相关内容。每章分别按照理论脉络的梳理、重要理论家观点的呈现、新媒体文化案例研究进行展开介绍,所列案例尽可能切合新媒体文化的时代性和代表性。本书可作为新闻传播学本科教材。

**图书在版编目(CIP)数据**

新媒体文化导论/周舒燕编著. —合肥:中国科学技术大学出版社,2023.6
(智能与数字传播丛书)
ISBN 978-7-312-05678-9

Ⅰ.新⋯　Ⅱ.周⋯　Ⅲ.传播媒介—文化研究—高等学校—教材　Ⅳ.G206.2

中国国家版本馆 CIP 数据核字(2023)第 091188 号

---

**新媒体文化导论**
XIN MEITI WENHUA DAOLUN

| | |
|---|---|
| 出版 | 中国科学技术大学出版社<br>安徽省合肥市金寨路96号,230026<br>http://press.ustc.edu.cn<br>https://zgkxjsdxcbs.tmall.com |
| 印刷 | 合肥市宏基印刷有限公司 |
| 发行 | 中国科学技术大学出版社 |
| 开本 | 787 mm×1092 mm　1/16 |
| 印张 | 13 |
| 字数 | 275 千 |
| 版次 | 2023 年 6 月第 1 版 |
| 印次 | 2023 年 6 月第 1 次印刷 |
| 定价 | 50.00 元 |

# 前　言

随着移动互联网技术的高速发展,以智能手机、电脑等为终端的数字媒体对传统媒体造成了一定的冲击。在万物互联、万物皆媒的当代,文化生产与文化消费的形态正在不断发生转变;微信等社交媒体、购物软件、短视频、直播、电子游戏、数字电影、虚拟现实、聊天机器人等重新构建了我们的日常生活与文化实践。在此背景下,《新媒体文化导论》关注的是媒介文化理论在新媒体时代的发展与趋势。虽然以理论学习为主,但媒介文化研究思考的起点则是我们每天身处其中的文化文本、经验与现象。尤其是当我们越来越陷入一个与深度感悟、深度思考相背离的后现代文化环境时,如何在碎片化、虚拟化式的消费中建立个人审慎的思考、批判的意识和反思的维度,这对于高等教育来说是至关重要的。

自20世纪六七十年代开始,媒介文化研究随着英国伯明翰文化研究中心在大学内的建制化发展而逐渐成为传播学学科之下重要的方向之一。此后,欧美许多大学将媒介文化研究纳入大学人文社科类专业教学的主要课程中。特别是在八九十年代,诸多相关英文教材陆续出版,集结了一系列以批判与阐释为主的大众文化理论,也进一步奠定了这一方向学习研究的基本范式。21世纪第一个十年间,媒介文化研究开始陆续在我国各大学的新闻传播学专业作为一门专业课程出现。这一领域一直是苏州大学传媒学院在本科及研究生培养方面重点发展的领域。在本书出版之前,国内已有苏州大学陈龙教授的《媒介文化通论》(2011)、暨南大学曾一果教授(曾在苏州大学任教)的《媒介文化理论概论》(2015)等作为参照。在这些基础上,本书致力于将20世纪以来在西方兴起并发展至今的媒介文化理论,融合到以21世纪以移动互联网为载体、以我国本土为主要语境的大众文化与大众传播当中,从而思考、解读和阐释当代新媒体文化的生产、传播与消费。

本书首先以媒介技术和媒介文化的关系为切入点,简要回顾媒介文化理论发展的脉络。其次,按照不同的理论角度,分为意识形态与权力、符号与表征、生产与劳动、消费与受众、青年与亚文化研究、性别视角的批评、空间视角的批评、全球化与民族主义研究、身体视角的批评、视觉文化研究,共计10个专题的内容。每章内容分别按照理论发展历程的梳理、重要的理论家观点呈现、新媒体文化案例研究来展开介绍,案例分析尽可能切合互联网文化的时代性和典型性。在内容方面,作者尽可能兼顾相关理论概念的深度与广度:一方面,试图勾连立足于传统媒体的经典大众文化理论在新媒体时代的发展与转变,不仅关注概念被提出的历史语境,也考察概念在当下的意义更新与使用变化;另一方面,书中涉及的理论、相关概念的辐射面较广,也具有跨学科的属性。因此,作者在能力范围内试图以尽量简洁、清晰、概括的方式来对一些艰涩理论进行介绍,并结合实例,将本书作为一本经典理论与当代互联网文化实践相互对话的基础读本,以适用于大学相关专业本科高年级学生的理论学习,或作为媒介文化研究方面的参考书目。

苏州大学传媒学院王磊(第一章)、裴雨欣(第二章)、冯仪(第三章)、赵哲(第四章)、王奕昕(第五章)、丁怡青(第六章)、吴子铭(第七章)、谈朱斐(第八章)、于欣婉(第九章)和应佳倩(第十章)10位研究生,对本书各章节相关文献的搜集和资料的整理,为本书的顺利成稿提供了重要帮助,也在书稿校对方面付出了心血,在此表示感谢。此外,还要感谢苏州大学传媒学院马中红教授的悉心审阅与宝贵建议,以及王国燕教授的统筹安排和大力支持,使得本书得以如期顺利出版。

# 目　录

前言 ……………………………………………………………………（ⅰ）

**绪论　媒介文化理论的过去与现在** ………………………………（ 1 ）
　第一节　媒介技术与媒介文化 ……………………………………（ 2 ）
　第二节　"漫长的革命"：文化思潮的变迁 ………………………（ 6 ）
　第三节　媒介文化理论的主要流派 ………………………………（ 11 ）
　第四节　回归本土与当下：新媒体文化研究 ……………………（ 15 ）

**第一章　新媒体文化的意识形态与权力** …………………………（ 20 ）
　第一节　文化领导权与大众共识的建构 …………………………（ 20 ）
　第二节　意识形态与主体询唤 ……………………………………（ 25 ）
　第三节　话语、权力与规训 ………………………………………（ 30 ）
　第四节　案例分析：网络事件中的话语争夺 ……………………（ 34 ）

**第二章　新媒体文化的符号与表征** ………………………………（ 38 ）
　第一节　理解符号：索绪尔与皮尔斯 ……………………………（ 39 ）
　第二节　神话学与表征的文化政治 ………………………………（ 43 ）
　第三节　符号消费与符号狂欢 ……………………………………（ 49 ）
　第四节　案例分析：网络恶搞文化中的符号游戏 ………………（ 54 ）

**第三章　新媒体文化的生产与劳动** ………………………………（ 57 ）
　第一节　法兰克福学派的文化工业批判 …………………………（ 58 ）
　第二节　传播政治经济学视角下的文化产业 ……………………（ 62 ）
　第三节　新经济模式中的劳动与劳动者 …………………………（ 67 ）
　第四节　案例分析：平台经济与数字劳动 ………………………（ 71 ）

**第四章　新媒体文化的消费与受众** ………………………………（ 74 ）
　第一节　悲观的文化消费论 ………………………………………（ 75 ）
　第二节　乐观的文化消费论 ………………………………………（ 79 ）
　第三节　粉丝文化、参与式文化与媒介融合 ……………………（ 85 ）
　第四节　案例分析："饭圈"与粉丝经济 …………………………（ 89 ）

## 第五章　新媒体、青年与亚文化研究 （93）
### 第一节　亚文化研究的兴起与发展 （94）
### 第二节　伯明翰学派的青年亚文化理论 （98）
### 第三节　数字时代的后亚文化转向 （104）
### 第四节　案例分析：网络青年亚文化的抵抗与收编 （109）

## 第六章　新媒体文化的性别视角 （112）
### 第一节　大众媒介与性别身份的建构 （113）
### 第二节　女性主义媒介批评的兴起与发展 （118）
### 第三节　性别话语的多元化与后现代转向 （121）
### 第四节　案例分析：新媒体与女性赋权 （125）

## 第七章　新媒体文化的空间批评 （128）
### 第一节　列斐伏尔与空间的生产性 （128）
### 第二节　福柯与空间权力观 （133）
### 第三节　大卫·哈维的后现代空间思想 （138）
### 第四节　案例分析：短视频中的乡村空间生产 （142）

## 第八章　新媒体、全球化与民族文化 （145）
### 第一节　大众传媒与想象的共同体 （146）
### 第二节　东方学与后殖民批判 （150）
### 第三节　网络民族主义的发展与影响 （155）
### 第四节　案例分析：网络文学及动画的文化传播 （160）

## 第九章　新媒体文化的身体研究 （163）
### 第一节　文化理论的"身体"转向 （164）
### 第二节　身体规训与身体抗争 （166）
### 第三节　后人类、赛博格与技术化的身体 （172）
### 第四节　案例分析：网络社交平台的身体表演 （177）

## 第十章　新媒体文化的视觉性 （181）
### 第一节　图像转向、景观社会与媒体奇观 （182）
### 第二节　观看中的欲望与认同 （187）
### 第三节　拟像与超真实 （192）
### 第四节　案例分析：虚拟现实的视觉景观 （196）

# 绪论　媒介文化理论的过去与现在

随着媒介技术的高速发展,新媒体的兴起不仅给当代大众文化形态带来了巨大的变革,还对人们的日常生活乃至认识和感知世界的方式都产生了至关重要的影响。"新媒体"(New Media)的"新"强调时间上的连续性、相对性和变化,因此新媒体的形态本身就是在不断发展的、非固定的。本书谈到的"新媒体"是相对于"传统媒体"而言的,即在报纸、广播、电影、电视等传统媒体之后发展起来,基于数字技术、网络技术及其他现代信息技术或通信技术的具有高度互动性的媒介形态,包括网络媒体、手机媒体和这两者融合形成的移动互联网,以及其他数字媒体形式。① 正如彭兰所强调的,新媒体必然有两个基本特征:数字化和互动性;不同的新媒体都在共同走向网络化、移动化和融合化。② 当今,手机、笔记本、平板电脑等移动设备的普及,一方面催生着新的文化话语及权力的出现;另一方面,也促使人们更深地卷入以媒介为中心的生活方式——即"媒介化生存"之中。因此,本书所讨论的"新媒体文化",指的就是依托于互联网及数字媒体来进行生产、传播与消费的媒介文化,包括这些文化的经济基础、表征与实践,也包括文化参与的主体。③ 值得注意的是,在"新媒体文化"中,某些文化形式在新的媒体诞生之前就已经出现,如粉丝文化、青年亚文化等,它们在互联网媒介环境中展现了新的变化与特点;而另一些文化类型则是在新媒体的直接刺激下产生的,如直播、短视频文化等,这些都在本书的考察之内。

纵观新媒体环境下的文化生态:互联网企业与平台经济模式构成了新的文化产业基础,流量成为衡量文化产品的重要指标;视频与直播替代了单一图像,主导了新的视觉文化图景;消费主义以无孔不入的方式被包裹在数字打造的拟像世界中;狂欢与麻木、快感与颓丧同时浮现于网络的各种符号游戏里;流动的虚拟文化圈层与部落不断形成;最先掌握并适应新媒体技术的青年一代成为新媒体文化的主力军。在这一时代背景下,如何从自身所处的文化经验出发,来更新媒介文化理论与批判的视角;或者说,在新媒体的语境下如何发展媒介文化研究,重新激活经典概念的解释效力,是亟待解决的问题。

因此,新媒体文化研究关注的是媒介文化研究在新媒体时代的发展趋势,这需要我

---

① 彭兰.新媒体导论[M].北京:高等教育出版社,2016:2.
② 彭兰.新媒体导论[M].北京:高等教育出版社,2016:3.
③ 本书中,"媒介"与"媒体"这两个词时常是混用的。严格意义上来说,媒介更强调传播的介质属性,即信息传播的载体、中介;而媒体则有两种用法,或强调传播的主体,即具体的传播机构;或强调传播介质的大众传播属性。

们为媒介文化建立起一系列历史框架。首先,是媒介文化发展与媒介技术变革之间的相互作用与影响,即我们是如何来到当代这个围绕着互联网及移动数字媒体来进行文化表达的时空场域的。其次,建立自现代以来——尤其是第二次世界大战之后所发展起来的大众文化及思潮的概括性认识,从而搭建起一条从传统媒体所主导的大众文化到当代新媒体文化的路径。再次,从历史框架中,勾勒媒介文化研究领域中较为重要的流派、代表人物、主要观点等,期望进入具体的理论视野。最后,回到当下的文化现状与情境中,来总结媒介文化研究的问题意识在新时期的延续与转变。作为学习的开端,本书也希望能培养起一种以批判性的理论视角来关切、反思并促进我国文化发展的意识。简言之,就是将媒介文化研究理论融合到以新媒体为载体、以我们自身所处的文化再现与文化实践为对象中,来批判性地思考、解读和阐释当代文化话语的生产、传播与消费。

## 第一节　媒介技术与媒介文化

把文化置于某种特定媒介载体的时候,我们已经将技术性的介质带到了文化的构成中。概括而言,媒介技术,也就是传播技术,可以界定为生产、复制与传递信息及文化产品的物质工具、手段、知识与操作技艺的总称。在当代,人们几乎所有的衣食住行和文化生活都开始依赖互联网和各种电子设备。而媒介的意义也似乎越来越等同于数字网络技术,或者手机与电脑等硬件本身。当然,技术无疑是新媒体时代大众传播中最关键的部分,它对文化产品的生产机制、文本形态和接受方式都起到了重要作用。以移动通信技术为例,3G时期图像及文字信息传播的便利带动了社交媒体的崛起,4G时期又掀起了短视频文化的繁荣,而紧接着,5G的"万物互联"或将催生新的文化行业。媒介技术的进步正在以越来越快的速度改变人们的文化生活。那么,媒介技术的革新究竟如何作用于社会文化的变迁?媒介文化形态是否直接为某种媒介技术所决定?或者说,如何把握媒介技术和媒介文化二者之间的关系,从而更好地理解当前的新媒体文化语境?这些问题是值得我们重视的。

### 一、媒介技术带来的变革

在《媒介建构》(2006)一书中,劳伦斯·格罗斯伯格(Lawrence Grossberg)等学者从传播技术和文化的角度为讲述媒介历史提供了一个宏大的叙事模式。这个叙事模式通过将媒介的历史划分为口语文化、书写文化、印刷文化和电子文化四个阶段,来思考传播技术的变革在何种程度上决定了人类社会文化的发展方向。① 当然,这些历史阶段的划分并不是将某种技术和文化对应起来,并在时间线上依次缝合。相反,任何一个历史时期都是不同传播技术与文化之间的相互叠加。也就是说,在具体的时空中,多种媒介技术和媒介文化是同时并存的。格罗斯伯格对这四个阶段文化特征的概括性梳理,可以总结为媒介技术之于文化变革的作用。

### (一) 口语文化

在这方面,沃尔特·昂(Walter Ong)的研究被认为是最具代表性的。② 在最原始的口口相传阶段,他描述了口语文化的三个特征:其一,在口语文化中,人们对时空以及"真实"的感知是模糊的。由于没有物质载体的记录,口语文化的历史依托于不断被讲述的故事以及这些故事在讲述之时的呈现。神话和真实在口语文化中交织在一起,并给每一代讲述的人留下许多想象空间。其二,口语文化也对应着一种主题化和模式化的记忆体系。因为故事在口语传播过程中,人们倾向于记住主题和结构梗概,具体的传播内容则会根据传播者特定的记忆方式和表达方式而各具特色。其三,在口语文化中,表演比原创更重要。每当一首史诗或一个神话被表演的时候,它就被再次创造了,还为之后的表演者提供了参考模式。可以说,口语文化中没有"作者",只有"表演者"。就社会结构和权力组织形式而言,口语传播的这些特点,一方面决定了文化权力掌握在一小部分人手中,而这些人通常具有说话的权威性;另一方面,口语文化也依托代际传播,年轻人听从富有经验和阅历的老者,个人服从部落、宗族或社会整体的需要,人们的社会关系和行为方式也被严格地管理和控制。因此,口语文化对应着一个僵化且阶层分明的世界。

### (二) 书写文化

书写的出现改变了传播者与接受者的关系:他们不需要必然在同一个时空中;而信息被记录在案,传播也不再完全依赖于记忆。书写也培养了抽象思维,将主题性的记忆变成逐字逐句的记忆。因此,较之口语文化,书写文化产生了重要的变化。首先,书写的出现使得确切的、标准化的文字文本成为可能。在书写文化中,王朝、政府等权力机构登场,所有社会规则和法律条文都有据可循,这些成为人们在社会中生存的依据。其次,"作者"的概念诞生了。拥有读写能力的人成为文化精英,掌握了知识特权,对应着严格的社会分层和等级制度。最后,书写文化延展了人们的时空观念,将更大范围的群体和时空连成整体。同时,不同的书写介质克服了时空的限制来传递知识,在文化中起到了不同的作用。正如哈罗德·伊尼斯(Harold Innis)讨论"媒介的偏向"时指出,人们对文明的理解很大程度上取决于这种文明的媒介使用情况。书写在石碑上的文字得以克服时间限制而被保存下来,但不利于空间上的传递,这一类知识往往被具有文化特权的人

---

① 劳伦斯·格罗斯伯格,等. 媒介建构:流行文化中的大众媒介[M]. 祁林,译. 南京:南京大学出版社,2014:33.
② Ong W. Orality and Literacy: The Technologizing of Word[M]. London: Methuem, 1982.

所掌握;而书写在纸上的文字则克服了空间限制,但不利于时间上的保存,这使得权力的中心可以延伸到更远的地方。①

### (三) 印刷文化

伴随印刷术的普及,传播的方式与文化进入"复制时代"。印刷文化产生的变革也十分显著。首先,印刷术导致的最显著结果,正在于挑战了原本文化结构中的精英特权。书写逐渐摆脱了文化精英的垄断,为普罗大众所掌握。技术的进步也使得书写成本变小,报纸和小说等纸质媒体走向普及。人们利用印刷物宣传推广各自的政治理念,新的政治组织和势力也由此形成。其次,在印刷文化中,阅读习惯进一步推动了抽象的、逻辑性的思考,并形成了对意义表述精准的追求。视觉也彻底超越听觉,成为主导的认知模式。马歇尔·麦克卢汉(Marshall McLuhan)强调印刷技术改变了人们的意识和思维习惯,他认为读者的眼睛与印刷文本的关系形成了线性的思维结构。② 最后,线性的思维模式也产生了与之相对应的时空观。一方面,过去、现在与未来被连接成一条线性历史时间,而历史的进步指向不确定的未来;另一方面,空间也被扩张为整个世界,冒险家和殖民者开启了对外在世界的探索,并期待将自己的文化、政治、信仰扩散到别处。

### (四) 电子文化

电子技术可以追溯到19世纪电报的发明。用詹姆斯·凯瑞(James Carey)的话说,"电报最重要且直接的意义在于它明确划分了'运输'与'传播'之间的差别……电报能让信号的传递脱离地理空间的限制,而且它的速度比'运输'快多了。"③电报不仅跨越空间实现了即时传播,还使得全球形成了统一的计时标准——一套以格林尼治为起点的时区体系。此后,广播、电影、电视、计算机、手机等不断更新的电子传播手段为人们的沟通与文化生活带来了巨变。尽管格罗斯伯格认为我们距离这些电子技术诞生的时代太近,以至尚不能确切指出它们在人类进化历程中的作用④,但电子文化的特征显然已经凸显。首先,电子文化同时加快了由知识权威而造成的社会分层,以及由知识普及所促进的民主化进程。随着信息网络的铺开,社会权力由集中走向弥散,权力也被重新分配。其次,在电子文化中,文化产品的生产者与接受者的界限在不断模糊。而电子媒介又能够根据受众个性化的兴趣及品味,将其区隔成不同类型的文化圈层。影像奇观所打开的多重感官体验替代了书写及印刷时代的理性逻辑。最后,人们的时空观念再次发生重构。线性时间观被消解,时间日益走向碎片化;而空间也被压缩,世界被进一步整合为"地球村",由电子媒介构建的"虚拟时空"开始入侵物质时空。

---

① Innis H. The Bias of Communication [M]. Toronto: University of Toronto Press, 1951: 33.
② McLuhan M. Understanding Media: The Extensions of Man [M]. Massachusetts: MIT Press, 1994: 172.
③ Carey J. Communication as Culture: Essays on Media and Society [M]. New York: Routledge, 2009: 110.
④ 劳伦斯·格罗斯伯格, 等. 媒介建构:流行文化中的大众媒介[M]. 祁林, 译. 南京: 南京大学出版社, 2014: 43.

## 二、对技术决定论的反思

上述的历史叙述搭建出媒介技术的发展与进步是如何建构了某一种特定的媒介文化,以及这一媒介文化中的社会权力结构、主体的感知与思维方式、时空的观念等。这种叙述也赋予媒介技术以决定性的作用。事实上,持这一观点的许多研究在某种程度上都能被归为"技术决定论"。技术决定论强调媒介技术对于人类社会发展的作用;或者说,这一理念相信媒介技术是推动社会进步、文化变革的重要因素,甚至是唯一的因素。也因此,在技术决定论的框架下,文化的发展必然由技术所决定。例如,伊尼斯认为,"我们可以假设,长期使用一种媒介可以在某种程度上决定知识传播的性质,其广泛影响会创造新的文明:旧的生活方式将不再合适,新媒介的优势会导致新文明的产生。"[①]而同样,麦克卢汉也论述了媒介技术如何决定历史进程,他相信某一时期对于特定传播工具的使用必然会重构人的思维意识。他也将媒介技术的发展史与人类社会文化的发展史合一,认为无论在哪一个时期——"媒介即人的延伸"。

沿袭这个思路,"新媒体文化"必然是处在电子文化阶段的媒介技术进一步走向数字化、智能化和网络化所带来的结果。技术决定论的前提会令我们思考:电脑与智能手机的普及使人们认识世界和感知世界的方式发生了何种变化?电子媒介如何建构了人们的日常生活,以至离开手机与网络,习以为常的现代都市生活甚至将无以为继?依托互联网平台,人们的文化社群、习俗与仪式如何逐步从现实转移到虚拟空间?大数据和算法推荐机制会在何种程度上加固信息茧房和文化边界,又会在何种程度上突破它们?或者,当人们沉浸于以几十秒到几分钟为单位的短视频观看下,人的思维方式将受到何种影响?这些问题对我们思考新媒体文化至关重要。但是在提问的同时,这些问题背后所隐含的逻辑便是从技术的变革出发,预设技术的推进必然导致文化以及文化主体的转变。

然而,如果仅从单一的技术决定论视角来思考媒介文化,那么我们对文化的认识就会局限在技术生产的框架内,同时,也似乎将媒介技术预设为一种外在的、偶然的、中立的产物。对此,英国文化研究学者雷蒙·威廉斯(Raymond Williams)从文化与技术的关系上,对技术决定论进行了批判。威廉斯认为,我们不应该将媒介技术的演变视为某种客观、偶然的简单事件——比如电视的发明。相反,技术的发明及使用总是为了满足特定的社会需求,或是解决特定的社会问题。并且,媒介技术在社会文化中的普及也有赖于特定的经济资本、政治权力,以及大众的文化生活需求。此外,他认为技术决定论也忽略了人对于技术的能动性。尽管媒介技术在一定程度上决定着人的思维与观念,但是人也可以能动地使用技术,且根据自己的需要对技术结构进行调整,而这决定了技术对于

---

① Innis H. The Bias of Communication [M]. Toronto: University of Toronto Press, 1951: 34.

个体、社会以及历史发展的效果。① 换句话说,技术也受到社会文化以及处在社会文化之中作为主体的人的影响。因此,用辩证的方式去看待媒介技术与媒介文化之间的关系,能够丰富我们对新媒体文化的理解。从文化与人之于技术的视角,一方面,可以思考社会群体如何使用媒介技术,或者说,这些群体如何决定媒介技术在文化层面的呈现形态;另一方面,也需要不断反思技术与资本、权力所形成的新的压迫形式,以及诉求文化抵抗的可能性。例如,乡村群体如何运用手机在短视频时代进行某种特定的文化表达?三农短视频又是怎样扭转了曾经的乡村与农民的媒介再现?青年人对于新媒体的掌握如何使得他们在大众文化生产中扮演了越来越重要的角色,进而呈现出"文化反哺"?弱势群体如何通过社交网络来诉求平等与合法权益?

因此,尽管媒介技术的进步不断推动着文化发展,但是社会文化以及文化中的人也在很大程度上影响着技术的发明、使用以及演变方向。厘清二者彼此作用的关系有助于我们在对具体文化现象提问时,了解问题背后的预设以及我们所在的立场。特别是将媒介技术、媒介文化与人的因素纳入一个交互的、变化的结构中去看。简言之,在新媒体文化语境下,不断更新的媒介技术为生活带来舒适与便利,为普罗大众打开了文化表达与创造的机会。同时,反思媒介技术在何种程度上对文化群体形成了新的压迫与控制,使得人逐渐受制于技术,这亦是十分必要的。

## 第二节 "漫长的革命":文化思潮的变迁

在媒介技术与媒介文化的关联之外,媒介文化有其自身的发展脉络,尤其是"文化"这一概念是如何伴随着社会变革与大众文化的蓬勃发展被重新理解的。在《漫长的革命》(1961)中,雷蒙·威廉斯对"文化"一词进行了追溯。在欧洲中世纪晚期,"文化"最早的含义指的是自然作物的种植和田间管理。而之后,类似的意义被用来描述对人的智力、精神、美学的培养,并被赋予了"荣誉与尊贵"的含义。19世纪以后,"文化"又被发展为"对人特殊能力、感觉、习惯培养的过程",被认为是"被思想和被言说的最美好的东西",这与某种掌握了文化资源的精英阶层联系在一起。而到了两次世界大战之后的20世纪50年代,"文化"开始被理解为人们的生活方式,不过仍包含"现代化与进步"的含义。面对大众文化的兴起,威廉斯对"文化"的定义是:"文化是人们的日常生活经验和实践,包括生产语言和意义、制造和解释感觉、传播信息等。"这一概念建立在反对文化精英主义的立场上,也就是反对将文化限定在高雅文化的领域。约翰·斯道雷(John Storey)总结了威廉斯对于文化定义的三个方面:一是文化是指智力、精神和美学发展的一般过

---

① Williams R. Television:Technology and Cultural Form[M]. Hanover,CT:Wesleyan University Press,1992:8-13.

程。二是文化是一个群体在一段时间中特定的生活方式。三是文化是智力及美学创造的作品及实践。① 这三个方面的意涵可以将各种活生生的文化活动以及各种流行文化文本都纳入到文化研究的范畴中。

  本节另一个目的是将媒介文化本身以及相关的思想家及其观点进行历史化。这一历史化的前提至关重要,我们需要在脑海中建立这样的意识:首先,媒介与文化都处在不断变动的过程中,随着历史与权力形式的变迁,媒介文化在特定的历史时期都具有特定的生产、传播与消费的形态,因此在具体的文化语境中来思考媒介文本及话语,是形成问题意识的基础。其次,所有理论家和学者,无论他们来自何种学科背景,他们对自身所在的媒介文化与社会所提出的问题、观点和讨论也都具有历史性。在很多时候,了解一位学者所遭遇的文化经验也有助于理解他在何种情况下提出了怎样的观点、回应何种现象,进而了解其创见性和局限性。再次,建立历史化脉络有助于我们了解不同理论家之间的对话与论争、继承与发展,从而能够比较不同观点之间的差异与联系。在媒介文化理论的发展过程中,许多概念都经历了不同学者的思考、批判和创新,使之契合社会变革的进程。最后,理论总是具有相当的普适性,理论家的伟大之处也在于他立足于自身所在的时代并提出了超越时代的思考。这也是为什么在形成对新媒体文化的研究和考察时,在很大程度上仍需借助经典的理论概念和框架,来试图理解和解释当代问题。曾经适用于报纸、杂志、电视、电影等大众传播时代的媒介文化理论在进入对于新媒体时代问题和现象的解释中,也会被重新激活与更新。

  "媒介文化"的兴起伴随着大众传播和大众文化在全球范围内的出现,这一进程往前大致可追溯到19世纪晚期,往后则一直延续到今天。在对媒介文化的历史脉络进行相当简要地概括之前,可以先浏览一下从现代到后现代文化思潮的发展脉络中这些随机的、琐碎的历史时刻:

1867—1894年,德国,卡尔·马克思发表《资本论》。

1895年,法国,卢米埃尔兄弟放映《火车进站》等一系列电影短片。

1900年,奥地利,西格蒙德·弗洛伊德发表《梦的解析》;同年,德国,弗里德里希·尼采去世。

1922年,英国,BBC广播公司成立。

1925年,英国科学家成功研制电视机;次年,意大利共产党安东尼奥·葛兰西被捕入狱。

1938年,德国法兰克福学派学者西奥多·阿多诺流亡美国。

1949年,法国,西蒙娜·波伏娃发表《第二性》。

1955年,美国,玛丽莲·梦露在好莱坞电影《七年之痒》中的白裙造型成为性感象征。

1960年,美国,87%的家庭拥有至少一台电视机;同年,英国披头士乐队成立。

---

① 约翰·斯道雷.文化理论与大众文化导论[M].常江,译.北京:北京大学出版社,2019:2.

1965年,法国,米歇尔·福柯发表《疯癫与文明》。

1968年,英国,斯图亚特·霍尔成为伯明翰大学文化研究中心主任;同年,美国,黑人运动领袖马丁·路德·金遇刺;菲利普·迪克发表小说《仿生人会梦见电子羊吗?》。

1978年,中国改革开放;同年,中日和平友好条约正式生效;两年后,中央电视台播出《铁臂阿童木》。

1992年,美国,亨利·詹金斯发表《文本盗猎者》;同年,中国香港"四大天王"风靡亚洲。

1994年,中国正式连入Internet;同年,美国世界杯巴西队夺冠,总观众人数破纪录;次年,摩托罗拉推出世界第一款翻盖手机。

1998年,中国,痞子蔡发表网络小说《第一次亲密接触》;次年,美国,电影《黑客帝国》上映。

2004年,美国,马克·扎克伯格创立Facebook;中国,湖南卫视推出《超级女声》。

2009年,中国,哔哩哔哩视频弹幕网站创建;由单机游戏改编剧《仙剑奇侠传三》热播。

2019年,中国,5G进入商用元年;虚拟偶像市场开始崛起。

2020年,全球新冠肺炎疫情暴发;日本任天堂游戏《动物森友会》大卖。

事实上,在从19世纪末至今漫长的历史进程中,当我们任意抽取一些零散的文化事件,都可以关注到这些事件背后所标记出的社会文化语境是怎样的。同时,那些代表性的理论家与他们所经历的文化实践之间微妙的关联也会从中体现。总体而言,西方媒介文化的发展及其背后的文化思潮可以粗略地划分为三个阶段:

## 一、19世纪末至两次世界大战时期

自19世纪末以来,资本主义经济危机和社会阶级的变革此起彼伏,媒介与文化的变革也正在发生。城市化进程加快,都市公共空间逐步打开。纸媒业的兴盛促进了新闻、广告、通俗小说的流行。摄影技术和电影的出现以及影像的大规模生产,标志着世界开始步入了图像时代。一个与以往截然不同的、全新的大众文化领域开始出现。例如,多米尼克·斯特里纳蒂(Dominic Strinati)指出,20世纪二三十年代是通俗文化研究富有意义的转折点,"电影和电台的出现,文化的大批生产和消费,在一些西方社会中法西斯主义的崛起与自由民主政治的成熟,全都在为大众文化论争提供条件方面起了自己的作用"。① 当然,不仅是在欧美国家,同时伴随着资本主义的全球扩张和殖民主义的入侵,在西方之外的世界也开启了一系列现代文化的改革进程。尽管现在谈到"现代主义",通常都将之理解为文学或艺术领域的一种思潮,而事实上,在20世纪初期,一种面向普罗大

---

① 多米尼克·斯特里纳蒂.通俗文化理论导论[M].阎嘉,译.北京:商务印书馆,2003:9.

众的"现代主义"正在通过新兴的大众媒介与通俗文化带到每个人的日常生活与文化实践中,人们正是在这种媒介经验中步入了"现代"。①

可以说,在西方现代性的框架中,卡尔·马克思(Karl Heinrich Marx)的社会批判和西格蒙德·弗洛伊德(Sigmund Freud)的精神分析为20世纪以来人文社科的发展提供了重要的理论基础。② 简单来说,马克思理论从社会外在的政治经济结构入手,揭示了资本主义生产方式的固有矛盾以及资本主义的社会规律与阶级冲突;而弗洛伊德则是从资本主义社会中的人的内在性出发,继而搭建了关于主体的无意识、欲望以及认同的学说。他们都深刻影响了20世纪的社会文化理论思潮。

## 二、二战之后到20世纪80年代

特别是20世纪六七十年代,是一个文化变革与批判性理论思潮大爆发的时期。经历了两次世界大战,欧美的大众传播和流行文化在战后得到了快速的发展。一方面,传统精英文化和大众文化的边界进一步消解,文化休闲、娱乐与消费构成了彼时欧美民众工作之外生活的重心。马克思时期围绕着工业化大生产所展现的社会权力斗争与阶级冲突,被一种更日常的、柔性的、话语符号层面的权力控制与抵抗所替代。另一方面,随着社会权力的变化与流动,社会阶层也进一步分化,已无法简单从阶级的二元划分加以指认。例如,在20世纪50年代婴儿潮中诞生的大批人口到六七十年代成为欧美青年亚文化的主力,这些年轻人在文化生产与认同方面显著地区别于他们的工人阶级父母辈。同时,随着越来越多的女性进入职场,公私领域的性别平等问题变得突出。到了60年代,家庭主妇的"无名"问题、男女同工同酬等运动激发了欧美第二波女性主义的浪潮。此外,城市的移民潮以及黑人独立运动,也使得少数族裔的社会问题与文化表达进入大众视野。以上这些代际、性别和种族的问题在欧美战后的凸显,都使得文化权力和文化身份的问题变得至关重要。

在这一语境下,战后西方学界开启了一系列对大众文化的热切关注。首先是战后西方马克思主义理论的文化转向。许多欧洲的左翼理论家致力于弥补马克思主义政治经济学中对于"上层建筑"问题的空缺。他们不约而同地注意到了大众文化的兴起所带来的社会控制形式的转变,也留意到"意识形态"这个概念的重要性。其次是结构主义思潮的兴起。瑞士语言学家费迪南·德·索绪尔(Ferdinand de Saussure)的结构主义语言学对战后西方的思想文化——尤其是法国哲学——产生了深远的影响。克洛德·列维-斯特劳斯(Claude Levi-Strauss)的结构主义人类学、米歇尔·福柯(Michel Foucault)的权

---

① 例如,米莲姆·汉森(Miriam Bratu Hansen)等学者在研究早期好莱坞及上海电影作为一种现代新兴的大众媒介,为市民社会中的普罗大众带来了白话现代主义(Vernacular Modernity)的视觉体验。

② 路易·阿尔都塞.论马克思和弗洛伊德[C]//复旦大学当代国外马克思主义研究中心.收录当代国外马克思主义评论.赵文,译.北京:人民出版社,2010:329-349.

力-话语理论、罗兰·巴特(Roland Barthes)的神话学、雅克·拉康(Jacques Lacan)的精神分析学等,极大地推动了战后文化批判理论的形成与发展。最后是20世纪六七十年代"文化研究"的兴起。英国伯明翰学派的代表人物斯图亚特·霍尔(Stuart Hall)对媒介文化研究作为一门新的跨学科研究范畴的形成起到了奠基作用。伯明翰学派学者的诸多研究也都涉及各种亚文化实践中的权力运作与文化身份的建构。此外,伴随着彼时的身份政治,女性主义、反殖民主义等思潮也进一步影响了媒介文化理论的发展。这也成了这一时期文化研究的特征之一,即理论批判与社会运动以及文化实践的紧密结合。

### 三、20世纪90年代至今

以后现代性为特点的消费文化成了媒介文化的主要形式。20世纪六七十年代之后,社会权力由集中走向分散,文化由工业化大生产走向多元化消费。随着90年代经济全球化和信息技术革命的进一步加深,媒介文化呈现出个性化、娱乐化、快餐化的趋势。我国在改革开放之后加入了全球经济的浪潮中,大众文化也在八九十年代的改革语境下兴起。文化对社会大众的影响力变得至关重要,道格拉斯·凯尔纳(Douglas Kellner)在《媒体文化》(*Media Culture*,1995)一书中强调,彼时的"文化"在某种程度上就是"媒体文化",并指出"媒体文化已经成为了社会化的主导力量"。① 这一时期,随着市场经济快速发展,消费主义渗透到大众文化的各个领域。此后,90年代末期至千禧年初,网络文化的萌芽与发展标志着大众文化开始转向新的媒介载体。借由网络媒介的特性,原本的文化权力加快了去中心化的进程。无疑,网络文化更为显著地呈现出了碎片化、意义的不确定性、对经典的消解、符号的戏仿与狂欢等后现代特质,但同时,网络文化也为不同社会群体的文化话语生产打开了广泛的平台。新媒体对于传统大众媒体的冲击,既推动了文化的圈层化,又促使不同文化之间的融合。

后现代主义(post-modernism)是对现代主义的批判性继承,它一方面是现代文化发展到新历史阶段所呈现的转变,另一方面又是对现代主义中宏大叙事与严肃精神的消解和反叛。这一思潮自20世纪60年代伴随着现代主义的建制化和再经典化而兴起,正如弗雷德里克·詹明信(Fredric Jameson)所说:"后现代主义是在经典现代主义从反抗者立场向霸权者立场的蜕变过程中诞生的。"② 如果说在上一个时期的文化精神中,现代主义还在追求意义的纵深性,并通过批判、反思、重新寻找终极意义,进而走向主流权威;那么后现代主义则对经典与崇高持否定的态度,而更多以怀疑、反叛、消解、玩世不恭乃至犬儒的态度,倡导意义的扁平化和游戏化。后现代思潮的到来也表现在理论的转向上。首先,法国哲学家雅克·德里达(Jacques Derrida)的解构主义对稳定的、结构化的西方罗

---

① 道格拉斯·凯尔纳. 媒体文化[M]. 丁宁,译. 北京:商务印书馆,2004:9.
② Jameson F. The Politics of Theory: Ideological Positions in the Postmodernism Debate[M]//Ideologies of Theory Essays: Volume 2. London: Routledge, 1988:299.

格斯中心主义(logocentrism)进行了批判。同时期如福柯、拉康、巴特等在内的法国思想家也都经历了从结构主义向后结构主义的转变。其次,让·鲍德里亚(Jean Baudrillard)对消费社会的批判以及之后的拟像理论,也直指后现代社会的文化症候。最后,在对传统人文主义的反思下,后人类主义(post-humanism)、赛博格(cyborg)等概念也打开了对身体与机械、人文与科技关系的重新思考。曾经的科学幻想不仅为理论提供了灵感,而且正在变成现实。机器人与人工智能的发展不断挑战着人类作为文化主体的中心位置。在新媒体环境下,传播的主体也逐渐由使用工具的自然人转变为与技术相融合的"赛博人",这也使得后现代文化与技术的边界变得愈加模糊。

## 第三节 媒介文化理论的主要流派

媒介文化理论本身的形成与发展正是在上述文化历史背景下展开的。不同流派的思想家从各自的视角进入对整个西方大众文化的考察,构成了相当丰富的理论资源。这对于我们对新媒体文化的考察而言,是重要的知识储备。到 20 世纪 90 年代,不少学者整合集结上一个时期媒介文化理论的发展,系统性地介绍大众传播与大众文化理论,如约翰·费斯克(John Fiske)的《关键概念:传播与文化研究辞典》(1993)、多米尼克·斯特里纳蒂的《通俗文化理论导论》(1995)、尼克·史蒂文森(Nick Stevenson)的《认识媒介文化:社会理论与大众传播》(1995)、约翰·斯道雷的《文化理论与大众文化导论》(1997)等。总体而言,自二战以后,围绕着西方大众媒介与大众文化的发展,相关的理论主要包括马克思主义文化批判、文化主义、结构主义与后结构主义、精神分析学,以及女性主义、后殖民主义、全球化批评等类别。这些理论视角和流派之间并非是完全分割的,它们彼此之间相互影响、渗透、交织,也时常发生对话、论辩乃至冲突。它们在诞生之初大多是理论家以报刊、杂志、电影、广播、电视为主要媒介用以解释和批判的大众文化,而它们也提供了一种从意识形态、权力、语言符号、主体、身份、身体、空间等理论的抽象维度来思考文化表征与文化实践的方式。这些理论也为我们在网络与新媒体的文化语境中形成问题与视角提供了基础。本节概述及归纳这些不同的理论流派,对它们更详细的介绍会在本书的具体章节中展开。

### 一、马克思主义文化批评

二战之后,许多西方左派学者不断发展经典马克思主义理论,并将其对资本主义的批判延伸到大众文化的领域。事实上,经典马克思主义对媒介文化研究理论的发展作用十分深远,可以说它几乎影响了战后各个学派的每一位思想家,这里简要介绍四个方面的代表。

（1）法兰克福学派。以1923年成立的德国法兰克福大学社会研究所（Institute for Social Research at the University of Frankfurt）的知识分子们为代表，主要包括马克斯·霍克海默（Max Horkheimer）、西奥多·阿多诺（Theodor Adorno）、沃尔特·本雅明（Walter Benjamin）、利奥·洛文塔尔（Leo Lowenthal）等学者。他们深受德国经典哲学或文学理论的熏陶，并吸纳了马克思对于资本主义的批判。在二战期间，他们遭遇了法西斯主义的迫害，一些人逃亡至美国，而此时的美国正充斥着好莱坞电影、流行音乐和大众广告。对资本主义的反思、战争的创伤以及对蓬勃兴起的大众文化的体验，造就了法兰克福学派对于媒介文化的批判态度。到20世纪60年代前后，尤尔根·哈贝马斯（Jürgen Habermas）成了法兰克福学派第二代的中坚人物。而他的公共领域理论也为媒介的公共舆论建构与公民参与提供了重要的视角。

（2）葛兰西与文化领导权。安东尼奥·葛兰西（Gramsci Antonio）是一位意大利共产党员。他在1926年被意大利法西斯关入牢狱，并在狱中的11年间写下了32本笔记（《狱中札记》系列）。在这本书中，他详细讨论了关于"领导权"（Hegemony）的问题，对其后许多马克思主义者带来深刻的启发。

（3）阿尔都塞的意识形态理论。1970年，法国哲学家路易·阿尔都塞（Louis Althusser）发表了一篇重要的论文《意识形态与意识形态国家机器》，这构成了他重要的意识形态理论基础。阿尔都塞的贡献在于他吸纳了结构主义，重新论述了意识形态与主体之间的关系，特别是意识形态对于主体的建构作用和召唤功能。阿尔都塞的意识形态理论有助于我们考察大众文化中的意识形态以及意识形态作用下的文化主体。

（4）传播政治经济学派。20世纪40年代，以加拿大的达拉斯·斯迈思（Dallas Smythe）、美国的赫伯特·席勒（Herbert Schiller）为先驱。这些学者以马克思主义政治经济学为主要理论基础，偏向对大众文化的政治经济学的批判。按地域划分，有欧洲和北美两大流派。1966年，英国莱斯特大学成立"大众传播研究中心"（Centre for Mass Communication Research，简称CMCR），成为该学派代表性的研究所之一。同时，英国的格拉斯哥大学媒介小组、法国的"文化产业"理论、意大利的自治马克思主义理论也颇具影响力。

## 二、文化主义

文化主义来自20世纪五六十年代的英国，尤其是英国的新左派知识分子。文化主义是在对利维斯主义的批判基础上发展起来的。利维斯主义的基本立场是，"文化始终是少数人的专利"。① 这是彼时英国保守的文化精英在面对文化危机到来之际的一种反

---

① Leavis F R, Thompson D. Cultural and Environment[M]. Tennessee：Greenwood Press，1977：3.

应。在高雅文化与通俗大众文化的边界被动摇后,利维斯主义者进行了一系列对于传统经典文学及艺术的捍卫。而与之相对应的,早期的文化主义学者如理查德·霍加特(Richard Hoggart)、雷蒙·威廉斯以及 E. P. 汤普森(Edward Palmer Thompson)则更为积极地看待工人阶级的文化。威廉斯形成了其民主化的文化观,并强调人在文化文本与实践中的主体地位。在此基础上,形成了颇具影响力的伯明翰文化研究学派。

(1)威廉斯的文化分析。威廉斯对于文化研究的贡献是十分显著的,他奠定了文化主义的理论基调,重新界定了"文化"的内涵,并坚信文化是"普通人"与日常生活的文本与实践互动中所获取的"活生生的经验"。文化分析就是要重建特定社区及文化群体共同经验中的"情感结构"。

(2)伯明翰学派。1964年,霍加特在英国伯明翰大学创立了当代文化研究中心(The Centre for Contemporary Cultural Studies,简称CCCS)。伯明翰学派中期的代表人物是斯图亚特·霍尔,其他重要学者还包括托尼·杰斐逊(Tony Jefferson)、大卫·莫莱(David Moley)、安吉拉·麦克罗比(Angela McRobbie)等。霍尔之所以十分重要,不仅在于他继承和延续了文化主义对大众文化中不同群体经验的关照,也由于他吸纳了阿尔都塞、葛兰西学说以及福柯、罗兰·巴特等法国结构主义,从而实现了这些批判理论在具体的文化研究上的融汇。霍尔的编码-解码理论以及伯明翰学派的表征理论、青年亚文化研究、电视观众研究等,极大地丰富了媒介文化研究的基本范式。

## 三、结构主义与后结构主义

在索绪尔结构主义语言学的影响下,战后法国的左派知识分子们的批判路径皆是从结构主义出发,尔后又逐渐走向了后结构主义。简单来说,结构主义(structuralism)是一种概括性的思维方法,而不是一种专门的理论。结构主义试图用一种整体的、框架式的方式来思考问题,并预设现象中隐藏着抽象的结构来决定着事物运作的规律。就文化来说,结构主义认为文化是被秩序化了的系统或结构,文化的意义是通过特定的编码系统被生产出来的,甚至文化的主体——人也是如此,人的各种观念、情感、认同,也是在其所处的意义结构中被建构起来的。在结构主义的语言观中,不是人在说话,而是话在说人。比如,列维-斯特劳斯在对原始人类的亲属关系和神话中来探索某种结构模式,而人则是各种结构网络中的一个关系项。在20世纪五六十年代,这种结构主义的思维方式鲜明地反对过度强调人之主观能动性的主体形而上学,后者以萨特的存在主义为代表。到了70年代,结构主义逐渐暴露出它的局限,继而罗兰·巴特、福柯、拉康、吉尔·德勒兹(Gilles Deleuze)、利奥塔(Jean-Francois Lyotard)、德里达等纷纷转向了后结构主义。后结构主义(poststructuralism)是对结构主义的继承与批判。它对结构主义寻找整体的、稳定不变的结构规律表示怀疑,同时也反思了结构主义对客观性和理性的追求以及其中简化论的倾向。因此在后结构主义思考中,固定的结构开始流动,整体性的结构开始散架。后结构主义者强调结构的消解和重建、交替与互动,以及这些过程中文化意义所产生的空白、矛盾和断裂。

(1) 巴特的神话学。罗兰·巴特的学术背景主要来自文学和文艺理论。在20世纪50年代,他展开了一系列对大众文化意识形态"神话"的揭示,收录在《神话学》(1957)中。此后,在结构主义和符号学的基础上,他仍有诸多对于文化研究的经典之作,如《流行体系》(1967)、《符号帝国》(1970)、《明室》(1980)等。

(2) 福柯的话语-权力。米歇尔·福柯的理论影响十分深远。他的研究从关注话语-权力的历史谱系开始,进而建立了他著名的微观权力观。其理论著作如《疯癫与文明》(1961)、《词与物》(1966)、《规训与惩罚》(1975)、《性经验史》(1976)等都对理解文化中的知识、技术、身体、性别、空间权力等问题提供了全新的理论维度。

(3) 德里达的解构主义。雅克·德里达的解构主义学说是对20世纪60年代结构主义最直接的反叛。他的理论致力于拆解、消解既定的结构、秩序,不仅包括语言秩序,还包括社会文化秩序。这在某种程度上也呼应着当代网络文化的后现代特征,即固有的语言规则、逻辑体系、传播结构都被重新颠覆了。

## 四、精神分析

精神分析学说由奥地利精神病学家、心理学家弗洛伊德创立。弗洛伊德的研究从歇斯底里病人治疗和梦的解析开始,进而发现正常/异常、理性/非理性、意识/无意识之间的边界并非如此分明。在长期谈话分析实验的基础上,他提出了对主体心灵内在结构的一系列假说,用以解释个人及群体的认同和欲望机制,乃至整个现代文明的形成驱动力。这些假说包括压抑机制、幻想与无意识、俄狄浦斯情结与性别认同、快感原则与现实原则、爱欲与死亡驱力、自我的三重结构等。此外,早期精神分析学者还包括奥地利的阿德勒(Alfred Adler)和瑞士心理学家荣格(Carl Gustav Jung)等。可以说,精神分析学对整个西方人文社会科学的发展起到了巨大推动作用。不过,在20世纪50年代,精神分析学的阐释方式也暴露出了僵化的特点,同时在流行文化领域也逐渐被庸俗化。六七十年代,法国精神分析学者拉康开始重读弗洛伊德,实现了精神分析的结构主义语言学转化。在此基础上,他提出了无意识作为语言的构成、自我作为幻想以及三界理论等,重新激活了精神分析的理论生命。从八九十年代至今,斯洛文尼亚学者斯拉沃热·齐泽克(Slavoj Žižek)融合了拉康的精神分析与马克思的意识形态批评,并运用各种大众文化文本来与理论进行互涉,打开了另一种文化批判的方式。

(1) 拉康的镜像理论。拉康在20世纪30年代就首次提出了关于镜像阶段的理论,并在之后进行了发展。在对孩童照镜子的讨论中,他论述了主体关于"自我"认同的形成以及自恋式欲望的出现。这一理论模型在六七十年代被许多电影批评者用于"电影装置"的讨论,来论述电影观众对于叙事影像的认同与欲望。

(2) 齐泽克对精神分析与意识形态的结合。20世纪90年代以来,齐泽克致力于将拉康的理论与大众文化中的各种流行文本的快感生产机制结合起来,来解释大众文化如何通过对某些"反常"欲望和幻想的生产来编织意识形态。这些文本包括恐怖/奇幻/科幻电影、流行音乐、侦探小说等。他还将这些分析制作成了两部诙谐的电影《变态者电影指南》(2006)和《变态者意识形态指南》(2012)。

## 五、身份与文化权力

最后,媒介文化理论还涉及其他诸多对于文化身份与文化权力的考察,这些理论从不同的立场和视角,切入对当代大众文化的关注与分析,并与上述各种理论流派之间产生了交融与互补,例如女性主义批评、后殖民理论、都市与全球化的思考、空间的视角、身体的视角等。例如,就身份的议题来说,马克思主义的视角更多关注阶级与阶层,而女性主义、后殖民批评则将性别、种族、国家、地域的身份维度纳入文化视野中。有时在一些文化中,身份的问题时常是相互交织的,而这些理论往往提供了一种从多维度的视角来考察文化话语对身份建构的复杂性。以下简要介绍三种。

(1) 女性主义批评。女性主义学者致力于反思经典理论中的性别盲点,挖掘大众媒介中根深蒂固的父权制文化是如何通过性别不平等的意识形态再生产,将女性建构为一个被动消极的位置。事实上,性别的视角常常与上述各个理论结合发展,包括马克思主义女性主义批评、精神分析女性主义批评、福柯式女性主义批评等。在当代新媒体文化中,关于性别的议题仍非常显著。

(2) 后殖民理论。后殖民主义是对西方殖民主义的历史和文化统治在战后的持续关注与批判。20世纪70年代,许多第三世界或少数族裔学者基于自己的文化立场与文化差异,形成的对西方文化帝国主义的批判性话语。主要包括爱德华·萨义德(Edward Waefie Said)、霍米·巴巴(Homi K. Bhabha)、弗朗兹·法农(Frantz Omar Fanon)等。

(3) 都市与全球化批评。20世纪70年代,法国社会学者亨利·列斐伏尔(Henri Lefebvre)从马克思主义视角反思西方工业化与城市化进程,打开了空间维度的文化批判。都市空间的生产在全球化背景下显得尤为突出。英国地理学者大卫·哈维(David Harvey)从人文地理学的角度对后现代都市中的时空压缩以及全球化进程下的都市同质化问题进行了批判。

## 第四节 回归本土与当下:新媒体文化研究

回到新媒体文化的语境中,前人理论在当下需要与新的文化符号、文本、事件与现象进行碰撞,并重新定位。在绪论中,这些理论家、相关的著作、所提及的概念、观点、视角和流派,是作为索引来呈现的。而对一些想要深入研究的议题,则需要进一步的学习。重要的是,这些曾经伴随着大众媒介与大众文化的兴起所生成的理论,一方面仍然能为移动互联网时期的媒介文化打开思路;另一方面,新的问题与观点也在这些理论的基础上结合新的文化实践而出现,使得现在与过去之间形成对话。

## 一、时空定位

需要注意的是,上述媒介文化研究理论在进入当下中国新媒体文化来进行解释与应用时,需兼顾两个层面的差异转换。

其一是历史时间上的差异。即,从现代到后现代,从传统大众媒介到移动互联网新媒介,从大众文化到网络文化与其他文化的融合。这意味着文化理论在时间维度上的更新。可以说,新媒体文化在曾经一段时间内是在之于主流大众文化差异化的基础上发展起来的。当大众文化的生产和传播仍掌握在主流传媒集团手中时,网络文化则是以民间的、草根的、戏谑的、恶搞以及亚文化的特征来进行自我指认的。而如今当网络文化已逐步发展为新的大众传播媒介时,它又与曾经的大众文化之间实现了不同层面的融合,并越来越占据文化的主流——尤其是在互联网、新媒体成为价值观传播的主要阵地和主要渠道,网络文化、数字创意文化成为未来主要文化业态的趋势。这一方面促使我们思考曾经的大众文化与新媒体文化之间的关系,即新媒体文化在一定程度上丰富乃至转变了大众文化的形态;另一方面,也需要关注到新媒体文化自身并非铁板一块。在媒介融合与文化融合的过程中,新媒体文化经历着不断解构与重构的变化过程。

其二是从西方到中国的跨文化差异。即,以西方历史与大众文化为土壤的媒介文化理论如何得以解释中国本土的文化现象。或者说,这些抽象概念在跨文化的历程中,如何结合中国自身的文化语境对概念进行转化、重构乃至新的创造。因此,需要注意的是,媒介文化研究理论的学习并不是要将过去的理论概念简单套用在现在的文化现象中,也不是试图以中国的文化议题来印证西方理论的正确与否。事实上,这些理论在诞生之初就来自一种批判精神,来自反叛和抵抗某种作为唯一且永恒的解释范式的权威性话语。学习的目的在于对我们亲身所感知或正在遭遇的本土文化现象来提出问题、形成独立的思考。因此,尊重自身的文化感受与观察、经验与想法至关重要。这需要我们去挖掘文化本身的丰富性和差异性,从而不断形成新的问题,而不是将现象套到某个理论解释模板中就结束思考。例如,法兰克福学派的阿多诺和霍克海默曾经用"文化工业"的概念来批判 20 世纪上半叶西方工业化大生产之下文化产品的同质化和伪个性化问题,如今我们仍然可以用这个概念来反思 21 世纪上半叶中国的网红偶像产业是否仍存在类似的问题。当然,政治环境、文化背景、生产方式和媒介传播渠道已经发生了显著的变化,但是在"文化工业"中所蕴含的对于资本控制文化生产的批判维度仍然奏效。而新的网红"文化工业"是如何在我国的互联网公司、视频平台、MCN以及粉丝经济之间形成的,这需要落实在特定的文化语境中,对具体的文化文本进行考察。

可以说,自20世纪90年代至今的历史时期中,不仅中国的大众文化变得越来越突出,对本土文化的研究与考察也蔚然成风。正如戴锦华谈到,进入90年代,"姑妄称之为'大众文化'的通俗、流行文化以愈加有力而有效的方式参与着对转型期的当代中国文化的构造过程"。尤其是1993年以来,"'大众'文化的迅速扩张与繁荣,以及它对社会日常生活的大举入侵和深刻影响,使得我们无法对它继续保持可敬的缄默。"①伴随着媒介技术迅速发展,中国的大众文化很快从报纸杂志、电视电影为主的大众媒介逐步向网络媒介转移。同时也是从90年代以来,中国的网络媒体开始发展;自1994年到现在,已经历了三个不同阶段的发展时期。首先是1994年至2003年,中国网络媒体实现了从无到有、从少到多、从单一模式到多渠道发展,奠定了自身作为第四大媒体的地位。其次是2004年至2013年,在第二个十年中,中国网络媒体步入了Web 2.0时代。在宽带技术、手机及其他技术影响下,网络媒体开始向着视频化、社交化和移动化转型。最后是2014年至今的第三个十年,网络与手机媒体的融合不断加深。根据中国互联网络信息中心在2021年8月27日发布的第48次《中国互联网络发展状况统计报告》,截至2021年6月,我国网民规模达10.11亿,其中手机网民规模为10.07亿,网民使用手机上网的比例为99.6%。② 这也标志着我国正式进入了移动互联网时代。网络媒介的快速发展也带来了新媒体文化的兴盛。从个人层面来说,可以试想自己每天花费了多少时间来使用手机上网,或者说,人们的日常文化生活在多大程度上已经属于某种新媒体的文化实践。在不知不觉中,我们都已自动成为互联网的"用户",并已深深卷入新媒体文化的话语生产之中。而从国家层面来说,在当前我国坚定文化自信、推动中国优秀文化走出去的进程中,依托移动互联网与数字技术的文化传播亦扮演了不可或缺的角色。这一切都指向我们对于自身所处的新媒体文化展开研究的重要性与必要性。

## 二、本书的章节划分与主要议题

本书立足我国的新媒体文化语境,从文化研究的理论维度,来剖析新媒体时代文化的生产、传播与消费。根据不同的问题切入点,本书分为十个章节来对媒介文化理论以及相关的新媒体文化议题进行介绍与分析,分别是:

(1) 新媒体文化的意识形态与权力。第一章首先探讨马克思主义视角下的意识形态问题,主要介绍葛兰西的文化领导权理论和阿尔都塞的意识形态理论。进而再转向福柯的话语-权力理论以及权力对主体的规训。此外,结合网络文化事件,来看这些理论概念

---

① 戴锦华.隐形书写:九十年代中国文化研究[M].北京:北京大学出版社,2018:7.
② 中国互联网络信息中心.CNNIC发布第48次《中国互联网络发展状况统计报告》[R/OL].(2021-09-23)[2021-11-18].http://www.cnnic.cn/gywm/xwzx/rdxw/20172017_7084/202109/t20210923_71551.htm.

如何用于分析网络中不同文化话语之间的共谋与冲突。

（2）新媒体文化的符号与表征。第二章介绍索绪尔的结构主义符号学，继而了解巴特对于大众文化意识形态神话的批判以及之后霍尔发展的表征理论。在学习这些概念的基础上，对当代网络文化中的符号与表征进行考察。本章最后还将涉及从德里达的解构主义来理解网络恶搞文化中的符号游戏。

（3）新媒体文化的生产与劳动。第三章关注文化产品生产与劳动模式的转变。在资本主义劳动模式从福特主义到后福特主义的背景下，本章首先聚焦法兰克福学派对文化工业的批判，到传播政治经济学派对于文化产业的讨论。其后，面向数字时代，结合平台经济模式下的内容生产与文化实践，来理解数字劳动、玩劳动等概念。

（4）新媒体文化的消费与受众。第四章首先考察不同的文化消费观与受众观，将法兰克福的消极受众观、斯麦兹的受众商品论，与英美学者的积极受众观进行比较。在受众的脉络下，重点介绍詹金斯对于粉丝及迷文化的探讨。最后，本章将结合我国的饭圈文化与粉丝经济等现象进行反思。

（5）新媒体、青年与亚文化研究。第五章从青年亚文化理论的发展脉络入手，分别介绍美国芝加哥学派、英国伯明翰学派对于青年亚文化的考察以及后亚文化理论的转向。此外，也将结合新媒体环境下我国青年亚文化案例，来思考当代青年文化生产中所体现的城乡、阶层问题以及青年的文化身份认同。

（6）新媒体文化的性别视角。第六章从女性主义理论视角进入对新媒体文化的考察，介绍大众媒介对于性别身份建构的影响，梳理女性主义媒介批评的发展脉络及后现代转向。最后通过网络文化中关于性别议题的呈现与思考，来打开当代对性别平等议题的讨论。

（7）新媒体文化的空间批评。第七章从空间的维度来进行文化身份与文化权力的思考。主要介绍列斐伏尔、福柯、大卫·哈维等关于现代都市、空间生产与空间权力等议题的论述。本章最后进入对我国三农短视频的文化考察，探究这些短视频文本中对乡村空间与文化的重构。

（8）新媒体、全球化与民族文化。第八章将思考新媒体文化背景下的全球化与民族性问题，介绍安德森关于"想象的共同体"的概念以及萨义德等人的后殖民理论。继而思考网络民族主义话语的发展脉络与特点。最后，结合理论思考我国网络文学的跨文化传播与民族动画的民族性表达。

（9）新媒体文化的身体研究。第九章以"身体"为关键词，强调媒介文化理论对身体问题的关注。身体从西方哲学传统中一个被压抑和贬低的概念，成为当代文化批判首要关注的对象。首先思考福柯对于话语通过规训身体来塑造主体的论述。其次，也将介绍后人类主义中关于"赛博身体"的想象以及具身化理论。最后，关注当代网络平台中身体表演所体现的文化意义。

（10）新媒体文化的视觉性。第十章将从视觉性与视觉文化的角度入手，一方面介绍图像时代的到来、景观/奇观理论以及鲍德里亚的拟像理论;另一方面通过拉康等精神分析学理论,考察观众在视觉文本中的认同与欲望的建构。本章最后将落脚于虚拟现实等视觉技术所带来的新的文化景观。

在这10个章节中,本书将经典媒介文化理论,包括马克思主义、文化主义、结构主义与后结构主义、精神分析、女性主义、后殖民主义、都市与全球化批评等相关的学者与概念分布在不同议题下展开讨论。每个章节的前半部分致力于介绍及梳理经典媒介文化理论,后半部分则结合当下新媒体文化现象及实践提出问题,并结合相应的案例来讨论。

最后,本书大部分媒介文化研究的方法路径为阐释和批判。这需要对新媒体文化中的各种现象与经验建立主体性的思考。这种主体性思考分别体现在对于自身所习以为常的文化环境的去熟悉化(defamiliarization),以及建立批判性思维方式(critical thinking)。其一,对文化的去熟悉化意味着我们可以将自己想象成为某个"异邦人"来重新进入自身所处的世界,这将使我们重新去发现和思考那些成为"惯习"的文化表征与实践是如何而来的,或者为何呈现出现在所看到的样子。例如,哪些话语力量在助推着当代影视剧或短视频的模式与形态?为什么越来越多的年轻人在吃饭前习惯先给食物拍照?双十一的淘宝购物节为何成为一年一度仪式化的消费狂欢?粉丝在追星的时候究竟在追求什么?人们又如何在虚拟游戏里寻找快感与认同?适当地疏离于自身的文化经验,有利于我们建立一个审视和观察的立场,进而形成问题。其次,批判性思维的重要性也在于形成对文化的独立思考能力,而不盲从于一些固有的观念与价值。这建立在将自己的观点与其他观点——特别是那些既定的、理所当然的信念或被假定好的知识形式——进行比照、碰撞和反思,找到这些既有观念中的矛盾与不一致性,从而探索新的观点的可能性。例如,人们在文化中形成的身份观念就经历了从本质论到建构论的转变,如果没有从对本质主义倾向的身份理解进行反思和质疑,那么我们对身份的理解将始终是固化的。同样,如果不对新技术所塑造的虚拟世界背后的权力结构及运作进行批判性思考,那么人们也将习惯于虚拟产品所打造的各种快感、欲望和虚假的能动性之中。尤其是在当下互联网环境中,人们面对的往往是大量观点的输出、群体极化下的"站队"、信息的茧房等,这使得独立的、理性的思考显得尤为重要。

# 第一章　新媒体文化的意识形态与权力

　　谈及"意识形态"与"权力",人们通常会将之理解为政治学领域的概念。事实上,随着 20 世纪以来西方资本主义经济的发展、整体性社会的瓦解、社会阶层的分化,不断发展的大众文化也成为各种政治力量所争夺和发挥功能的场域。而对于文化政治的关注,意味着彼时诸多左翼理论家敏锐地抓住了现代政治内涵与形式的变化,或者说,现代社会权力控制形式的转变:从二元对立阶级之间的、集体的、强制性的、自上而下的、严肃崇高的宏观政治,转变为弥散的、多元的、个人的、柔性的、自下而上的、日常生活的微观政治。文化领域则更为显著地体现出微观政治的倾向。例如,人们通过观看一部主旋律电影来增强国家认同与文化凝聚力。而文化政治的演变在以网络媒介为主导的新媒体文化中更为复杂。一方面,网络世界的开放、匿名、多元、平等与交互,向着更广泛的社会群体开启了文化表达的空间,也使得各种意识形态与权力话语之间的交织融合、矛盾冲突已成为一种常态。每天打开手机新闻类软件,可以看到各种新闻事件之下的不同声音,以及这些声音所代表的不同社会群体的文化政治立场。另一方面,网络文化的泛娱乐化、消费化等后现代特质,又在某种程度上不断地削弱、消解着一些文化政治议题中的变革与进步力量。从文化治理的角度来说,网络文化的"众声喧哗"为当代意识形态的建设带来了更多的问题与挑战。因而建立文化共识、促进不同文化的融合与良性发展变得愈加重要。那么,如何理解与把握新媒体文化中的意识形态与权力问题?各种媒介文本与话语背后体现了何种意识形态与权力的建构?而我们自己又是如何被所处的意识形态"召唤"为一个合格的主体的?

　　本章将首先追溯马克思主义理论在大众文化批评上的发展脉络,尤其是马克思主义视角转向大众文化过程中的重要概念,包括葛兰西的"文化领导权"、阿尔都塞的意识形态理论。其次,本章聚焦于福柯的权力-话语理论,特别是福柯如何摒弃了传统"意识形态"的研究框架,进而提出新的权力观。最后,结合网络文化中的媒介事件,我们思考意识形态与权力话语如何进入对当代文化议题的思考。

## 第一节　文化领导权与大众共识的建构

　　"文化领导权"(Cultural Hegemony)是由意大利共产党领导人安东尼奥·葛兰西所

提出的理论。需要说明的是,在一些理论读本中也将 Hegemony 翻译为"霸权"。但是"文化霸权"在中文语境中,往往与"强权""文化帝国主义"等含义勾连在一起,不仅有较为显著的负面意涵,同时还容易偏离葛兰西理论中所表述的权力观。事实上,葛兰西最初在提出"领导权"问题时,更多的是在思考意大利工人阶级如何建立"领导权",实现更广泛的政治联盟并领导同盟者,从而获得革命的胜利。因此,一方面,"文化领导权"可以为资产阶级所掌握,对此可以是批判性的;而另一方面它也可以为无产阶级所掌握,是革命性的。① 这个概念本身并不具备"霸权"那样的负面价值。

文化领导权理论形成于 20 世纪二三十年代,是上一个时期无产阶级革命的经验结晶。从 19 世纪末至 20 世纪初,随着资本主义社会矛盾的进一步加深,无产阶级工人运动风起云涌。1917 年,俄国爆发十月革命,建立了无产阶级领导的社会主义国家。对于彼时欧洲许多无产阶级和共产党人来说,如何将十月革命的成功经验本土化,成为了极为重要的命题。② 作为西方马克思主义革命家之一,葛兰西所创建的文化领导权理论无疑是对这一时代问题的诸多回应中最具独创性和影响力的一种。

安东尼奥·葛兰西是意大利共产党的创始人之一,曾被墨索里尼政府逮捕,被判处 20 多年的监禁。他在狱中忍受病痛写下的《狱中札记》,成为其无产阶级革命理论思想的结晶。我国学者评价其为"一位痛苦地挣扎于情感与理智之间、理想与现实之间的'革命的理论家'与'理论的革命家'"。③ 随着二战结束,葛兰西的两部遗著《狱中书信》和《狱中札记》于 1959 年在意大利相继出版,在学术界引起巨大反响。在一些西方学者看来,葛兰西通过这两部著作,建立起一整套能够适配西方发达资本主义国家的新马克思主义理论。可以说,在葛兰西的理论体系中,"文化领导权"无疑是在讨论社会权力关系中最具代表性的概念,同时也是涉及大众文化领域——尤其是文化权力、文化政治研究中重要的理论工具。

## 一、文化领导权理论的形成

1919—1920 年,意大利的工人阶级进行了多次罢工和反抗,然而如同德国、奥地利和匈牙利等国的无产阶级革命的结果一样,均被残酷地镇压,以失败告终。这样一种现象促使葛兰西开始思考:欧洲无产阶级运动失败的原因是什么?为何欧洲国家无法复制俄国革命成功的经验?如何才能在西方取得无产阶级革命的成功?对此,彼时处于狱中的葛兰西总结了过往革命失败的教训,在探索欧洲未来的革命策略的过程中,形成了对文化领导权理论的论述。

---

① 安东尼奥·葛兰西.狱中札记[M].曹雷雨,译.北京:中国社会科学出版社,2000:180.
② 俞吾金,陈学明.国外马克思主义哲学流派新编:西方马克思主义卷[M].上海:复旦大学出版社,2003:110.
③ 王凤才.重新诠释葛兰西.专题讨论[J].学习与探索,2012(10):1.

### (一) 市民社会与政治社会

首先,葛兰西对传统马克思主义理论中的"经济基础决定上层建筑"进行了解读。他认为,经济并不完全决定文化和政治。文化、政治、经济被组织在一种彼此交流、持续循环和变化的影响网络中。这使得日常生活中的文化政治领域有了相对独立的空间。

其次,在区分俄国与西欧的社会结构时,葛兰西将马克思主义理论中的"上层建筑"区分为政治社会和市民社会。在"政治社会"方面,国家主要借助诸如警察、军队、司法和政府机关等暴力机关对人民实施强制性统治。而在与"政治社会"相配合的"市民社会"中,对人民施加的影响则更注重于文化和舆论方面,且往往利用教会、学校及媒体等更加软性化的工具进行。① 因此,"市民社会"是一个私人化的、日常生活的、大众文化的场域,是"政治社会"的延续和补充。在葛兰西看来,俄国与西欧由于经济发展阶段的不同,社会结构上也存在着区别,这种区别主要体现在市民社会的不同地位上。俄国等传统东方社会并不具备成熟独立的"市民社会",统治主要依靠"暴力与强权";而西欧等资本主义发达国家则不同,"市民社会"的形成使得资产阶级具有意识形态与文化的影响力。② 市民社会理论为文化领导权理论的形成作了重要的概念支撑和前期准备。

最后,政治社会和市民社会的分野也相应产生了两种不同的权力方式:"统治"和"智识与道德的领导权"。③ 葛兰西强调的"文化领导权"正是市民社会的产物。主导阶级想要巩固政权,强制性的政治统治与思想、精神上的领导缺一不可。或者说,要想使大众认同并支持自身的意识形态,获得政权上的合法性,从而巩固自己的统治地位,就必须在市民社会中展开对"文化领导权"的争夺。葛兰西强调,与俄国等东方世界相比,发达西方资本主义国家政府会更偏向对市民社会的控制。通过意识形态的宣传和引导,市民社会深深影响着民众的思想和行为。当经济或政治危机发生时,资产阶级只要牢牢控制市民社会中的领导权,就仍然能够对国家实施有效统治。"市民社会"会以合法化的"文化领导权"为资本主义社会提供强有力的支撑。因此,葛兰西认为,与俄国的暴力革命不同,欧洲发达国家的无产阶级必须且只有夺取"文化领导权",才能取得无产阶级革命的胜利。④

### (二) 现代权力统治的转变

从葛兰西对市民社会中"文化领导权"的论述,可以看到他对于马克思主义理论中权力观的再思考。与此同时,他也提出了一种偏重于通过文化和思想领域来实现社会治理的现代观念。在传统马克思主义学说中,社会权力斗争的形式主要表现为统治阶级与被

---

① 安东尼奥·葛兰西. 狱中札记[M]. 曹雷雨,译. 北京:中国社会科学出版社,2000:7.
② 冯燕芳. 葛兰西文化领导权理论再审视[J]. 当代世界与社会主义,2017(6):44-52.
③ 安东尼奥·葛兰西. 狱中札记[M]. 曹雷雨,译. 北京:中国社会科学出版社,2000:39.
④ 冯燕芳. 葛兰西文化领导权理论再审视[J]. 当代世界与社会主义,2017(6):44-52.

统治阶级之间的争夺。也就是说,"权力"往往被二元阶级中的某一方所"拥有",并为二者所争夺。在这种二元结构中,统治者与被统治者的关系必然是压迫与反抗的关系,二者总是处于一种冲突、对立和对抗的紧张状态。

葛兰西的"文化领导权"展现了他对于这种二元权力观的反思以及对现代国家治理形式变化的敏锐捕捉。首先,在葛兰西看来,权力不是一劳永逸的静止概念,不是一个被稳固地掌握在某一个社会集团手中的对象,而是不同社会集团之间相互博弈与调适、不断发展的动态过程。其次,在这一基础上,"文化领导权"意味着占统治地位的集团总是用一种来自他们所统治的人民的内在"赞同"来维系他们的治理,而不是仅仅将意志强加于人民。因此,为了维系统治阶级的权威,统治阶级必须深入从属阶级的思想和生活当中,来运转它的权力。也就是说,统治力量需要拥有足够的灵活性,来回应它所统治之人不断变化的期望,以适应不断变化的环境。最后,在这个过程中,统治集团必须至少采用某些被统治阶级的价值,来重塑它自身的理想与规则。这也意味着统治集团需要不断加强与被统治群体之间的互动,来建立起社会大众之间都能形成内在赞同的"共识"。而这一社会共识的建立,是促进各社会集团之间的结盟以及稳固社会统治的基础。

## 二、文化领导权概念的三个要点

### (一)强制与赞同

在葛兰西的论述中,统治集团的领导权包含"强制"和"赞同"两个部分。"强制"对应了暴力,也就是政治社会所担负的职责。而"赞同"是指市民社会通过知识的、思想的、道德的方式教化民众,从而使被统治集团产生一种"自愿的"同意。现代绝大部分稳定的国家统治依赖"赞同",这需要在一个社会中不断建立有效的"共识"。而只有当被统治者不服从于既有的法律或规定时,政治社会才会利用警察、法院以及监狱等暴力机构和手段对被统治集团进行"强制"手段。[1]

### (二)共识-民俗

葛兰西将"民俗"纳入整个"大众文化"的范畴中来,认为其是一个个关于世界和生活观念的鲜活案例,并与官方世界观形成对照。在社会底层人民当中兴起的民俗并不具备某种完整的系统性,但也能通过持续吸纳新的科学技术和社会认知而充满生命力。在葛兰西看来,统治集团要想建构一种统一的民族性,从而实现有效的统治,就必须将所有社会阶层都整合进"一个对他们身份的积极设想中"[2]。也就是说,要与所有的大众文化包括民俗中寻找和构建关于世界观的共识,这样才能避免产生巨大的社会分裂,将农民、知

---

[1] 斯蒂夫·琼斯.导读葛兰西[M].相明,译.重庆:重庆大学出版社,2014:63.
[2] 斯蒂夫·琼斯(Steve Jones).导读葛兰西[M].相明,译.重庆:重庆大学出版社,2014:49.

识分子都吸纳到统治集团的联盟之中。

### (三) 阵地战与有机知识分子

关于无产阶级争夺文化领导权的斗争方式,葛兰西认为,在资本主义高度发展的西方社会,能够为资产阶级的统治提供充分支持的市民社会已经建立起来。鉴于此,葛兰西提出无产阶级应该通过"阵地战"对资产阶级阵营进行"分子式"的入侵,渗透到各个社会组织,在坚守自身文化阵地的基础上宣传与教育大众,从而建立集体共识,以实现无产阶级革命的成功。"阵地战"的主力军并非传统知识分子,而是葛兰西所说的"有机知识分子"。① 葛兰西将知识分子分成"传统知识分子"和"有机知识分子"两类。"传统知识分子"将自身的专长独立于政治因素,秉持某一文化和价值观念,避免介入纷繁复杂的社会生活中去。而"有机知识分子"则掌握了精湛的工业技术知识,因而能与工人运动有机结合。不仅如此,他们还积极将专业知识转化为政治知识,以便参与文化领导权的斗争。因此,为赢得文化领导权,无产阶级需要吸纳和培养"有机知识分子",并努力实现与其一体化。②

## 三、文化领导权与新媒体文化

葛兰西的文化领导权理论,提出了市民社会、有机知识分子、大众共识等重要概念,展示了文化及意识形态对于国家统治的重要性。在我国文化自觉意识日益增强的背景下,其中蕴含的启发意义无疑是巨大的。在社会主义文化建设上,葛兰西对于文化因素的强调与我国近年来重视加强精神文明建设的政策不谋而合。随着新媒体的快速发展,网络中的文化意识形态变得更加复杂。一方面,自由表达的环境带来了多元化、碎片化的观点输出;另一方面,一些鼓励分化、冲突和对立的虚假消息也得以快速传播,给主流价值观及"共识"的建设带来阻碍。在这一背景下,如何加强主流媒体的传播力、使社会主义核心价值观深入人心,葛兰西的文化领导权理论仍有重要的参考意义。此外,在当前纷繁复杂的国际形势下,国与国之间的文化与意识形态的博弈是重要议题。在新媒体环境下,一些西方发达国家利用其经济优势,以文化帝国主义的形式向非西方国家强势输出自身的文化产品及文化价值理念,以实现其政治、经济和文化的扩张。因此,如何牢牢把握本国的文化领导权显得尤为重要。③

从近年来我国官方媒体的转型来看,不断加强官方舆论场和民间舆论场的融合,对文化共识的建立有着巨大的推动作用。官方媒体《人民日报》的话语转型实践就提供了一个很好的范例。在媒体融合的背景下,《人民日报》通过改革,摆脱了简单的新老媒体

---

① 赵冰心.葛兰西文化领导权理论及其当代价值[J].学术交流,2020(8):16-24.
② 赵冰心.葛兰西文化领导权理论及其当代价值[J].学术交流,2020(8):16-24.
③ 徐洁,戴雪红.葛兰西文化领导权思想近40年研究综述[J].理论视野,2017(1):26-31.

"相加"模式,走向"相融"的阶段。《人民日报》针对不同的媒体平台设计出相符合的话语风格。在微博客户端,《人民日报》推出了＃你好,明天＃和＃人民微评＃等栏目,以简明、口语化的方式发布新闻评论,并通过俗语和网络流行语的灵活运用,在拉近与用户的心理距离的同时,实现了主流价值观在受众端的有效传播。此外,2020年初,"央视频"软件客户端发起的对火神山、雷神山两座医院建造的实时直播"疫情24小时"也充分展现了新媒介技术如何助力于文化领导权的巩固。该场直播巅峰观看人数近6000万,能将如此多的"云监工"们聚集在网络上,共同关注武汉,为一线建设者们加油鼓劲,与央视频听取群众建议,特开通呈现医院建设完整细节的"慢直播"等努力脱不开关系。

## 第二节 意识形态与主体询唤

在葛兰西提出"文化领导权"时,他已开始将马克思主义考察的焦点从经济政治层面转到了社会文化以及意识形态层面。因此,"文化领导权"也被称为"意识形态领导权",与政治社会中的"政治领导权"相对应。同时,"意识形态"(ideology)这个在传统马克思主义中就被提出来的概念,在二战后伴随着社会文化的发展,得到了诸多马克思主义学者进一步的关注。其中,最具代表性的是法国学者阿尔都塞的意识形态理论。在20世纪六七十年代,阿尔都塞吸纳了当时正在兴起的结构主义与精神分析理论,对"意识形态"展开了一系列新的阐释与理论重建,并将马克思主义研究深化到社会文化生活的微观领域,特别是意识形态的日常实践性和功能性。与将意识形态和领导权结合起来的葛兰西不同,阿尔都塞更多的是将意识形态视作一种社会结构功能的运行机制,是一种"意识形态国家机器"。[①]

路易·阿尔都塞(Louis Althusser,1918—1990),是法国著名的马克思主义理论家。自20世纪60年代初开始,阿尔都塞在列维-斯特劳斯、拉康等人的基础上,尝试采用结构主义方法来重读马克思主义经典著作,前后发表了大量的论文和著作。[②] 阿尔都塞1965年发表的两部著作——《保卫马克思》和《阅读〈资本论〉》为其赢得了广泛的声誉,而1970年发表的《意识形态与意识形态国家机器》一文则成为其意识形态理论的代表作。

### 一、对"意识形态"的再思考

20世纪50年代后期,随着苏共二十大会议的召开,一场声势浩大的对斯大林教条主

---

[①] 王凤才.文化霸权与意识形态国家机器:葛兰西与阿尔都塞意识形态理论辨析[J].马克思主义与现实,2007(3):34-42.

[②] 俞吾金,陈学明.国外马克思主义哲学流派新编:西方马克思主义卷[M].上海:复旦大学出版社,2003:451.

义的批判在各国共产党内部展开,包括法国共产党。教条主义的批判者们开始尝试找出一种全新的方式对马克思主义进行解读,即"人道主义马克思主义",重新重视马克思早期著作中关于"异化"和"人道主义"的论述。他们主张将"人"作为主体,并将其置于马克思主义的中心地位。当时长期在法国高校执教的阿尔都塞也参与到了这一关于马克思主义政治思想的论辩中。值得注意的是,阿尔都塞对这种人道主义思潮提出了反对意见。在阿尔都塞看来,"人道主义"是一种特定历史条件下的口号,并不能从根本上解决国际共产主义运动的理论问题。① 他以"反对资产阶级意识形态威胁的正统捍卫者"姿态自居,试图寻找一种理论为马克思主义保驾护航,于是开始了他对意识形态问题的研究。

## (一) 超越经济决定论

在马克思的唯物史观中,整个社会被分为"经济基础"和"上层建筑"两个部分。在上层建筑中,意识占据了重要位置,这里说的意识包括文学、艺术、法律等一切文化形式,统称为"意识形态"。马克思认为,经济基础决定上层建筑,因此意识形态并非在自身内部形成和发展,其具体形式取决于一定历史时期的经济基础。② 在马克思和恩格斯看来,包含了各种文学、艺术作品的意识形态实质上是一套为统治阶级正名、维护统治集团利益的话语。③ 或者说,文化形式依据经济基础及阶级的分野,形成了统治阶层的意识形态与被统治阶层的意识形态。例如,特权阶层所从事的音乐文学艺术等高雅文化为统治阶层所服务,而民间民俗文化则反映了被统治阶层的意识形态。

阿尔都塞认为,这种经济决定论在一定程度上制约了"意识形态"概念的发展。尤其随着时代变革,当传统的二元阶级分层与相对应的高雅及民俗的文化分层在大众文化和市民社会的兴起中被逐渐模糊时,有必要重新理解意识形态在现代社会生活中的作用。对此,阿尔都塞并没有给意识形态作出严格定义,而是认为意识形态可以粗浅地看作"具有独特逻辑和独特结构的表象(形象、观念或概念)体系,它在特定的社会中历史地存在,并作为历史起作用"④。在《保卫马克思》中,阿尔都塞从认识论的视角来探讨意识形态问题,强调意识形态发生在人们的日常生活实践中。从这个角度来说,阿尔都塞将"意识形态"这个概念从经济基础与上层建筑的二元结构中解放出来,使其具备独立的理论意义。同时,他也根据结构主义原则,将社会视为经济、政治和意识形态等因素遵循一定的结构方式所组成的统一体。

## (二) 强制性国家机器与意识形态国家机器

受到葛兰西的影响,尤其是葛兰西对"政治社会"与"市民社会"的划分,阿尔都塞对

---

① 路易斯·阿尔都塞.保卫马克思[M].顾良,译.上海:商务印书馆,2010:4.
② 卢克·费雷特.导读阿尔都塞[M].田延,译.重庆:重庆大学出版社,2014:19.
③ 卢克·费雷特.导读阿尔都塞[M].田延,译.重庆:重庆大学出版社,2014:23.
④ 路易斯·阿尔都塞.保卫马克思[M].顾良,译.上海:商务印书馆,2010:201.

马克思的国家理论进行了补充。传统马克思主义强调国家的本质是具有强制性的国家机器，是为了维护统治阶级统治的特殊权力机关。这里的"国家机器"，指的是政府、行政机关、军队、法庭和警察机关等具有暴力性质的政权机构。面对现代民主政治的转型与变化，阿尔都塞认为强制性的暴力职能只是国家权力的众多职能之一，而现代社会中的权力形式更多地是以一种非暴力的、意识形态的方式展开。因此，阿尔都塞将国家权力分为了"强制性国家机器"和"意识形态国家机器"，在一定程度上回应了葛兰西对上层建筑的区分。

在《意识形态与意识形态国家机器》中，阿尔都塞指出存在于公共领域的"强制性国家机器"（简称RSA）的功能较为单一，其主要职能是依靠暴力来维护统治阶级在经济和政治上的统治。而与依仗暴力手段的强制性国家机器不同，"意识形态国家机器"（简称ISA）则具有更加多样化的功能，主要通过意识形态发挥作用，具体包括宗教、学校、家庭、媒体等机构。他强调，"意识形态国家机器"并非统治集团意识形态的传声筒，其实质是一个阶级斗争的场所，被统治者也可以在当中找到表现自己的机会，也就是说，与主导意识形态有差异的、甚至对立的意识形态亦能够得到展示。①

我们可以将阿尔都塞的"意识形态国家机器"与葛兰西关于"市民社会"的讨论做一个比较。从某种角度来说，葛兰西的"市民社会"可被视为"意识形态"的物质载体，印证了意识形态作为一种"机器"具有的非强制性特征。但是，二者也存在区别：葛兰西强调两种社会与权力职能之间的单一匹配关系，但是他未对政治社会与市民社会之间的相互联系作出深入说明；而阿尔都塞则认为强制性国家机器与意识形态国家机器二者的职能是交叉的，无论是哪一种国家机器，都是既通过暴力又通过意识形态起作用的，只是在程度上存在差异。②

### （三）意识形态的三个要点

在将意识形态作为一种"国家机器"的基础上，阿尔都塞吸纳了结构主义和精神分析学的理论观点，重新阐释了意识形态的内涵。

首先，意识形态具有实践性。在阿尔都塞看来，"意识形态"与"科学知识"的最大区别便是它的实践性远大于认知性。也就是说，生活在社会当中的人，必定需要与该社会的意识形态产生认同，这是人与他人建立社会联系以及参加社会实践活动的前提条件之一。③ 这里我们需要把现实社会的物质实践作为理解意识形态发生的前提条件。在传统马克思主义中，"意识形态"更多被理解为是一种认知的观念。例如，宗教作为一种意识形态，当"我"相信某个宗教的学说、认可其理念的时候，"我"便向着这个宗教仪式中的神

---

① 卢克·费雷特.导读阿尔都塞[M].田延,译.重庆:重庆大学出版社,2014:106.
② 戈士国.意识形态国家机器及其功能的实现方式:阿尔都塞意识形态实践图式的文本分析[J].常熟理工学院学报,2012(3):1-8.
③ 俞吾金,陈学明.国外马克思主义哲学流派新编:西方马克思主义卷[M].上海:复旦大学出版社,2003:456.

或者神的代理进行跪拜。在这个逻辑中，信仰的意识是原因，而跪拜的行为是结果。但是阿尔都塞倒转了这个因果关系。他引援17世纪法国哲学家布莱士·帕斯卡（Blaise Pascal）的辩证逻辑：不是先信仰再跪拜；而是在你跪拜的时候，信仰便会随之而来。① 行为实践是原因，而观念则是行动的结果。他强调意识形态的实践性在于意识形态并非停留在既定的理念、思想、"主义"层面，而是通过各种社会实践行为被建立起来的。

其次，意识形态具有普遍性和不可抗性。这里我们需要区分意识形态与历史的关系。从传统马克思主义的角度来看，意识形态必然会随着历史中阶级斗争的变化而转变。阿尔都塞认为"个别的意识形态"依赖阶级斗争的历史，从这个角度来说，意识形态是有历史的。但是作为一种社会生活的基本结构，意识形态又类似于一种"无意识"的存在，它弥散在社会的各个角落，是不可违抗的。因而就其普遍性而言，意识形态又是没有历史的。② 所有社会形式都需要意识形态的作用，因此它永恒存在。意识形态的强制性也体现在它无法供人自由选择，人从一出生便被笼罩其中，它是人与社会的一种自发的、被自然化了的联系。只有通过意识形态，才能展现出人们与历史、与世界之间的体验关系，并取得所谓的"意识"。③

最后，意识形态是一种表象，具有想象的性质。阿尔都塞宣称，"在这种表象中，个体与其实际生存状况的关系是一种想象关系"。④ 在传统马克思主义中，"意识形态"被认为是一种虚假意识，即统治阶级用以歪曲人们观念、使自身的统治合法化的思想工具。对此，阿尔都塞借用精神分析学家拉康镜像理论中关于"误认"（mis-recognition）的概念，认为意识形态通过对历史及现实的"误认"来生产某种渴求或欲望，换句话说，人们会根据自身的利益需要及欲望在意识形态中来形构现实世界。⑤ 显然，这里的意识形态通过一种表象化的再现体系，来维系着人对现实社会的参与和实践。

## 二、意识形态"询唤"主体

阿尔都塞意识形态理论的一个核心观点是：意识形态将个人"询唤"为主体。这里需要解决几个问题：结构主义是如何理解主体的？什么是"询唤"？意识形态如何将个体"询唤"为主体？

首先，在20世纪60年代的法国，结构主义的主体观是与当时如火如荼的人道主义、存在主义相对立的。以萨特为代表的法国存在主义认为存在先于本质，即，先有"人"作为主体的存在，然后才有"人"是什么样的、具有怎样的本质。同时，存在主义也强调人在

---

① 路易·阿尔都塞. 意识形态与意识形态国家机器（续）[J]. 李迅，译. 当代电影，1987(4)：33-45.
② 路易·阿尔都塞. 意识形态与意识形态国家机器（续）[J]. 李迅，译. 当代电影，1987(4)：32.
③ 俞吾金，陈学明. 国外马克思主义哲学流派新编：西方马克思主义卷[M]. 上海：复旦大学出版社，2003：457.
④ 路易·阿尔都塞. 意识形态与意识形态国家机器（续）[J]. 李迅，译. 当代电影，1987(4)：33.
⑤ 卢克·费雷特. 导读阿尔都塞[M]. 田延，译. 重庆：重庆大学出版社，2014：98.

情境中的选择与行动,即主体的能动性。萨特的存在主义与人道主义对"人"的强调不谋而合。而阿尔都塞秉承的结构主义观点,强调"人"的主体性本身是在特定的社会文化结构中被建构起来的。历史的发展也并非是按照"人的本质"来进行,而是各种因素相互作用所构成的"无主体"的过程。因此在结构主义者眼中,"主体"是虚幻的,是在社会系统中被塑造出来的。这一视角将问题的焦点从"人"本身转移到"人"所在的社会文化的复杂构成中。

其次,"询唤"(interpellation)在阿尔都塞理论中,是"主体"在意识形态中被建构、被生产的形式。阿尔都塞用一个极其日常且形象的方式解释了询唤:即把它设想为交通线上警察的召唤:"嘿,说你呢。"①他论述道,听到警察说话的个体会转过身来,回应这句召唤。而就这样仅仅做一个一百八十度的转身,个体就变成了"主体"。个体在无意识中承认了被召唤的就是自己。在阿尔都塞的理论中,"主体"正是在意识形态中被"询唤"时出现的。每个个体实际上都被嵌入到一整个复杂的社会实践当中,正是这些实践及其相互关系决定了个体生活,而意识形态却使个体相信自己是独立而自由的"主体",其作用方式就如同警察在大街上的召唤一样,在个体生命的每一个阶段,意识形态都致力于通过询唤在个体中招募主体,或将个体改造成主体。②

最后,正如阿尔都塞举的例子那样,意识形态对主体的"询唤"发生在现代社会文化的方方面面。例如在主旋律电影中,一个保家卫国拯救弱者的英雄角色对于观众的"询唤";或者是在商业广告中,使用商品而光鲜亮丽的明星形象对于消费者的"询唤",等等。可以说,意识形态对于"主体"的社会化起到了强化作用。作为"主体"的个人,其自我意识正是在意识形态中不知不觉被内化,从而严格按照自身在社会结构中的位置要求,来完成自己的主体身份确认,以此来指导自己的行为。这种在意识形态中内化的过程,即成为社会"主体"的过程,被打造为一种自然化的、无意识的过程。也就是说,意识形态不会凸显自身是"意识形态"的,它越是隐匿在社会文化中,就越能发挥其询唤主体的效力。一个类似的例子是,在当代网络媒介中,这种"询唤"在消费主义意识形态中变得更为普遍。正如打开直播带货,主播对着手机前的"家人们"不断提醒"买到就是赚到"时,观看直播的人若在内心回应了主播的召唤,便成为消费主义中的"主体"。

阿尔都塞的意识形态理论影响深远,给其后继者包括福柯、齐泽克在内的一众理论家带来深刻启发,成为讨论大众文化权力问题的必要理论前提之一。当然,他的"结构主义的马克思主义"也存在一定的局限,正如英国新左派学者E. P. 汤普森(E. P. Thompson)指出,阿尔都塞对结构主义的推崇使得他忽略了理论与历史实践之间的复杂关联,陷入了一种静态的、整体化的思考框架中。另一位英国左派学者特里·伊格尔顿(Terry Eagleton)也指出其主体观中的缺陷:若个体不是主体时,个体如何才能识别并回

---

① 路易·阿尔都塞.意识形态与意识形态国家机器(续)[J].李迅,译.当代电影,1987(4):33.
② 路易·阿尔都塞.哲学与政治:阿尔都塞读本[M].陈越,译.长春:吉林大学出版社,2011:306.

应意识形态的询唤？[①]

## 第三节 话语、权力与规训

20世纪六七十年代，在阿尔都塞提出意识形态理论的同时期，法国学者福柯的权力-话语理论从另一个角度打开了对文化权力批判的新范式，即话语的批判。米歇尔·福柯（Michel Foucault，1926—1984）毕业于巴黎高等师范学校，师从诸多法国著名的哲学家，其中包括阿尔都塞。福柯前期对话语与知识的考察反映出结构主义对他的重要影响。60年代，福柯发表的《疯癫与文明》(1961)与《知识考古学》(1969)，标志着其思想进入成熟阶段。70年代，他的《规训与惩罚》(1975)、《性史（第一卷）》(1976)相继出版。从20世纪70年代到1984年去世，福柯一直在法兰西学院授课，其一系列授课稿也被编纂成书，成为其后期重要的理论成果之一。福柯理论对媒介文化研究的许多方面贡献颇多，本书的第七章、第九章关于空间和身体议题的讨论都将涉及福柯的观点。这里聚焦于福柯对马克思主义以来权力观念的重构，介绍其关于权力-话语的论述以及话语对于"主体"的规训。

与阿尔都塞不同，福柯摒弃了传统意识形态的研究框架，通过对"权力-话语"的考察，提供了一种新的权力认识论。在对法国六七十年代政治和社会实践的参与中，福柯开始了对权力结构与运作机制问题的思考。他尤其关注对社会层面的各种现代社会机构，包括精神病院、监狱、法庭、大学以及媒体等机构的权力形式，思考现代权力关系如何渗透进社会的各个层面，以及权力在世俗社会的建构过程。[②] 在对这些机构形成的相关档案资料的历史考察中，福柯最终提出了权力-话语的模式。

### 一、福柯的权力观

可以说，权力是福柯社会理论中最重要的概念，是福柯社会理论的基石，是他构建社会形态的根源和归宿。[③] 福柯将权力分为压制性的权力（repressive power）与规范性（normalizing power）的权力，后者构成了他的权力观和主要关注对象。压制性权力是一种强制性的、自上而下的权力关系，比如资本家对工人、帝国主义强国对弱小的国家、警察对犯罪者等。事实上，随着现代民主社会的发展，这种权力形式所起的作用越来越小。

---

[①] 王凤才.文化霸权与意识形态国家机器：葛兰西与阿尔都塞意识形态理论辨析[J].马克思主义与现实，2007(3)：34-42.
[②] 潘伟伟.导读福柯[M].重庆：重庆大学出版社，2017：34.
[③] 陈炳辉.西方马克思主义的国家理论[M].北京：中央编译出版社，2004：94.

现代社会最重要且最普遍的权力形式是自下而上的、日常的、隐蔽的规范性权力,即如无形网络一般弥散并施加于每个人身上的微观权力。人们通常不会成为犯罪者而去接受公检法的压制性权力,但是,人们会主动地通过遵守法律和道德规范和管控自身的日常行为,成为一个遵纪守法的人。福柯认为,"权力"与其说是一种名词不如说是一种动词,是持续性的话语实践。且权力并非只存在压迫者与被压迫者这种单一关系,而是以一种链状的形式弥散在社会的各种关系系统之中。①

概括而言,福柯对权力的解释可以总结为三个要点:其一,权力是无主体的,不以"人"为中心而展开。从这一点来说,福柯受到尼采哲学及结构主义的影响,强调了主体的虚构性。福柯在《词与物》(1966)中提出了"人之死",来说明18世纪末期以来人本主义中作为主体的人的消亡。其二,权力是去中心化的,是一张错综复杂的、不断流动与变化的网络。也就是说,在福柯看来,一方面,权力并非某种可以被个人或群体所争夺并占据的对象;另一方面,权力也不再是传统意义上的一个居于中心地位的机构,如国家政府。他认为,没有固定的权力中心,权力弥散在现代社会的各个角落,以微观话语的方式来发挥作用。所有人都处在权力关系的网络中。个体既是权力控制的对象,也是权力话语的生产者。其三,权力是自下而上的,是生产性的(productive)。福柯强调我们不应该只是消极地理解权力的影响,比如权力的"压制""审查""排斥""掩盖"等;相反,权力积极生产着社会现实与社会关系,将某些对象、真理和仪式界定出来。

## 二、权力、话语与知识

话语(discourse)在福柯的权力理论中占据了中心的位置,但是福柯本人并未对这一概念给出明确的定义。他在《知识考古学》中曾提出,话语就是"某种历史条件下,被某种制度所支撑起来的陈述群"②。从其后的论述来看,"话语"至少包含着三层意义:首先,话语并不等同于符号语言,而是一系列陈述的整体。这包括了与现代社会的文化、制度、思想和生活方式紧密相连的话语体系与实践,以及一系列政治事件。历史文化正是由各种不同的话语所构成。其次,话语本身包含着社会的规则与秩序,或者说,每种话语都有一种秩序。因此,话语发挥着规范性的作用,它使得其中的主体社会化。主体在话语的秩序中言说与行动,话语秩序本身就是权力秩序。最后,与阿尔都塞的意识形态概念类似,话语在福柯的理论中也具有普遍性。尽管福柯并不认为脱离话语的存在是不可能的,但实际上人们对现实规则的认识正是话语的规范作用在现实中的结果,也就是说,话语限制了人们的感知,以一种系统的形式建构了现实。③ 人与现实世界的关系即是一种话语关系。

---

① 潘伟伟.导读福柯[M].重庆:重庆大学出版社,2017:35.
② 米歇尔·福柯.知识考古学[M].谢强,译.北京:生活·读书·新知三联书店,2003:153.
③ 潘伟伟.导读福柯[M].重庆:重庆大学出版社,2017:54.

话语在具体的社会文化中,通常以知识(knowledge)的形式出现。福柯继而建立了权力与话语、知识之间的关系,这三者在福柯的论述中相互依存。福柯认为"话语即权力",权力通过话语的生产和运作加以实施。而知识通过话语实践形成,话语通过知识得到描述。同时,权力和知识也是相互利用的关系。需要注意的是,这里所说的"知识"不仅包括那些体制化的、专业化的、被认可的学科知识,也包括各种正在形成的、发挥作用的话语实践。① 福柯强调权力通过各种规范性的话语发挥作用,这有赖于非中心化的现代机构对于专业知识的生产,如医院、学校、疯人院、修道院、监狱等。而随着媒介的发展,大众传媒在知识的生产中扮演了越来越重要的角色,媒介也成为各种权力话语相互争夺的场所。举例来说,2000年前后,我国大众媒介中曾兴起过所谓的"成功学"。许多"成功学专家"张贴广告、出版著作、举办演讲活动、办培训班,教导人们如何"成功"。在此过程中,关于"成功学"的话语随着各种相关话题讨论、出版、讲座等被不断生产出来,权力和资本也被生产出来。而这个话语的形成借助了管理学、心理学、演说技巧等专业知识,结合各种企业家的经验,汇聚成关于一套"成功学"的知识。进入这套话语体系的人就意味着进入了这个权力体系,他会信奉那些知识,根据"成功学专家"所说的来改造自己。换句话说,权力正是通过各种话语和知识来作用于人,从而建构起一个合格的、符合社会需要的主体。用福柯自己的话来说,即"所有的一切都是为了制造出受规训的个人。"②

## 三、权力对主体的规训

福柯使用"规训"(discipline)一词来特指一种作用于主体的权力技术。规训并不是通过强制暴力起作用的,也不是通过意识形态的宣传说教达到的,它通过层级监视与规范化的裁决手段来运作,成本低、代价小,比传统的暴力型权力方式更为有效。规训的主要对象是人的肉身,通过对人身体细微动作的分解,控制肉身运动的姿势、速度等达到驯服身体的目的,从而提高人的可利用性。③ 显然,规训属于政治解剖学和微观政治学的内容。

在福柯看来,权力对人的控制和使用,伴随着一整套技术、方法、知识、描述、方案和数据。在《规训与惩罚》(1975)一书中,他描述了如监狱、学校、医院、军队等现代机构是如何通过微观权力的运作对人展开规训的。首先,是"分配的艺术",即在空间上对人进行划分,例如监狱中的封闭空间、学校中对教室和座位的设置等。在空间划分中,"纪律"成为一种等级排列的艺术。其次,是对"活动的控制",即在时间上、动作姿势上对人进行规定,例如军人的每一个动作、学生的写字姿势。再次是"创生的筹划",这里主要指的是

---

① 潘伟伟.导读福柯[M].重庆:重庆大学出版社,2017:70.
② 米歇尔·福柯.规训与惩罚:监狱的诞生[M].刘北成,译.北京:生活·读书·新知三联书店,2012:354.
③ 刘北城.福柯思想肖像[M].上海:上海人民出版社,2001:285.

时间的积累与组织,即将时间的效用最大化,从而在有效的时间内达到最高的效率,如学校每天组织的早操锻炼。最后是"力量的编排",福柯通过军队的编排来展现劳动分工的有效性。纪律能够把单个的力量组织起来,并使之协调组合,从而达到最大效果,获得一种高效率的机制。可以说,自现代以来,"纪律"作为一种规范化的话语已经融入了人们生活的方方面面。每个人都成为了被规训的一员,社会也得以"重建",在现代化的进程中保证它的秩序。

作为一种重要的规训手段,在权力的层级监视方面,福柯提出了"全景敞视主义"。集中体现全景敞视主义的是一座环形监狱的空间模型,这一点在第七章中会进一步展开。简单来说,监狱由许多隔离开的囚室构成,环形中间则树立一座瞭望塔,从而使得瞭望塔中的监督者能够在全景视野下监视囚室中的犯人。囚室中的人随时处于被凝视和观察之中,他们既在那个不可见的监督者目光之下,同时又在其他犯人的目光交错中。同时,犯人个体也内化了权力的目光,他们自己审视自己的行为是否符合监狱的"纪律",实现自我管理。全景敞视建筑形成了一种持续性的、有意识的可见状态,从而使权力自动地发挥影响力。这里的权力并非从具体的个人身上体现出来,而是表现在一种对犯人身体、建筑空间和光线等因素的合理安排上。全景敞视建筑能够通过减少行使权力人数、增加受权力支配人数来完善权力的行使过程,因此,它可以作为一个样板应用到医院、工厂及学校等社会的各种场所,最终成为一种普遍化的功能运作模式。福柯认为,作为一种完美的规训机构,全景敞视模式将遍布整个社会机体。而在一种普遍化的全景敞视主义机制作用中,所谓的"规训社会"也就形成了。在此,权力得以在社会最细微、最偏僻之处发挥作用,个人也被这样一种规训技术编织到社会秩序之中。① 福柯所说的"规训社会",正是现代社会的写照。

可以说,福柯对权力的解释,为我们思考现代社会及媒介文化中的权力-话语运作机制打开了全新的视野和批判方式。当代大众媒介正是各种知识话语生产与传播、影响与融合、竞争与对抗的主要场所,话语的力量改变着社会现实的形态以及我们与世界的关系。一方面,在网络的后真相时代,每一次媒介事件都是权力-话语相互交织、相互角逐的体现,各种复杂的话语背后体现了不同的网民群体所在社会与文化立场;另一方面,话语也在持续发挥着其生产、建构社会的作用。例如,在 2021 年之前,"元宇宙"(metaverse)这一概念很少被提及,尽管这个词在 1992 年的一部美国科幻小说《雪崩》中就已经出现。而伴随着技术的不断进步以及媒介虚拟化进程的加快,围绕着这一概念的话语迅速在全世界蔓延。科技、经济、文化等各个领域,关于"元宇宙"是什么的话语不断被生产,同时也开始了对"元宇宙"的知识考古,从过去的话语中来重新界定这个新概念。我国学者沈阳对"元宇宙"的定义为:"元宇宙是整合多种新技术而产生的新型虚实相融的互联网应用和社会形态,它基于扩展现实技术提供沉浸式体验,以及数字孪生技术生

---

① 米歇尔·福柯.规训与惩罚:监狱的诞生[M].刘北成,译.北京:生活·读书·新知三联书店,2012:224.

成现实世界的镜像,通过区块链技术搭建经济体系,将虚拟世界与现实世界在经济系统、社交系统、身份系统上密切融合,并且允许每个用户进行内容生产和编辑。"而他同时也补充到,"'元宇宙'仍是一个不断发展、演变的概念,不同参与者以自己的方式不断丰富着它的含义。"①这说明这一概念在未来仍有巨大的话语生产潜力。总体看来,"元宇宙"似乎重新搭建了一个"虚实相融"世界中的经济、社会与文化形态,且重新定义并规范了人在其中的身份与生活形式。在这个概念提出之后,人们开始用"元宇宙"来描述、理解乃至感知当代的虚拟化生活,话语由此建构了社会现实。

## 第四节 案例分析:网络事件中的话语争夺

本节通过两个案例来分别思考当代网络语境下媒介事件中的话语争夺以及关于网络游戏的话语变迁。首先,通过商业消费主义、主流媒体以及不同的网民群体对于"双十一"意义的讨论,来看围绕着"双十一"的媒介话语-权力是如何相互合作、协商、竞争,进而产生对于这个特定时间的社会意义。其次,追溯网络游戏在媒介中从边缘走向主流的话语转变,来思考人们对于游戏的态度如何发生变化,以及游戏是如何被整合到主流的话语秩序中的。

### 一、"双十一":商业资本与主流媒体的话语博弈

"11月11日",原本只是日历中的一个普通日子,却先后经历了"光棍节"和"双十一购物狂欢节"两次命名,从而被建构为一个充满文化内涵的"节日",并最终进入到大众的日常生活中。在这样一个现代话语"造节"过程中,商业话语、大众传媒及民众实践等各方力量都参与其中,通过话语争夺和意义博弈,最终促成了一场盛大的购物狂欢和现代消费神话。

自2013年淘宝将"11月11号"命名为"双十一购物狂欢节"以来,商业话语强势介入"双十一"场域,各类不同立场、属性的媒体也围绕"双十一"话语制造与商业话语展开了不同程度的竞争与合作。首先,商业话语从报道时间和报道重点两个方面出发,为大众媒体的新闻报道设置议题,并通过一些"特别设计"框定媒体的报道"脚本"。2013年,阿里巴巴集团为举办所谓的"零点倒计时"仪式,在其总部设置了实时直播大屏,百余名媒体记者参与该仪式。在此次现场直播中,不断刷新纪录的数字、消费排名等成为各媒体的报道重点,而类似"血拼""备战"等表述不仅向公众展现了"双十一"这样一场消费盛典

---

① 中国青年网.CGTN专访清华大学沈阳教授:"元宇宙"的发展必须以需求为导向[EB/OL](2021-11-17)[2022-03-02]. https://baijiahao.baidu.com/s?id=17166275825111228860&wfr=spider&for=pc.

的热闹与繁华,还意味着大众媒体与商业资本在一定程度上实现了合作共谋。其次,商业话语也借用"春晚"的仪式化形式,利用"春晚"蕴含的丰厚文化资源来为"双十一"造势,加深了人们对"双十一"的心理认同,激发人们对"双十一"的美好想象。2015年11月10号晚上,被商业话语称为"双十一春晚"的"天猫2015双11狂欢夜"在北京水立方成功举办。这场"春晚"由湖南卫视现场直播,此外还有土豆优酷等平台进行了同步网络直播,直播中充满推销味的节目串词、暗中烘托紧张气氛的游戏、各路明星演绎的"剁手神曲"等,这些富含消费意义的元素推动着商业话语和大众媒体的共谋达到顶峰。①

另一方面,在"双十一购物狂欢节"诞生的第二年,《人民日报》便发表一篇名为《我有一千个剩下的理由》②的报道,并配合评论《年华正好、别让幸福跌倒》③,来提醒人们关注青年男女婚恋问题,将"双十一"的意义重新拨回到"光棍节"上。《人民日报》的另一篇评论《理性看破狂欢》则更直接地揭露了"双十一购物狂欢节"中隐藏的消费主义谎言。其中谈到,"这也是消费主义惯用的套路,制造概念与符号,借此收买人心,消解意义。"④之后的每一年"双十一"期间,《人民日报》都会通过发表报道和评论来戳穿消费主义的各种套路,并赋予"双十一"以其他意义,例如2017年11月12号,《人民日报》在其官方微信公众号上发布报道《双十一,习主席工作了11个小时》,详细介绍了习主席的出访细节。上述一系列报道与评论反映了官方媒体对于"双十一"话语与意义的争夺。⑤

一些主流媒体也参与到这场有关"双十一"的话语争夺战中。《财经》杂志在2020年的"双十一"期间,发表了一篇题为《注水的战报,套路的狂欢:双十一让人"累觉不爱"》的文章。⑥ 2021年10月30日,"双十一"来临之前,《财新网》在其网站的"心智板块"发表《异化的符号消费》,提醒人们保持理性,正确看待即将到来的购物潮,避免掉进消费主义的陷阱。⑦

总的来看,在取代了"光棍节",将"双十一"成功塑造成一种购物狂欢的节日仪式后,商业资本、各类媒体及包括网民在内的不同话语力量展开了一场围绕"双十一"意义的争夺。商业话语具有技术先进、资本雄厚等优势,往往通过建构媒介事件和促成媒介仪式对媒体报道的议程设置产生影响。商业资本也会渗透一些报纸、电台、网站等,来积极迎合商业资本的事件营销,成为商业话语的共谋方。官方媒体从官方立场出发,试图通过转移议题和批判的方式将"双十一"置于国家主流的意识形态导向之中。主流专业媒体则会基于自身的专业知识和能力,来对"双十一"消费狂欢中潜藏的问题进行揭露。最后,在年轻网民中,亦会在社交平台或视频网站中自发地形成相应的虚拟社群与话语生

---

① 刘勇,郭静.意义建构与话语争夺:作为节日的"双十一"[J].现代传播(中国传媒大学学报),2017(4):125-130.
② 李昌禹.我有一千个剩下的理由[N].人民日报,2014-11-11.
③ 魏哲哲.年华正好、别让幸福跌倒[N].人民日报,2014-11-11.
④ 沐沂.理性看破狂欢(青眼)[N].人民日报,2014-11-11.
⑤ 杜小杜.双十一,习主席工作了11个小时[N].人民日报,2017-11-12.
⑥ 马霖,杨立赟.注水的战报,套路的狂欢:双十一让人"累觉不爱"[N].财经,2020-11-12.
⑦ 蓝玲.异化的符号消费[N].财新网,2021-10-30.

产,来抵抗消费主义话语的侵袭。

## 二、网络游戏的话语变迁

在整个媒介技术的发展进程中,几乎每一项新媒介所带来的新兴文化现象都曾招致过批判之声,尤其是自19世纪末电影诞生以来,无论是电影还是之后出现的广播、电视,都曾被视作侵蚀人性的洪水猛兽。网络游戏作为一种媒介文化形式,在很长一段时间内也被扣上"原罪"的帽子。由于其相较于其他文化娱乐方式如电影电视等更为突出的沉浸式体验以及最初发展过程中的亚文化特征,网络游戏曾在主流媒介中长期为负面话语所建构。这种亚文化与主流文化的冲突也被表现为代与代之间的矛盾。例如,各种关于游戏暴力内容对青少年的有害影响,或是缺乏自制力的青少年沉溺网瘾的相关报道,突出了网络游戏消极的社会效应,进而一度被理解为是"精神鸦片"或"电子海洛因"。①

但是,随着技术的进步以及游戏产业走向成熟,到2021年,中国游戏玩家用户的规模达6.66亿人,游戏市场实际销售收入2965.13亿元,网络游戏已经成为具有强大影响力的媒介文化形式。事实上,早在2008年,我国的网络游戏产业就已达到世界规模第一的水平。② 游戏的发展不仅在经济层面,庞大的受众群也意味着其在文化上的影响力不容小觑。尤其随着手机游戏的普及,游戏玩家已不再仅限于青少年群体,许多中老年玩家也参与到各种休闲类游戏中。此外,网络游戏的积极社会效应也开始得到关注,例如游戏应用在教育上的良好表现、为青年人排解社会压力、打开社会交往的新形式等,相关的正面话语开始浮现。

尽管网络游戏类型众多,涉及的问题不一,但总体而言,目前围绕着"网络游戏"的正向媒介话语正从三个层面浮现,同时也引起了不少争论:首先,网络游戏以电子竞技的形式参与到体育赛事当中,在某种程度上与民族主义、爱国主义的话语联系起来。近年来,电子竞技朝着产业化和规模化的方向发展,职业选手开始涌现,也吸引了许多年轻受众。电竞选手们代表国家参加并赢得比赛,并激发民族自豪感和认同感。在社交媒体上,电子竞技正在演变成一种爱国表演仪式。其次,除电子竞技之外,作为我国文化输出重要媒介之一,网络游戏的发展也承载着"传统文化再媒介化"的任务。③ 相比于其他国家的热门网络游戏,如美国的《魔兽》和日本的《宝可梦》等,中国的网络游戏虽然也在全球网游市场取得过不错的成绩,但对本国文化的呈现与转化却远远比不上其他国家,因此如何在网络游戏中融入中国的文化背景,如何通过大热的网游讲好当代的中国故事、传播中国声音,实现商业和文化的双赢,是作为新媒体文艺形式之一的游戏不断探索的议

---

① 孙佳山.网络游戏:文艺的"旧观念"与时代的"大变革"[J].红旗文稿,2017(18).
② 孙佳山.网络游戏:文艺的"旧观念"与时代的"大变革"[J].红旗文稿,2017(18).
③ 车致新.触屏游戏与传统文化的再媒介化[EB/OL].(2021-12-25)[2022-3-16]. http://www-thepaper-cn.vpn.sdnu.edu.cn/newsDetail_forward_15957451.

题。① 最后,网络游戏的沉浸感和强互动性也使其成为一种青年社会参与的虚拟公共空间。一方面,网络游戏为当代青年群体提供一个相对自由的虚拟空间,不仅现实中的性别、年龄和经济地位等差异被暂时抹消,而且充满趣味性的游戏体验如角色扮演、团队合作和"打怪升级"等也带来新的人际交往方式,在其中实现对自我的建构与认同。② 另一方面,一些研究也指出,包括许多大型多人在线游戏等网络游戏社区,构成了一个另类的"公共领域"。③ 集体游戏行为潜移默化地增加青年玩家投入公共生活的可能,特别是社会互动与团队合作对于玩家提高社会资本和亲社会行为有一定帮助。④

## 【思考题】

1. "双十一"作为光棍节、消费节的意义是如何形成的?与传统节日相比,这类现代人为制造的"节日"有哪些特点?如何从意识形态或话语的角度来理解?

2. 试举例说明并分析还有哪些网络文化事件中呈现出不同的意识形态或话语的冲突。

3. 如何看待大众对于网络游戏的态度变化?

4. 以某一个具体的文化文本为例,谈谈如何展开意识形态视角的分析?

---

① 孙佳山. 网络游戏:好玩更要有担当[N]. 光明日报,2017-7-13.
② 刘泓. 虚拟游戏的身份认同:网络游戏的文化体验之反思[J]. 福建论坛(人文社会科学版),2003(3):38-42.
③ 钟智锦,刘可欣,乔玉书. 为了部落:集体游戏行为与玩家公共参与研究[J]. 青年研究,2019(4):13-23.
④ 黄少华. 互联网的社会意义:以网络参与和网络游戏为例[M]. 杭州:浙江大学出版社,2016.

# 第二章　新媒体文化的符号与表征

本章从结构主义的视角出发,来关注符号学批评与文化表征理论。符号学的发展与结构主义语言学有着重要关联。在结构主义的影响下,语言往往被理解为在特定文化中的一套表达意义的符号系统。二战以后,西方文化理论展现出了显著的语言学转向,尤其是受到索绪尔结构主义语言学的启发。在这一转向之下,文化及其意义的生产开始通过一套系统、结构和语言符号组合的方式来进行思考。结构主义语言学对于法国战后理论发展的影响尤其显著。20 世纪 40 年代,法国人类学家列维-斯特劳斯运用结构主义语言学的方式来考察特定社会中的亲属关系及神话。到五六十年代,罗兰·巴特吸纳了结构主义符号学理论,并将其符号批评运用于分析各种现代"神话"。70 年代,社会学家皮埃尔·布尔迪厄将符号学运用于社会文化资本的分析,提出符号资本与符号权力。让·鲍德里亚则同样将这套批判模式指向消费社会中的符号价值交换。此后,英国文化研究代表人物斯图亚特·霍尔综合了巴特的符号学与福柯的权力话语学说,提出了表征理论,并用以分析大众文化传播中的文本再现。而另一方面,随着后结构主义的兴起以及对结构主义的反思,关于符号与表征的讨论也在不断发生转变。在对索绪尔的批判性发展中,法国哲学家雅克·德里达提出了他的解构主义理论,拆解了静态的语言结构,强调了符号意义的不确定性,进而指向了符号在后现代文化语境中的游戏与狂欢。

当代互联网文化充斥着各种各样的符号奇观。一方面,符号无限的生产、复制、展演与变化,文化意义的交织、融合、冲突与相互消解,皆标记出了鲜明的后现代特色。网络文化时不时地在为我们提供新的"流行梗",例如"佛系""打工人""emo""凡尔赛"等。这些文化符号标记着某一社会群体的生存状态、表达方式与内在诉求。另一方面,各种符号背后也体现着复杂的意识形态与权力运作。打开社交媒体,我们看到的许多光鲜亮丽的"好物分享"背后是消费主义的推动;商品符号在虚拟世界中构建了一个个充满快感的消费幻想。因此,在新媒体文化语境中,从符号学的视角去解读表征语言的内涵尤为重要。本章将从符号学的两位创始人索绪尔与皮尔斯开始介绍,着重解释索绪尔的结构主义语言学,来了解符号与符号学的发展。其次,关注罗兰·巴特对于大众文化中意识形态神话的批判以及霍尔所发展的表征理论。最后,通过介绍鲍德里亚符号学视角下的消费文化批判、德里达的解构主义,来总结符号学批评的后现代转向。在这些概念的基础上,本章最后对当代网络恶搞文化中符号的狂欢与游戏进行考察。

# 第一节　理解符号：索绪尔与皮尔斯

符号，顾名思义，可以理解为某种具有指代性质的东西。我们身边充满着符号——国旗是一个符号，它指代着国家；古筝也可以是符号，它指代着一种传统乐器文化。最典型的，日常交流离不开的语言，就是一种符号。符号的问题自古有之。古希腊医学家希波克拉底在《预后诊断论》中指出，医生通过观察病人的面容、神态来诊断病原部位和轻重状态，希波克拉底就将病人的面容和状态记述为一种符号现象。① 在学科意义上，通常现代符号学分为两大流派。一派是以瑞士的弗迪南·德·索绪尔、丹麦的路易斯·叶尔姆斯列夫(Louis Hjelmslev)、俄国的罗曼·雅各布森(Roman Jakobson)、法国的罗兰·巴特为代表的语言符号学学派，即欧洲符号学。另一派则是以查尔斯·皮尔斯、查尔斯·莫里斯(Charles William Morris)、托马斯·西比奥克(Thomas Sebeok)为代表的哲学符号学派，即美国符号学。本节将分别从索绪尔与皮尔斯的符号学观点来理解符号。

## 一、索绪尔的结构主义符号学

索绪尔(1857—1913)是瑞士作家、语言学家，他是后世公认的结构主义创始人，也是欧洲符号学派、现代符号学的创始人。索绪尔被誉为"现代语言学之父"，他把语言学塑造成为一门影响巨大的独立学科。索绪尔从1907年始讲授"普通语言学"课程，先后讲过三次。他的学生查尔斯·巴利(Charles Bally)和薛施蔼(Albert Sechehaye)将其课程讲义整理成书并出版，这本书就是现代语言学领域中一部划时代的著作——《普通语言学教程》。②

在理解索绪尔的结构主义符号学之前，需要先了解索绪尔观点中语言学与符号学的关系。在《普通语言学教程》一书中，索绪尔第一次明确指出语言属于符号学的研究领域。他谈到，"我们可以设想有一门研究社会生活中符号生命的科学，它将构成社会心理学的一部分，因而也是整个心理学的一部分，我们将把它叫符号学(Semiologie)。它将告诉我们符号是由什么构成的，受什么规律支配。……语言学是这门一般科学的一部分，将来符号学发现的规律也可以应用于语言学"③。因此，索绪尔认为符号学和语言学之间具有相互交叉和包容的关系。

---

① 毛丹青.符号学的起源[J].哲学动态,1987(3):27-28.
② 丁龙松.《普通语言学教程》和《语言学教程》对比研究[J].文学教育(下),2018(9):25-27.
③ 弗迪南·德·索绪尔.普通语言学教程[M].高名凯,译.北京:商务印书馆,2009:38.

索绪尔为了阐明语言的本质,表明语言是一种表达观念的符号系统。① 按照他的说法,符号是由"能指"(Signifier)和"所指"(Signified)两个部分所构成的。能指即语音或文字字符,所指即语音或文字字符所对应的概念意义。换句话说,能指就是表征一个事物所使用的"形式",所指就是指涉之义。例如,在描述水的时候,能指就是"水"这一中文字形,或者是它的发音"shuǐ";而所指就是当我们看到这个字或听到这个发音时在脑海中所反映出来的那个对应物。当然,指涉对象也可以是抽象或虚幻的,如当说到"真理"这一能指时,它有其相应的所指意涵。索绪尔谈到,"语言符号是概念和音响-形象,即符号所指与符号能指的结合。符号所指是概念,符号能指是音响形象。能指和所指是同质的。"②因此,索绪尔把语言符号看作能指(音响-形象)和所指(概念)的结合。能指和所指不可分割的二元性是索绪尔符号学的基础。在此基础上,索绪尔强调了符号学的两个原则,以及作为系统的符号。

### (一) 符号的任意性

这是索绪尔符号学研究的第一原则。索绪尔明确指出,"符号的任意性原则是贯穿整个符号学的总原则。"③符号的任意性指的是符号的能指和所指之间的关系是任意的,不是必然的、天然的。就像红色之所以被叫作"红色"而非"绿色"或"黄色",完全是随机的、无可解释的。正如父母为刚出生的婴儿取名,可以取各种各样的名字,名字与婴儿本身之间的联系是任意的那样。而另一方面,任意组合的符号又必然具有社会性。也就是说,尽管符号的能指与所指之间的关系是任意的,但这并不意味着一个人可以仅仅根据自己的意愿来随机选择能指来表达那个特定的所指。索绪尔认为,"一个社会所接受的任何表达手段,原则上都是以集体习惯,或者同样可以说,以约定俗成为基础的。"④在特定的社会文化中,能指与所指之间的关联是约定俗成的。符号的任意性与社会性原则相统一。

### (二) 符号的线性特征

这是索绪尔符号研究的第二原则。索绪尔认为能指与听觉相关,能指按照一条时间顺序轴出现,其"链条"构成有完整意义的句法,于是便具有了线性的特征。也就是说,语言内部的各个单位横向组合,以线性方式呈现出来。⑤

### (三) 符号是一个系统

索绪尔认为,"语言是一个纯粹的价值系统,除各项要素的暂时状态外并不决定于任

---

① 弗迪南·德·索绪尔. 普通语言学教程[M]. 高名凯,译. 北京:商务印书馆,2009:37-38.
② 赵敦华. 现代西方哲学新编[M]. 北京:北京大学出版社,2001:265.
③ 弗迪南·德·索绪尔. 普通语言学教程[M]. 高名凯,译. 北京:商务印书馆,2009:104.
④ 弗迪南·德·索绪尔. 普通语言学教程[M]. 高名凯,译. 北京:商务印书馆,2009:96.
⑤ 弗迪南·德·索绪尔. 普通语言学教程[M]. 高名凯,译. 北京:商务印书馆,2009:99.

何东西。"①这一观点将语言符号的结构整体性地搭建起来。索绪尔区分了语言的"共时"和"历时"。"共时"是指对于研究对象的考察仅仅包括当前存在同一时间的关系。相对地,"历时"即在考察对象时将当下、以前和将来可能存在的成分变化都包括进去。② 索绪尔将语言符号视为一个特定的系统时,是站在"共时"立场的,因而索绪尔的语言结构是一个静态、稳定、整体性的结构。在索绪尔的结构主义观点中,意义正是在这样一个语言符号系统中被建构出来。

## 二、皮尔斯的符号三元模式

查尔斯·桑德斯·皮尔斯(Charles Sanders Peirce,1839—1914)是美国现代符号学奠基人之一,也是美国实用主义哲学的创始人。尽管皮尔斯与索绪尔是同时代的人,但他们彼此并无交集,而是沿着各自的路径来探索符号问题。相比索绪尔能指/所指的符号二元论,皮尔斯的符号学说无论是符号的模式还是符号的分类都是三元的。皮尔斯的符号学思想体系相对更为复杂,且他本人也对此进行了不断更新。不过,与结构主义语言学在战后欧洲的繁荣不同,皮尔斯的符号学直到结构主义走向衰落之际才开始备受关注。他的三元符号论带动了20世纪60年代美国符号学的兴起,并成为当代符号学中的主要派别。

在对符号定义上,与索绪尔类似的是,皮尔斯强调了符号的意指功能与系统性。他谈到,"符号是这么一种东西,对某个人来说,它在某个方面或以某种身份代表某个东西。"③在这一前提下,皮尔斯提出了符号的"意指三分式":再现体(representamen,又译"表征")、对象(object)、解释项(interpretant)。④ 一个符号由再现什么(对象)、怎样再现(再现体)和怎样解释(解释项)三个要素构成。其中,"再现体"类似于索绪尔的"能指"意涵,约等于符号(sign)本身。而"所指"在皮尔斯这里被分成了两个层面,分别是符号所替代的"对象",即指代之物;以及符号所引发的思想或感知,即"解释项"。

值得注意的是,皮尔斯首创性地提出了"解释项"的概念,这也将意义解释的主观维度加入符号的构成系统中。正如皮尔斯所说,"只有被解释为符号的才能是符号。"⑤但这一解释项并非是由解释者来决定的,而是由再现体即符号所决定的。皮尔斯补充到,解释项表现出了符号和指代物之间的一种人为理解的关系,符号通过它指代的对象上的某些特征来确定解释项。⑥ 由此,符号内部就呈现出这样的关系:首先存在一个已知的对象,符号指代着这个对象;同时这个符号能够引出一个解释项,解释项由符号决定,也与

---

① 弗迪南·德·索绪尔. 普通语言学教程[M]. 高名凯,译. 北京:商务印书馆,2009:106.
② 弗迪南·德·索绪尔. 普通语言学教程[M]. 高名凯,译. 北京:商务印书馆,2009:136.
③ 查尔斯·桑德斯·皮尔斯. 皮尔斯文选[M]. 涂纪亮,译. 北京:社会科学文献出版社,2006:277.
④ 查尔斯·桑德斯·皮尔斯. 皮尔斯论符号[M]. 赵星植,译. 成都:四川大学出版社,2014:31.
⑤ PEIRCE C S. Collected Papers[M]. Cambridge,Mass.:Harvard University Press,1933:308.
⑥ 查尔斯·桑德斯·皮尔斯. 皮尔斯论符号[M]. 赵星植,译. 成都:四川大学出版社,2014:32.

符号对应。① 举例而言,现代大型商场中往往会用一个母亲照顾婴儿的简笔画图标来指示出"母婴室"。从皮尔斯的意指三分式来看,"再现体"就是那个图标,而"对象"是被指涉为"母婴室"的空间,"解释项"则是由这个图标所产生的解释,即看到这个图标后我们会知道这个空间是母婴室,且这个商场有母婴室。

此外,皮尔斯根据符号引向意义的理据性的差别,将符号分为了三类:像似符(Icon)、指示符(index)、规约符(symbol)。② 像似符指的是与实际"对象"在一些方面具有相似性的符号,例如上文提到的母婴室图标,母亲照顾婴儿的简笔画与事实对象之间感知上的相似成为这一符号意义的理据。③ 指示符是符号与指代对象之间存在着事实上的对应关系,比如因果、邻近、整体与部分等关联。基于这些关联,符号与对象能相互提示,使得接受者能看到符号而想到对象。④ 例如马路上的转弯路标、微信来消息时的红色圆点等。规约符就是符号与对象之间没有理据关系,而是由人们约定俗成的符号,也对应着索绪尔所说的语言符号的任意性。⑤ 比如,红灯亮起表示停止,绿灯亮起表示通行。事实上,最直观的例子就在我们日常使用的表情包里。当打开手机输入法中的emoji表情,像似符就是那些直接呈现微笑、哭泣或生气的脸;指示符则是向上向下的箭头或打勾打叉的标记;而表示点赞的大拇指、表示爱意的玫瑰花或爱心等就是规约符。

### 三、从索绪尔到皮尔斯

索绪尔与皮尔斯对于符号的基本定义殊途同归,但是在具体的研究领域、符号结构以及意义生产方式等方面相差较大。首先,索绪尔研究的符号从语言学基础发展而来,而皮尔斯的符号包含了所有范畴。同时,索绪尔排斥"象征"概念,他认为"象征"不符合符号的任意性原则,因为"象征"的能指与所指之间总是存在天然的一些联系。例如,我们通常用天平来象征法律的公正,而不会用其他的东西来代替天平。而这一"象征"则正符合皮尔斯符号学中"规约符"的概念。其次,索绪尔的语言符号的明显标志是二分法:他将符号分为能指和所指。皮尔斯的符号由符号、指代对象和解释项三部分构成。索绪尔的二元对立的符号体现了他的结构主义思想。再次,符号意义的产生究竟是任意的还是必然的?对于这一问题的解答,索绪尔和皮尔斯的观点也有不同。索绪尔研究的发端开始于语言符号,他指出了能指和所指之间的任意性。人们的注意点集中到了语言内部,意义在能指与所指的内部。而皮尔斯的符号学观点从一开始就没有把客观实在的外部世界排除到符号系统之外,这样的出发点促使符号"向无限衍义开放"。⑥

---

① 查尔斯·桑德斯·皮尔斯.皮尔斯论符号[M].赵星植,译.成都:四川大学出版社,2014:31.
② 查尔斯·桑德斯·皮尔斯.皮尔斯论符号[M].赵星植,译.成都:四川大学出版社,2014:51-70.
③ 查尔斯·桑德斯·皮尔斯.皮尔斯论符号[M].赵星植,译.成都:四川大学出版社,2014:51.
④ 查尔斯·桑德斯·皮尔斯.皮尔斯论符号[M].赵星植,译.成都:四川大学出版社,2014:55-56.
⑤ 查尔斯·桑德斯·皮尔斯.皮尔斯论符号[M].赵星植,译.成都:四川大学出版社,2014:60.
⑥ 赵毅衡.符号学:原理与推演[M].修订版.南京:南京大学出版社,2016:13.

符号学的发展前后经历了三个阶段。第一阶段是在20世纪前期,索绪尔语言学奠定了符号学的基本概念和模式。第二阶段,索绪尔符号学由于得到布拉格学派(穆卡洛夫斯基、特鲁别茨科伊等学者)的拥戴,60年代的结构主义符号学率先成熟,演变成声势浩大的运动。雅各布森、克洛德·列维-斯特劳斯(Claude Levi-Strauss)、罗兰·巴特、格雷马斯(Algirdas Julien Greimas)、布勒蒙、茨维坦·托多洛夫等人把结构主义发展成60年代最显赫的学派。符号学也开始与其他学科进行广泛融合。这一阶段后期,艾科、西比奥克开始发展皮尔斯符号学。第三阶段是从70年代中期开始一直到今天,结构主义向后结构主义转向,索绪尔符号观由于局限于语言学领域及其结构主义封闭的格局,被皮尔斯模式取代。① 具体而言,皮尔斯符号学体系的内核是符号意义的生产与传播,而21世纪的新符号学运动发展的案例,例如生态符号学、生物符号学、伦理符号学、认知符号学等,不仅包括人与人的符号传播,还包括人与生物、环境等外界的传播,它们都是在皮尔斯理论基础上推进的。皮尔斯对传播问题的重视,使得他的符号学能够突破结构的束缚,继续引领当代符号学的发展方向。②

21世纪是一个符号世纪,我们当下所处的时代是一个高度符号化的时代。③ 一方面,符号消费已经占据了人们大部分视线。个体已经变成了符号消费者,而我们对于符号生产与消费的规律仍处在探索之中。另一方面,在不同阶级、种族、性别等的文化交流与冲突中,如果不理解符号,就无法理解冲突的实质,也无法对其采取对策。新媒体文化的兴起与文化符号过于饱和的局面同时到来,我们亟须对这种局面进行分析。

## 第二节 神话学与表征的文化政治

本节将继续沿着符号学发展的历史脉络,着眼于20世纪中后期大众文化兴起的欧洲,首先关注罗兰·巴特对于法国大众文化中意识形态神话的批判,其次学习斯图亚特·霍尔所发展的文化表征理论,最后考察这些理论在当下新媒体文化中的发展。

### 一、巴特的神话学批判

20世纪50年代,罗兰·巴特对法国巴黎的流行文化符号进行了意识形态批判,这部分成果被收录进他的著作《神话学》(1957)中。罗兰·巴特(Roland Barthes,1915—1980)是法国作家、思想家、社会学家、后结构主义学者。巴特在索绪尔的结构主义语言

---

① 赵毅衡.符号学:原理与推演[M].修订版.南京:南京大学出版社,2016:12-15.
② 赵星植.论皮尔斯符号学中的传播学思想[J].国际新闻界,2017,39(6):87-104.
③ 赵毅衡.符号学:原理与推演[M].修订版.南京:南京大学出版社,2016:22.

学基础上,发展了自己的符号学体系,并将符号学运用于大众文化的研究与批判。20世纪四五十年代,巴特主要研究词汇学和社会学,出版了《写作的零度》(1953)、《神话学》(1957)等文学及文化著作,也参与了当时的巴黎左派论战。到60年代初期,他开始探索结构主义与符号学,出版了《符号学原理》(1965)、《批评与真实》(1966)等。而到60年代中后期,在接触德里达的解构主义思想之后,巴特逐渐向结构主义告别,转变为一位后结构主义者,其后期的代表作包括《S/Z》(1970)、《文本的快乐》(1973)等。

关于"神话"的结构主义研究出自法国人类学家克洛德·列维-斯特劳斯。他在20世纪40年代研究了美洲大陆社会中的亲属关系与原始神话。① 列维-斯特劳斯采用索绪尔对于语言和言语的区分,区分了神话结构与具体的神话故事。在一个特定的文化中,各种神话故事经过口耳相传,不断变化,最终形成一套稳定的神话结构。而神话结构是不可见的,是无意识层面的,它会跨越不同历史阶段在其所在的文化中持续发挥影响。在此基础上,巴特研究的"神话"延续了列维-斯特劳斯所讨论的神话结构的无意识特点,但是巴特将之放置在50年代法国的大众文化中,揭示了一种"现代神话"(modern mythology),也就是意识形态的"神话"。彼时,欧洲资本主义生产急剧扩大,大众文化产品繁荣,各种大众文化符号充斥在人们的周围。"神话"通过这些具体的文化符号被建构起来,并将自身展现为一种日常的、自然化的存在。巴特在《神话学》一书中对流行事物与大众文化进行了意识形态批评,并探讨了这些文化语言的符号学意义。

首先,巴特认为,神话学是从符号学、语言学发展而来的。他指出,"符号学知识实际上只可能是对语言学知识的一种模仿。这种知识至少在构想中,已被应用于非语言的对象。"② 继而他将符号学批评用于对现代社会文化现象的分析。他认为,神话是一种传播的体系,是一种讯息,也是一种意指的方式。口头发言、写作、描绘、论文、照片、电影、报告、运动、表演、宣传,这些都是神话语言的支援。

其次,在巴特看来,符号学、神话学、意识形态之间的关系是这样的:符号是研究事物的形式和表意;意识形态强调历史、内容、具体的环境。而神话学既从属于符号学,又从属于意识形态研究。符号学能揭示神话的结构系统,意识形态就是神话形成的背景。③ 在《神话学》结尾,巴特谈到,"一天里,我们到底能遇到多少没有象征的地方?很少,有时没有。海滩上,丰富的符号学材料——旗子、标语、信号、广告牌、衣服、晒黑的皮肤,对我来说这是非常多的信息。"④ 可见巴特认为大众文化产品就是文化符号,这些符号总是隐含着不为人所察觉的信息。意识形态使这些文化符号变成了神话。

因此,神话是一个二重的符号学系统,第一个系统中的第一个符号(由能指和所指所构成),成为第二个系统中的能指。它将语言素材还原到语境中。第一个系统即语言学

---

① 克洛德·列维-斯特劳斯.神话学:生食和熟食[M].周昌忠,译.北京:中国人民大学出版社,2007:8.
② 罗兰·巴特.符号学原理:结构主义文学理论文选[M].李幼蒸,译.北京:三联书店,1988:115.
③ 汪民安.谁是罗兰·巴特[M].南京:江苏人民出版社,2005:62.
④ Barthes R. Mythologies[M]. French and European Publications Inc,1957:197.

的体系,表达的是语言符号与客体的关系,是直接意指层;第二个系统即神话本身,是含蓄意指层,巴特认为这是一种元语言(metalanguage),即第二语言。人们在第二语言中谈论第一语言。巴特的神话系统的结构如图 2-1 所示。①

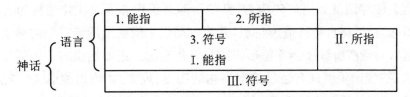

**图 2-1　罗兰·巴特的神话系统**

巴特以《巴黎竞赛画报》的封面为例,形象地解释了神话的二级系统:在这幅图片中,读者可以看到一个身穿法国军服的黑人少年在向着远方不可见的法国国旗敬礼。这个例子中,这个画面的符号内容构成了第一层系统中的直接意指,即"向着法国国旗敬礼的黑人少年形象";而这个能指与所指构成的符号在第二层系统中又变成了新的能指,指涉着法国帝国主义的在场,这构成了含蓄意指层。巴特谈到:

不管是否自然流露,我都领会到了它向我传达的含义:法国是一个伟大的帝国,她所有的儿子,不分肤色,都在旗帜下尽忠尽责。这位黑人为所谓的压迫者服务的热忱,是对所谓的殖民主义的诽谤者最好的回答。如此,我在此还是发现我面对的是一个增大了的符号学系统:有一个能指,它本身就是已经由先前的符号系统形成的(一位黑人士兵行法兰西军礼,图 2-2),有一个所指(在此有意将法兰西帝国特性和军队特性混合起来),所指借助于能指呈现出来。②

**图 2-2　《巴黎竞赛画报》封面**

巴特强调,由符号学进入意识形态讨论,需要一种神话式的解读。因为"神话不隐藏

---

① 罗兰·巴特. 神话:大众文化诠释[M]. 许蔷薇,许绮玲,译. 上海:上海人民出版社,1999:173.
② 罗兰·巴特. 神话:大众文化诠释[M]. 许蔷薇,许绮玲,译. 上海:上海人民出版社,1999:175.

任何事物,它的功能是扭曲,而不是使事物消失"。① 对于神话的解读者而言,这张封面的照片仿佛是自然地召唤出概念,仿佛能指给予所指以基础:当法国帝国特性达到自然状态时,神话便同时存在了。在其中,神话是被过度正当化的言语。也就是说,巴特提醒神话的解读者关注神话是如何被建构为"真的",即意识形态通过文化建构为自然化的过程。在他看来,神话将自身打造为自然,并非以动机来展现给读者。他的神话学理论就是为了瓦解彼时资产阶级社会意识形态的日常化建构。正如他说的,"神话是一种去政治化的言谈。"② 统治阶级只有通过挖空事物的历史、现实,才能用神话来"自然地"填充它。而巴特的"解神话",或者说"解神秘化",就是拆解这套虚构的机制。

在《神话学》里,巴特对法国 20 世纪 50 年代社会中各种日常文化现象进行了思考,包括职业摔跤、报纸、礼仪、谈话、演员的照片、广告、食物等。例如,巴特指出了奥妙洗衣粉广告中的"神话":广告中洗衣服的去污方式暗示着家庭主妇在洗衣板上揉搓衣物的动作,而女性与家务劳动的"天然联系"通过广告符号的意识形态神话渗透进消费者内心。③ 巴特也同样瓦解了法国与葡萄酒的神话:在法国社会中,媒介对葡萄酒的宣传建立了一种葡萄酒信仰,让人觉得日常生活中缺乏葡萄酒是难以忍受的。然而,葡萄酒的生产与法国资本主义经济密切相关。对葡萄酒的信仰在法国变成了一种隐形的意识形态意图,渗透至社会各个阶层。④ 可以说,巴特的神话学勾连了符号学分析与意识形态批判,为我们挖掘媒介文化中符号背后的意识形态内涵提供了一种思考方式。这种方式在霍尔的表征理论中得到了进一步的发展。

## 二、霍尔的表征理论

斯图亚特·霍尔(Stuart Hall,1932—2014)是英国伯明翰文化研究学派的代表人物之一,被誉为"当代文化研究之父"。霍尔在 1968 年担任伯明翰大学当代文化研究中心的主任,引领了英国文化研究的发展。他的研究范围涉及移民、种族、流行文化、新闻传媒、意识形态等诸多领域,著有《流行艺术》(1964)、《电视话语中的编码与解码》(1973)、《编码/解码》(1980)、《文化研究:两种范式》(1980)、《"意识形态"的再发现:媒介研究中被压抑者的回归》(1982)、《意识形态与传播理论》(1989)、《表征:文化表象与意指实践》(1997),以及《做文化研究:索尼随身听的故事》(1997)等学术论文及论著。⑤ 在媒介文化理论方面,霍尔综合战后各家思潮之长:他继承英国新左派的文化马克思主义理论,并融合了葛兰西的文化领导权思想和阿尔都塞的意识形态理论,同时也对索绪尔的结构主义

---

① 罗兰·巴特.神话:大众文化诠释[M].许蔷蔷,许绮玲,译.上海:上海人民出版社,1999:181.
② 罗兰·巴特.神话:大众文化诠释[M].许蔷蔷,许绮玲,译.上海:上海人民出版社,1999:203.
③ 罗兰·巴特.神话:大众文化诠释[M].许蔷蔷,许绮玲,译.上海:上海人民出版社,1999:34.
④ 罗兰·巴特.神话:大众文化诠释[M].许蔷蔷,许绮玲,译.上海:上海人民出版社,1999:68-70.
⑤ 黄典林.媒介社会学的文化研究路径:以斯图亚特·霍尔为例[J].国际新闻界,2018,40(6):68-87.

符号学进行了深入探讨,吸纳了列维-斯特劳斯的结构主义、罗兰·巴特的神话学以及福柯的权力-话语理论,并在此基础上提出了表征理论,用于批评与分析大众媒介与大众文化。

## (一) 什么是表征

霍尔在《表征:文化表象与意指实践》一书中开篇明义,"表征(representation)就是通过语言生产意义。"①通过语言,我们对想要再现的物、人、事进行描述、指称,使得本身存在于客观的东西与意义得以相连。或者说,表征是某一文化的众成员间意义生产和交换过程中的一个必要组成部分,它包括语言的、各种记号的及代表和表述事物的诸形象的使用。② 对于语言与表征的关系,霍尔认为,"语言通过表征来运作,各种语言都是表征的系统。"③霍尔进一步提出,口语、书面语、身体语言、音乐语言甚至电视语言等都使用了某种因素来传递思想、概念、感情。这些语言作为符号,来表达我们想要传达的意义。④

那么,表征是如何将语言符号联系到文化中生产意义的? 具体而言,霍尔认为我们对语言符号的理解有三种途径:反映论的、意向性的和结构主义的。首先,反映论途径,有时也被称为摹仿论的途径,强调语言对现实的真实反映,即语言符号像镜子那样单纯地反映已经存在于那里的关于物、人和事的某种意义。其次,意向性的途径强调的是语言表达说话者或作者等主体想说的,表达他/她个人意向的意义。言说主体通过语言或其他符号将自己独特的意义强加于世界。最后,在结构主义的途径中,就像结构主义符号学的理解那样,语言或其他符号的使用者并不能确定事物的意义,因为事物本身并没有意义,而是通过各种表征系统共同建构了意义。意义是在文化符号的意指实践中被建立起来的。⑤ 显然,在现代大众文化中,各种文化符号已经不单单是在反映现实,它们在建构"现实",或者正是现实本身。而正如罗兰·巴特宣称的"作者之死"那样,媒介中的文化符号背后的作者身份与主观表达也在消失。因此,霍尔强调表征生产意义的结构主义途径。他强调,各种事物、观念和符号间的关系是语言中意义生产的实质所在,而"表征"正是将这三要素联结起来的过程。

霍尔使用"信码"的概念来解释表征系统中的意义生产。信码即信息/符码(information/code),在他看来,共享信码确定了符号和意义之间的关系,它们使意义在不同语言和文化内部稳定下来。⑥ 思考文化的方式之一是以这些共享的概念范式、共享的语言系统和驾驭它们之间转化关系的各种信码为依据。例如,在一个文化的表征系统内,当看到红绿灯标志,信码会告诉我们:红灯停,绿灯行。也就是说,信码告诉我们,当我们听到或读

---

① 斯图尔特·霍尔. 表征:文化表象与意指实践[M]. 徐亮,陆兴华,译. 北京:商务印书馆,2003:16.
② 斯图尔特·霍尔. 表征:文化表象与意指实践[M]. 徐亮,陆兴华,译. 北京:商务印书馆,2003:17.
③ 斯图尔特·霍尔. 表征:文化表象与意指实践[M]. 徐亮,陆兴华,译. 北京:商务印书馆,2003:4.
④ 斯图尔特·霍尔. 表征:文化表象与意指实践[M]. 徐亮,陆兴华,译. 北京:商务印书馆,2003:5.
⑤ 斯图尔特·霍尔. 表征:文化表象与意指实践[M]. 徐亮,陆兴华,译. 北京:商务印书馆,2003:24.
⑥ 斯图尔特·霍尔. 表征:文化表象与意指实践[M]. 徐亮,陆兴华,译. 北京:商务印书馆,2003:21.

到哪些符号时,哪些概念被指涉了,这使我们在文化内的传播成为可能。

### (二) 文本符号的编码与解码

在表征概念的基础上,霍尔认为,为了理解大众媒体如何建构文化意义,要从表征系统的符码(code)维度入手,对媒体生产和消费环节所依赖的意义结构的内在机制,即符码体系的运作规则来进行符号学分析。① 在1973年莱斯特大学召开的学术研讨会上,霍尔最早针对电视话语的符号学特征以及社会文化政策,发表了《电视话语中的编码与解码》。到1980年,霍尔在20世纪70年代思考的基础上进一步完成了《编码/解码》一文。他将大众媒介文化意义的生产与传播看作编码和解码的过程,这个过程充斥着意识形态与社会关系的斗争。文化信息的生产与传播,与生产者和接受者的社会地位、文化背景、知识体系密切相关。在编码与解码的过程中,他认为,"意义和联想的流动性会更为完全地被利用和转换。"②在其中,文化符号的意义是流动的、不断被争夺的。

霍尔编码/解码理论的中心内容是电视话语意义的生产与传播,以马克思主义政治经济学理论为基础,依照生产、流通、使用(分配、消费)、再生产四个阶段,将电视话语意义的生产和传播划分成三个阶段。③ 第一阶段是电视话语意义的生产阶段。电视专业的工作者对于原始信息材料的加工,也就是"编码"阶段。这一阶段,电视工作者决定拍什么、怎么拍、镜头时间比例等,这些取决于电视工作者的知识结构、社会地位、生产以及技术条件等因素。第二阶段是"成品"阶段。电视作品一旦完成,意义生产也完成了。这时,电视节目就开始变成了一个开放的文本。而第三阶段是观众的"解码"阶段。这也是最重要的阶段。观众面临的不是原始的文本,而是被加工过的、注入了意义的文本,观众由于世界观、意识形态差异,能够对其解读出不同的意义。霍尔对电视话语的解码提出了三种立场,即著名的"霍尔模式":

其一,主导-霸权的立场。这一立场与权力密切相关,假定观众的立场与传播者的立场完全一致。传播者"对一个已经以霸权方式指涉的信息进行编码",观众解码的立场与电视制作者的编码立场或专业符码立场完全一致。④

其二,协商的立场。观众的解码立场不是全部赞成,也不是全部反对。观众与主导的意识形态处于充满矛盾斗争的过程。并且,观众更倾向于从自己的解码情境中来理解主导的意识形态,观众形成了自身的思维运作方式。观看电视的工人或许会赞成涨工资会引起通货膨胀的新闻,但同时他们也会坚持自己拥有为了涨工资而罢工的权利。

其三,对抗的立场。观众能够理解传播者编码的意图,但是他们有意地从反向角度

---

① 黄典林. 媒介社会学的文化研究路径:以斯图亚特·霍尔为例[J]. 国际新闻界,2018,40(6):68-87.
② 斯图亚特·霍尔. 编码,解码[M]//罗钢,刘象愚. 文化研究读本. 北京:中国社会科学出版社,2000:352.
③ 陆扬,王毅. 大众文化与传媒[M]. 上海:上海三联书店,2000:68.
④ 斯图亚特·霍尔. 编码,解码[M]//罗钢,刘象愚. 文化研究读本. 北京:中国社会科学出版社,2000:356.

解码,从而对传播者进行抵抗。霍尔称这种方式为"话语的斗争",是一种"意义的政治策略"。① 例如,电视中一则关于是否应当为国家利益而限制工资的辩论中,观众将国家利益读成阶级利益的行为就是一种对抗的解码立场。

### (三) 表征与意识形态批评

1997年,霍尔与保罗·杜盖伊(Paul Du Gay)等人合著了《做文化研究:索尼随身听的故事》。在书中,他们首次提到了"文化的循环"概念。② 他们将文化过程主要分为五个阶段:表征、认同、生产、消费和规则。"文化的循环"为文化研究提供了一套十分有效的研究方法。英国学者克里斯·罗耶克(Chris Rojek)认为,表征与意识形态是霍尔用以分析社会和文化的方法中的关键概念。③ 在文化表征中,对于意识形态的批判十分重要。

以文化身份的研究为例,霍尔将表征理论贯穿其中,并且重点关注文化身份中的"差异和变化",研究占据主流地位的民族如何通过利用表征的一些策略将其他人种排除到自身之外。霍尔用两种不同的方式来理解文化身份。第一种关注共同经验,即这些文化身份是拥有共同经验的群体对自我身份的界定。这种身份"不是根植于考古学中而是根植于对过去的重述中",霍尔将这种身份称为"本质身份"。④ 例如,一些反殖民主义运动、反种族主义运动以及女性主义运动中,参与者都是从过去同类的经历中得到一些分散和破碎的经验,从而引发一致的权力或利益诉求。这种文化身份源于经验,源于现实。同时,这种文化身份不是固定不变的,而是在开放的视野中不断发展的。第二种方式着眼于差异,与主导意识形态的表征策略有关。霍尔认为,表征在处理差异的时候能在更深的层次上调动观者心中的害怕和焦虑。⑤ 主导意识形态为了对他者进行统治,其主要策略就是固定化、自然化他者的文化身份。这种表征方法"力图保证话语或意识形态的封闭"。⑥

## 第三节 符号消费与符号狂欢

自20世纪70年代以来,随着社会生产力变革以及资本主义经济发展,西方社会逐

---

① 斯图亚特·霍尔. 编码,解码[M]//罗钢,刘象愚. 文化研究读本. 北京:中国社会科学出版社,2000:358.
② 保罗·杜盖伊,斯图亚特·霍尔,琳达·简斯,等. 做文化研究:索尼随身听的故事[M]. 霍炜,译. 北京:商务印书馆,2003:3.
③ Rojek C. Stuart Hall[M]. Cambridge:Polity Press,2003:91.
④ 斯图亚特·霍尔. 文化身份与族裔散居[M]//罗钢,刘象愚. 文化研究读本. 北京:中国社会科学出版社,2000:210.
⑤ 斯图尔特·霍尔. 表征:文化表象与意指实践[M]. 徐亮,陆兴华,译. 北京:商务印书馆,2003:228.
⑥ 斯图尔特·霍尔. 表征:文化表象与意指实践[M]. 徐亮,陆兴华,译. 北京:商务印书馆,2003:247.

渐进入到与过去整体化的、流水线式的生产本位的社会完全不同的后工业社会,即以消费为本体的社会,或称"消费社会"。面对消费社会的到来,法国社会学家皮埃尔·布尔迪厄、哲学家让·鲍德里亚等其他左派学者将符号学与马克思主义政治经济学批评结合到一起,直指消费社会中的符号资本、权力与价值交换,打开了另一条从符号学进行文化批判的路径。值得注意的是,以布尔迪厄到鲍德里亚为代表的媒介符号学理论的发展,也标记出符号学理论本身从结构主义到后结构主义的转向。① 而在后结构主义方面,也有必要提及一位法国解构主义哲学家雅克·德里达。因此,本节将从消费社会的符号学批评与语言符号的解构两个方面来展开。

## 一、符号权力

20世纪70年代,法国社会学家皮埃尔·布尔迪厄(Pierre Bourdieu,1930—2002)将马克思主义中的经济理论引入文化生产领域。② 布尔迪厄将资本分为三种形式,分别是经济资本、社会资本与文化资本,每种资本都有所代表的"符号经济"。例如,"经济资本"的符号形式就是金钱,通过产权的制度化方式得以传承和保障;"社会资本"的符号形式是社会声誉和头衔,通过社会规则的制度化形式得以保障;而"文化资本"的符号形式则是作品、学历等等,也是通过规则的制度化得以保障。③ 他亦提出"符号资本"的概念,用以解释伪装成符号的经济资本。④ 由于经济资本占有的不平等,经济资本占有多的一方以符号资本的方式来行使权力,并在文化层面教化着资本占有量少的一方,使得社会成员"自然而然地"形成了某种共同文化信仰。布尔迪厄谈到,"文化生产者拥有一种特殊的权力,拥有表现事物并使人相信这些事物表现出来的相应的象征性权力。"⑤这种权力便是一种"符号权力"。文化生产者就是利用这样一种"符号权力"将其期望人们接受的看待世界的方式施加给观众,并且观众对此毫无察觉或表示信任。

受德国社会学家马克斯·韦伯(Max Weber)的影响,布尔迪厄认为符号体系依赖于各种维护统治关系的社会环境与制度,并且在某种意义上,符号权力的意义与作用类似于意识形态功能。⑥ 他指出,符号系统的权力来自客观世界,即外在空间中对于资本的不断的争斗和占有,形成了权力支配结构。对此,他进一步将符号系统与个人及群体的"惯习""信仰"等概念结合。⑦ 惯习(habitus)在布尔迪厄的讨论中更偏向是一种后天社会文

---

① 胡海.从布尔迪厄到波德里亚——媒介符号学理论视角转向的逻辑[J].新闻界,2016(13):30-35.
② 张意.文化与符号权力:布尔迪厄的文化社会学导论[M].北京:中国社会科学出版社,2005:174.
③ 文九.文化政治经济学视野下的关键概念辨析:对布尔迪厄的"资本""场域""惯习"概念的解析[J].湖南科技学院学报,2009,30(3):232-234.
④ Bourdieu P. Outline of a Theory of Practice[M]. Cambridge:Cambridge University Press,1977:183.
⑤ 皮埃尔·布尔迪厄.文化资本与社会炼金术:布尔迪厄访谈录[M].包亚明,译.上海:上海人民出版社,1997:87.
⑥ 张意.文化与符号权力:布尔迪厄的文化社会学导论[M].北京:中国社会科学出版社,2005:119-120.
⑦ 张意.文化与符号权力:布尔迪厄的文化社会学导论[M].北京:中国社会科学出版社,2005:176-178.

化培养而来的习性。被符号权力教化的个体产生了共同的惯习及信仰。比如,去哪家餐厅吃饭、听什么类型的音乐、穿衣打扮的品位追求等,这些日常行为体现的是不同政治倾向和消费偏好、文化资本的类型与审美趣味的差异。值得注意的是,布尔迪厄在吸纳了结构主义符号学理论的同时,也作出了批判性的发展。他指出结构主义理论揭示了社会结构和行动者心理结构的稳定性,但是忽略了行动者的能动性。因此,布尔迪厄强调"惯习"这一概念中主观和客观的相互影响:"客观结构倾向于生产结构化的主观倾向,而这种生产结构化行为的主观倾向又反过来倾向于再生产客观的结构。"①一方面,通过教育和后天的学习以及社会历史环境的影响,惯习被潜移默化地建构起来;另一方面,建构起来的惯习也对人们的实践产生影响,建构着客观世界。

## 二、符号消费

法国哲学家让·鲍德里亚(Jean Baudrillard)对消费社会的到来进行了文化符号层面的研究。在《物体系》(1968)中,鲍德里亚首次阐述了物品、消费与符号的关系。他的核心观点是在消费社会到来之际,对物的消费已经变成了符号的消费。首先,鲍德里亚对马克思商品经济学理论中的"二重价值"观点进行了补充,在商品的"使用价值"与"交换价值"之外引入了商品的"符号价值"。在消费大行其道的社会中,正如具体的劳动作为价值的源泉进入交换价值体系中一样,主体的一切包括身体和欲望皆与物质现实和需要分离,被抽象化,并被赋予一般的等价关系。② 在这个基础上,产生了符号价值。而从物的消费到符号的消费,消费文化的核心就是符号价值。鲍德里亚总结了符号与消费的关系,他谈到,如果"消费"这个字眼要有意义,那么它便是一种符号的系统化操控活动。在从物到符号的消费转变中,消费行为的对象不再是物品,而是表征欲望的符号。要想成为消费的对象,物品必须变成符号。被消费的符号的价值,来源于符号本身个性化的差异。③

其次,在《消费社会》一节(1970)中,鲍德里亚进一步探讨了"物-人-符号"三者的关系,由此在物的消费基础上引入"符号消费"的概念。在消费社会中,人们已经不再执着于去购买物品的使用价值,而是去追逐物品被赋予的符号价值,以此来彰显自身的个性、地位、身份。在一个消费占据主导地位的社会中,消费者会被卷入符号的商品和欲望链中,失去反抗意识,被物品所具有的符号意义所诱惑,符号取代物品成为区分消费——从而区分人的标志。整个社会成为一个由符号来控制的物体系。鲍德里亚举例,在法国六七十年代,洗衣机一方面被当作日常洗衣工具来使用,另一方面则被当作中产阶层舒适和优越的生活表征要素而被消费。另一个显著的例子是当代的奢侈品消费。在消费社

---

① Bourdieu P. Reproduction in Education, Society and Culture[M]. London: Sage Publications, 1977: 203.
② 让·鲍德里亚. 符号政治经济学批判[M]. 夏莹,译. 南京:南京大学出版社,2009: 58-130.
③ 让·鲍德里亚. 物体系[M]. 林志明,译. 上海:上海人民出版社,2009: 213.

会中,人们对高级品牌奢侈品的消费并非针对物本身的比如衣服、手提包、手表的使用价值,而是购买其符号意义。通过对符号的消费来标记出自己在社会文化中的地位、圈层与身份。这样一个符号消费所构成的物体系中,作为主体的个人在追求商品符号所指涉的"个性化"和"自由"的过程中逐渐失去自我,而只是作为符号的发送者和接受者、作为由符号编码组成的多重网络的一个终端而活着,丧失了作为个体的人应具有的反思和批判意识。①

鲍德里亚前期的理论聚焦在运用符号学及马克思主义政治经济学对消费社会的批判上。而从20世纪70年代中后期开始,他从对消费社会的反思逐渐转向了对伴随着新数字技术而来的后现代世界的关注。他认为从文艺复兴的仿造,到工业社会中的生产,再到数字媒介时代的"仿真",世界关于"真实"的边界被一步步消解,走向了一个逐渐符号化以及虚拟化的世界。文艺复兴时期的临摹制品与模拟的对象还可以分辨出真实与虚假,工业时代的产品则抛弃了仿造的秩序,大批量生产的产品和产品之间是相互复制的关系。而到了电子媒介的仿真时代,客体对象与符号之间的界限完全被抹除了,符号即"真实",它建构了社会的现实本身。这部分内容将在本书第十章中具体介绍。

## 三、符号秩序的解构

雅克·德里达(Jacques Derrida,1930—2004)是法国解构主义哲学的代表学者。"解构"(deconstruction)的概念,源自德里达的哲学与文学分析模式,表示拆解、消解传统的理解模式、习惯与结构。尽管解构主义源于哲学领域,但在发展过程中,逐渐涉及政治理论、伦理学、神学、法律、建筑、大众文化研究、性别研究等各个学科领域。② 可以说,解构主义是后现代主义中最重要的理论思想之一。

德里达的语言秩序的拆解从批判"逻各斯中心主义"开始。"逻各斯"(logos)一词出自古希腊语,一方面有内在规律与本质的意义,另一方面也意味着对规律与本质的言语表达。因此,逻各斯中心主义也被称为言语中心主义,是德里达对于西方传统形而上学的称呼。形而上学起源于古希腊哲学。简单来说,这一思维强调所有的思想和语言表达系统背后都对应着永恒不变的真理、本质与规律。正如柏拉图认为具体的物质世界是对一个永恒的真理世界的"模仿"那样,艺术品或语言文字则是对模仿的模仿。人们可以通过理性思考来透过具体的物质现象去把握其背后的真理本质。逻各斯中心主义也决定了语言的逻辑和秩序,即决定了如何说话是可被理解的,是可以表达思想、到达真理的。在德里达看来,从柏拉图和亚里士多德一直到黑格尔和列维-斯特劳斯,整个西方形而上学传统都是"逻各斯中心主义"的,这一传统建立了一系列二元对立的思维对象,如物质/形式、身体/灵魂、自然/文化、情感/理性、女性/男性、语言/文字、谬误/真理等。德里达

---

① 聂媛媛,朱高林.鲍德里亚消费社会理论的批判性及其反思[N].中国社会科学报,2022-03-23(010).
② 乔纳森·卡勒.论解构:结构主义之后的理论与批评[M].陆扬,译.北京:中国人民大学出版社,2018.

的解构思想就是要清除形而上学所强调的这些二元对立秩序。

对此,他首先提出颠倒对立的等级模式。正如他强调,"在传统哲学中,并没有对立双方的和平共处,而只有一种暴力的等级制度。其中,一方(在价值上、逻辑上等)统治着另一方,占据着支配地位。消除这种对立首先就是在某个选定的时刻颠倒那个等级关系。"①德里达所说的"颠倒",就是使二元对立结构中等级低的一方获得优势,使得权力秩序加以扭转。例如,他在言语和文字的对立结构中,肯定文字的价值。② 对于德里达来说,解构并非单纯的拆毁,而是破与立的过程,既有拆毁,又有重建,强调视角的不断变换。③

其次,在语言层面,德里达提出了意义的"延异"(différance)。这个词是由德里达自创的,即由"差异"(difference)与"延缓"(deferment)两个词合成而来。延异包含三层含义:第一层是区别、区分,第二层是时间上的延迟,第三层是意义的延伸。④ 延异意味着意义不断被延缓的状态;也就是说,语言无法准确指明其所要表达的意义,只能指涉与之相关的概念,不断由它与其他意义的差异而得到标志,从而使意义得到延缓。延异概念建立在德里达与索绪尔理论的对话上。某种程度上,索绪尔的结构主义语言学也没有逃离逻各斯中心主义的限制:在语言结构中,具体的能指符号对应着抽象的所指,遵循语法秩序从而生产意义。但是在德里达看来,索绪尔对于能指差异性功能的强调为"延异"提供了基础。举个最简单的例子,当我们说到"高兴"这一能指,为了解释它的所指意义,字典会告诉我们高兴意味着"快乐",而"快乐"的意义或许又被"开心"所指涉,而"开心"又可以被"喜悦"所解释。在这个过程中,意义始终是一个在差异化的能指符号之间流动的、没有终点的、被延宕的过程。在德里达看来,能指的功能并不体现在与所指稳定对应的关系中,而是在与别的能指的差异中存在的。在能指链的滑移中,符号会产生裂变,实现意义的生产。"延异"使得符号意义的解构成为可能。德里达认为,任何事物都是可以解构的。

可以说,解构主义最大的特点是反中心、反权威、反二元对立、反非黑即白的思维。尽管德里达早在20世纪六七十年代提出了这一理论,但是诸如"解构"与"延异",以及符号意义的"挪用""戏仿""游戏"等描述,与当代网络文化的后现代特点不谋而合。在当代新媒体文化语境下,能指符号已然脱离了与所指的稳定关系,能指本身的滑移、复制、增衍、模拟构成了符号的奇观和意义消解下的狂欢式快感。例如,各种网络流行梗、表情包、恶搞类的二次创作等。举一个国内早期的互联网迷因(Internet meme)现象为例。2009年7月16日,百度"魔兽世界"吧曾出现了一个名为"贾君鹏,你妈妈喊你回家吃饭"的帖子,在短短五六个小时内,这句话被390617名网友浏览,并有17028名网友跟帖回复,跟帖内容几乎全都是对"贾君鹏,你妈妈喊你回家吃饭"一句的复制。截至7月17日

---

① Derrida J. Positions[M]. Paris:Minuit,1972:56-57.
② 雅克·德里达. 论文字学[M]. 汪堂家,译. 上海:上海译文出版社,1999:458.
③ 雅克·德里达. 论文字学[M]. 汪堂家,译. 上海:上海译文出版社,1999:13.
④ Derrida J. Language and Phenomenon[M]. Chicago:Chicago University Press,1973:130-153.

16时,已有15.5万余条复制跟帖。"贾君鹏,你妈妈喊你回家吃饭"在网友的大量复制跟帖中,其原本的所指意义不断被拆解,带来了一种消解意义的狂欢式快感,也构成了一个奇特的符号奇观。

## 第四节 案例分析:网络恶搞文化中的符号游戏

正如道格拉斯·凯尔纳(Douglas Kellner)所言,随着媒介技术的发展,整个世界变成了一个由各种媒介符号构成的奇观,媒体将人们带进了一个由娱乐、信息和消费组成的新的符号世界。① 在当代社交媒体与短视频平台中,各种文化的恶搞与游戏随处可见。诸如流行梗、表情包、恶搞及"鬼畜"短视频等话语以及文本的生产构成了后现代文化中的解构式快感。

### 一、表情包与流行梗的符号建构

网络表情包是一种人们在互联网上交流时传达面部表情或肢体形态的一种图像展现。互联网社交环境中,表情包能够更直观、形象地传达文字无法达意的信息。网络表情包画面饱满、故事凝练、表情夸张,粗糙却通俗易懂,有强烈的视觉冲击感。② 它呈现出趣味性和夸张性,并表现出一种互动性与交流性,表情包的意义在传播的过程中能够不断进行生产和重建。这些表情包符号的背后,主要是亚文化群体对于主流文化权威的抵抗与重构,在内容上是仪式抵抗与娱乐化的文化消费,呈一种文化拼贴形式。③

网络表情包成为青年网民在社交空间频繁使用的一种话语符号。"甄嬛传"、金馆长人物表情包、韩国童星表情包以及美国"假笑男孩"等类似的表情包在网络上十分流行。④ 而表情包的制作与运用离不开内容的拼接、反讽隐喻以及热点事件等。例如,那套广为人知的"熊猫头"表情包其实源于2010年埃及的一个芝士广告,广告中有一只憨态可掬却行为暴躁的熊猫,网友将一些明星有特色的脸部表情拼接到这个熊猫脑袋上,"熊猫头"表情包就此诞生,并且迅速传遍网络,成为互联网用户表达情绪与恶搞的一种符号。⑤ 又如,在东京奥运会期间,"吴京表情包"爆火。这则表情包的原图出自吴京客串的一部电影,他在其中饰演一名体育老师,身着绿色运动服,胸前印着"中国"两个大字。有网友

---

① 道格拉斯·凯尔纳.媒体奇观:当代美国社会文化透视[M].史安斌,译.北京:清华大学出版社,2003:3.
② 刘汉波.表情包文化:权力转换下的身体述情和身份建构[J].云南社会科学,2017(1):180-185,188.
③ 刘林燕.青年亚文化视角下网络表情包的文化研究[J].当代青年研究,2019(4):64-68.
④ 林爱珺,张博.作为话语的表情包:网络表情包的符号消费与社会学反思[J].现代传播(中国传媒大学学报),2019,41(8):35-40.
⑤ 穆静.网络社交场景中的表情包现象研究[J].西部学刊,2022(5):136-139.

发现其身着的国产"梅花牌"运动服正是1984年中国首次参加奥运会时的指定服装。正逢东京奥运,网友的爱国情怀瞬间高涨,争相创作,引发了一场热度极高的表情包互动。①

一方面,通过表情包的创作与传播,用户达成了传统二元对立结构的颠覆,摇身一变成为优势的一方,掌管着符号的意义生产;另一方面,符号的能指链条中不断产生新的意义。表情包在传播的过程中,随着历史语境的变化、多次的创作,又能表达不同的含义。

除了表情包图片,互联网用户还通过一些网络流行梗来进行符号游戏。"梗"这个字最初是误用,源于台湾地区综艺节目中的"哏(gen)",意为滑稽、有趣的情节或结构的语意片段。之后,梗的含义不断扩充,除了"笑点"之外,网络流行语也被冠上了梗的名号。② 网络流行梗(meme)可以概括为一定时段内主要在网络场域被网民自发使用的、最活跃的、具有发酵功能和特殊意义的、往往对社会现实产生影响的语言符号。③ 网络流行梗可以是一个笑点、人物、事件或者流行语等。

根据一项调查,近年来风行网络的流行语可大致分成六种类型:"语句类(我太难了、确认过眼神等)""谐音类(蟹蟹、康康、雨女无瓜等)""社会语用类(产生于热点事件:OMG买它、骚凹瑞、六学家等)""旧词新意类(呵呵、锦鲤、佛系等)""简缩类(awsl、xswl、nsdd、CP、yyds等)""拆分类(口亨、月半等)"。④ 再例如,"甄嬛体""黛玉体"则来自古典文学与网络环境的碰撞。

互联网的造梗、玩梗游戏在不断演变,用户文本创作与接收的速度越来越快,流行梗也越来越容易"出圈"。在这个过程中,话语权力是如何转变的?用户进行符号意义的生产,对网络环境和用户自身分别产生了什么影响?后现代的互联网用户在符号意义的拆解、组合、传播过程中掌握了符号生产的权力。宏大叙事在这其中被逐渐消解,互联网话语环境也呈现着短平快、病毒式的浮躁表象。用户自身在这其中进行着自我呈现、找寻着社会认同,表达着情感宣泄和话语抵抗。⑤

## 二、恶搞与"鬼畜"短视频

我国较早的一次因"恶搞"引发的网络事件发生在2006年2月。在观看了电影《无极》后,一位名叫胡戈的网民制作、发布了自己的恶搞视频作品——《一个馒头引发的血案》。视频迅速走红,并引起了社会各界的广泛讨论。该视频的剪辑材料主要取自电影《无极》和中央电视台的《中国法治报道》节目,以及一些广告、音乐,通过画面剪贴和重新配音而成。视频讽刺电影故事的不合理,认为电影故作高深、内容空泛、人物概念化。在嬉笑怒骂、风趣

---

① 张佩豪. 迷因理论下舆论存在形态的新表征与风险审视:以东京奥运会期间爆火的"吴京表情包"为例[J]. 新闻研究导刊,2021,12(17):48-50.
② 胡兵,张静文. 模因论视阈下"梗"的生成与传播研究[J]. 当代传播,2022(2):93-96.
③ 王仕勇. 网络流行语概念及特征辨析[J]. 探索,2014(4):186-192.
④ 唐铮,丁振球. 认同与宣泄:网络流行语的使用现状与引导建议[J]. 编辑之友,2022(2):84-90.
⑤ 唐铮,丁振球. 认同与宣泄:网络流行语的使用现状与引导建议[J]. 编辑之友,2022(2):84-90.

调侃的背后,视频同样以恶搞的方式加入了底层社会的诉求,例如现实生活中的农民工工资拖欠问题、城管腐败问题等。在当时,这一恶搞视频随即引发了以电影导演为主的精英文化与以网民为主的草根文化之间的论战,最后事件以胡戈道歉而收场。

然而,随着网络文化的发展,恶搞类的二次创作如今已充斥在各个平台之中。在哔哩哔哩视频网站中,有专门的"鬼畜"短视频分区。相比广泛意义上的内容恶搞,"鬼畜"则更强调视频画面和声音剪辑的形式与节奏,构成一种独特的、解构式的二次创作类型。"鬼畜"一词来自日语,原是佛教六道里的概念,后又用来形容精神不正常、做残忍事情的人。"鬼畜"作为一种视频类型出现于日本"鬼畜"视频《最终鬼畜蓝蓝路》,这个视频将日本播放的麦当劳广告中的麦当劳叔叔进行恶搞,将一些观众觉得很可笑的话语、手势剪成画面和声音重复率极高且富有强烈节奏感的片段,呈现出一种"鬼畜"的感觉。因此,"鬼畜"视频可以概括为一种剪辑率和声画同步率极高、能够达到洗脑或爆笑效果的视频形式。① 2008 年,《最终鬼畜蓝蓝路》传入中国,出现在哔哩哔哩视频网站上,成为国内"鬼畜"视频文化的启蒙。2015 年,浙江卫视综艺《中国好声音》播出了一条 60 秒的"鬼畜"视频广告,从此,"鬼畜"文化走进了大众视野。② 比较知名的"鬼畜"短视频包括哔哩哔哩视频网站中 UP 主 UP-sings 重新剪辑配乐春晚小品的《改革春风吹满地》(2018)、UP 主伊丽莎白鼠基于美国前总统特朗普在各种公开媒体中的发言所制作的《没人比我更懂 China》(2020)等。

可以看到,"鬼畜"视频呈现出碎片化与拼贴特征。视频本身就是由无数的碎片拼贴而成,创作者攫取具有强烈象征意味的文化碎片,利用高频率的画面重复、音乐反复进行创作。后结构主义符号的解构、去中心特征决定了符号的深层结构或元语言处于不断的再构筑中。③ 创作者对于原始作品进行拆解、复制、拼贴,对于旧有的符号进行重新组合、编码,从能指中组合出新的所指,从而使文本呈现出全新的意义。同时,它们的素材来自包括主流官方媒体在内的各种媒体,因此也暗含着对各种主流文化秩序的颠覆、反讽以及对原始文本严肃性的消解。

## 【思考题】

1. 如何从符号学的角度来阐释表情包或"梗"在青年文化中的流行?
2. 试以一类短视频为例,来讨论其中具有代表性的表征符号及其背后的意识形态。
3. "鬼畜"短视频是如何对视听文本进行剪辑,实现对符号的挪用、重复、戏仿、夸张、重组,从而制造解构的快感与新的意义?

---

① 王蕾,许慧文.青年亚文化视角下的网络"鬼畜"文化:基于迷群文本生产的研究[J].编辑之友,2018(2):67-73.
② 王蕾,许慧文.网络亚文化传播符码的风格与转型:以哔哩哔哩网站为例[J].当代传播,2017(4):69-72.
③ 赵毅衡.文学符号学[M].北京:中国文联出版社,1990:252.

# 第三章　新媒体文化的生产与劳动

在被数字文化消费所包裹的情境下,我们或许会忽略一个问题,即各种社交媒体、购物软件、休闲娱乐软件,以及影视剧、网络游戏、短视频、直播等文化文本,它们都是如何而来的?或者进一步说,文化产品是如何被生产的?谁在为生产这些文化产品付出劳动?怎样的劳动?当代互联网资本又是如何卷入这些文化生产中的?回应这些问题,需要我们在文化内容之外,关注这些文化产品背后的资本及劳动生产模式,这些正是构成当代文化生态背后的经济动因。在法兰克福学派学者看来,在资本主义"文化工业"所不断生产的同质化与伪个性化的文化产品下,工人阶级会在千篇一律的快感中变得麻木,臣服于这些文化产品所裹挟的意识形态,从而丧失反抗资本主义的意志。而马克思主义政治经济学也会提醒我们,商品的特征之一就是抹除其背后的生产制作过程,切断这件物品曾经与人的劳动之间的关联,并将其包装为一个无历史的、神秘的、充满魅力之物。于是当进入文化消费的幻梦时,人们会暂时性遗忘残酷、无聊且单调的劳动生产过程,看到的只有商品世界所打造的美好未来。

移动互联网的发展不仅带来了更多新的文化产业形态,还使得各种文化产品以及消费背后的劳动变得更加隐蔽。例如,在微博浏览各种网络段子时,用户们往往会忽略这些段子究竟是谁在怎样的情况下创作的,而仅仅将之作为被快速消费的信息。或者,当渴望在某项网络游戏竞技中快速上分时,有钱但又偷懒的玩家或许会以付费的方式来求助一位游戏代练——即以帮别人打游戏为职业的人。再或者,在与直播间的主播互动时,粉丝们接触的或许都是滤镜下努力打造着光鲜亮丽主播"人设"的表演,这些表演不断提供着情感与情绪的价值。在这些新媒体文化实践中,微博段子的创作者、游戏代练、网络主播事实上都在一个新的文化产业模式中付出劳动、创造价值。那么,如何思考这些文化实践作为劳动的属性以及从事这些文化劳动的人们所面临的新问题?

本章将从法兰克福学派对于"文化工业"的批判说起,来考察20世纪上半叶,德国马克思主义学者们如何将马克思主义批判的焦点转向资本主义的文化生产。继而,我们会关注20世纪中期至今传播政治经济学派对于文化产业的讨论,以及他们对信息时代资本主义生产方式变化的考察。最后,在此基础上,本章聚焦当下数字平台经济语境下的劳动者与劳动模式,并结合相关的案例进行分析。

## 第一节 法兰克福学派的文化工业批判

本书第一章曾谈到,两次世界大战前后,针对蓬勃兴起的大众文化,西方马克思主义学者将研究重点转向了资本主义在意识形态领域的控制,从而形成了西方马克思主义的文化转向。而作为马克思主义文化批判中最重要的流派之一,法兰克福学派开启了对资本主义文化工业的考察。法兰克福学派是指代在德国法兰克福大学社会研究所工作或与之相关的社会和文化理论家,包括马克斯·霍克海默(Max Horkheimer)、瓦尔特·本雅明(Walter Benjamin)、狄奥多·阿多诺(Theodor Adorno)、埃里希·弗罗姆(Erich Fromm)、赫伯特·马尔库塞(Herbert Marcuse)等学者。他们一方面吸收了马克思异化理论的精髓,另一方面开始与西方人本主义对话,试图找到打破无产阶级革命困境的新方法。这些学者通过对资产阶级社会的意识形态、大众文化、工具理性等展开全方位、多维度的批判,认为推翻资产阶级统治的首要手段就是通过文化革命激发民众的反抗精神,并支持用"意识革命"使精神获得解放来推动社会变革。① 总体而言,法兰克福学派的理论贡献集中在三个方面:一是对启蒙运动以来的资本主义社会制度及思想内核进行了深刻的反思。这构成了法兰克福学派整体的马克思主义批判基调。二是对于资本主义"文化工业"的批判。这一点对于法兰克福学派媒介文化观点的形成至关重要。三是对于技术复制时代都市现代性及文化变革的体验与思考,这方面集中在本雅明的理论论著中。

### 一、批判资本主义社会的文化生产

1933年,纳粹在德国上台,反犹主义盛行,霍克海默、阿多诺等犹太学者被迫逃亡至美国。1937年,美国传播学者拉扎斯菲尔德(Paul Lazarsfeld)邀请阿多诺参与主持"普林斯顿广播研究项目"中的子项目"广播对于所有类型听众的基本价值",要求运用实证方法来测量广播音乐的传播效果,从而提升广播传播的商业价值。但是阿多诺显然对这一研究路径持否定态度,认为"将文化和可测量数据完全等同是大众文化物化特性的典型体现"②。他试图通过批判的视角来研究广播中的流行音乐对于受众的影响,并在1938年12月发表了《论音乐中的拜物特征与听的退化》一文。在其中,阿多诺结合马克思的商品拜物教理论分析了商品形式对现代音乐生活的彻底控制,为售卖而生产的音乐物化成可以被金钱衡量的物质,与此同时则伴随着听众审美能力的退化,最终造成价值判断

---

① 赵勇.法兰克福学派内外:知识分子与大众文化[M].北京:北京大学出版社,2016:43.
② 马丁·杰伊.法兰克福学派史:1923—1950[M].单世联,译.广州:广东人民出版社,1996:279.

的消解甚至个体的湮灭。虽然在美国期间与其主流传播学派的观念相左,但法兰克福学派的学者亲身经历了大众文化的兴起,对大众媒介中的资本主义问题形成了其独到的文化批判。二战后,回到德国的阿多诺和霍克海默合著出版了《启蒙辩证法》(1947),产生了广泛的影响。这部著作揭示的是"以神话终结者形象自居的启蒙最终在当代走向了自己的反面,成为新的神话"。① 《启蒙辩证法》标志着批判理论发展过程中的一个高峰。在拒绝了传统的资产阶级形而上学之后,《启蒙辩证法》把矛头指向了整个工业文明和启蒙理性,这个指向后来也被马尔库塞和哈贝马斯所继承与修正。②

事实上,法兰克福学派学者对于大众文化的关注不仅仅在于他们所遭遇的美国与欧洲文化经验的差异,尤其是作为外在立场目睹了大众文化在美国这个作为最具代表性的资本主义国家中的繁荣。同时,作为马克思主义者,他们也在持续思考一个重要的问题——为何在战后工人运动走向了低迷?或者说,为何工人阶级不再对资产阶级的剥削进行大规模的抗议与斗争?为了回应这个问题,他们将阶级批判的焦点转移到了大众文化。可以想象,当法兰克福大学的马克思主义者们看到,19世纪末走上街头罢工抗议、流血牺牲的工人们在20世纪的战后则持续性地沉浸在下班后的文化娱乐中,在看杂志、看电影抑或逛街中消磨时间,这会引起他们多大的震动。在对工人阶级及其文化转变的关注中,他们运用马克思主义的理论武器开启了对资本主义社会的文化批判。

与当时的欧洲相比,20世纪上半叶美国发达的工业体系促使生产率持续提高,人民的生活水平不断提升,阶级矛盾逐渐淡化。这些变化使法兰克福学派的学者们意识到,阶级斗争的形式已不再是传统马克思主义时期直接、暴力的压迫与反抗,资产阶级的统治转变为微观的、内在的、渗透至人们日常生活的方方面面。人们在日渐丰富的物质生活中丧失了对精神生活的追求,一味地追求物欲。这一变化不仅表现在政治、经济领域,还体现在文化艺术领域。马尔库塞曾表述到,社会的双向度由于发达资本主义的到来而消失殆尽,取而代之的是一种在科学、艺术、哲学、经济、人们的日常思维、国家的政治体制等各个方面的"单向度社会"。马尔库塞将这种"单向度"的出现归结于资本主义对人的压榨和思想上的控制,使人失去原有的批判精神,成为一味认同的人,即"政治的制造者和他们的大众信息供应商系统地助长了单向度的思索"。③

## 二、"文化工业"与大众文化批判

在霍克海姆和阿多诺的《启蒙辩证法》中,他们提出"文化工业"的概念用来批判美国的大众传媒产业。他们在书中对"文化工业"的初次表述是"大众文化",后为了避免误解改为"文化工业"。他们认为"文化工业"中的"工业"二字是为了强调法兰克福学派所论

---

① 胡翼青.西方传播学术史手册[M].北京:北京大学出版社,2015:171.
② 胡翼青.西方传播学术史手册[M].北京:北京大学出版社,2015:231.
③ 赫伯特·马尔库塞.单向度的人[M].张峰,吕世平,译.重庆:重庆出版社,1988:12.

述的大众文化的非本土性和机械复制性。对此,阿多诺在其文章《文化工业再思考》中做出了解释:"'文化工业'(culture industry)这个术语可能是在《启蒙辩证法》这本书中首先使用的。霍克海默和我于1947年在荷兰的阿姆斯特丹出版了该书。在我们的草稿中,我们使用的是'大众文化'(mass culture)。大众文化的倡导者认为,它是这样一种文化,仿佛同时从大众本身产生出来似的,是流行艺术的当代形式。我们为了从一开始就避免与此一致的解释,就采用'文化工业'代替了它。我们必须最大限度地把它与文化工业区别开来……文化工业别有用心地、自上而下整合它的消费者。"①

对于"文化工业"概念的提出,需要了解的是法兰克福学派学者在20世纪三四十年代所面对的文化处境。面对20世纪初期报纸杂志、广告、照片、电影等媒介文化的兴起,本雅明在《机械复制时代的艺术作品》(1935)一文中强调了媒介复制技术的到来对原本独一无二的文化艺术品"灵韵"(aura)的破坏以及所造成的文化变革。彼时正值资本主义工业化大生产时期,大规模生产复制的文化产品已然充斥在不断发展的大众媒介中,且被新兴的资本与统治权力所掌握。文化与其他各种产品一样,被大企业工厂垄断,统一地生产与销售。机械的工业化生产导致的便是一模一样的流水线产品。可以想象,在超市中陈列的形状、大小、包装设计一模一样的同类商品摆满货架,而人们只能在这些类别中选择自己想要的。在文化工业下的文化产品也是类似,比如仅仅是更换参演的男女明星,就可以拍出多部主题类型、叙事模式、画面音乐极为类似的好莱坞电影。文化工业下的流行音乐也是如此。作为哲学理论家及古典音乐学家、作曲家的阿多诺在《论流行音乐》(1941)一文中,沿袭了他20世纪30年代在美国的音乐学批判。在其中,阿多诺尤其指出这些流行音乐的标准化与伪个性化,即每首流行音乐听起来尽管都有所不同,但实际上旋律却千篇一律,几乎都是模式化的生产。对这些案例的思考被吸纳到他对于"文化工业"的整体性批判中。

对"文化工业"的阐述,首先需要明确区分的是"大众文化"与"文化工业"的概念。霍克海姆与阿多诺认为,"文化工业"不等同于"大众文化","文化工业"中的"文化"是以一般大众为消费群体的精心策划的商品,可以被买卖,着重于其交换价值而非使用价值。②"文化工业"的目的是利用同质化的、包含统治者意识形态的文化产品麻痹大众的精神世界,使其服从于现有的社会秩序和价值观念,是自上而下的。而"大众文化"是人民群众在日常生活中自发创造并广泛传播的文化,重视使用价值,不具有明显的盈利动机,是自下而上的。不过,就这一点来说,法兰克福学派学者事实上无法把"文化工业"与"大众文化"完全区分与对立起来,因为我们现在谈及"大众文化"时,已然包含了其中的商业性和消费性。因此,之后的学者在点评法兰克福学派的文化批评时,往往把他们对"文化工业"的批评视为其对"大众文化"的态度。

法兰克福学派认为,"文化工业"生产的文化商品具有以下三个方面的特点:第一,文

---

① 西奥多·阿多诺,赵勇.文化工业述要[J].贵州社会科学,2011(6):42.
② 西奥多·阿多诺,赵勇.文化工业述要[J].贵州社会科学,2011(6):42.

化工业具有标准化和单一性，会导致文化个性功能的丧失。在霍克海默看来，通过一定的标准来规范文化和艺术的发展，显然会导致文化和艺术在发展过程中丧失其独特性和创造性，长此以往会阻碍文化和艺术创作者的个性发展，而且也会使社会民众的想象力丧失。这种标准化的特征紧密联系着文化工业的另一特征——"伪个性化"。阿多诺将这种"伪个性化"表述为："每一件产品都给人一种独特而有个性的感觉，在人们心里唤起一种幻觉，好像这种完全物化的、经他人从中处理过的东西乃是逃脱现时与生活的避难所一样。如此一来，所谓的个性又在起着强化意识形态的作用。"① 第二，文化工业具有商品性，会对文化的审美性和艺术性造成一定破坏，使文化依附于商业的发展。随着资本主义经济社会的发展，文化工业将民众的娱乐生活当作价值的实现方式，这就加剧了文化商品化的倾向。第三，文化工业带有欺骗性和控制性。在《启蒙辩证法》中，阿多诺把"欺骗"看作文化工业的惯用伎俩，并指出文化工业作为大众文化的现代形态，是欺骗大众的工具，是资本主义统治防护工事的"社会水泥"。②

可以说，法兰克福学派通过对资本主义社会全方位、多维度的批判，在促使民众认清资本主义异化人与思想的社会现实、唤醒人们的自由理性精神、摆脱资本主义的精神控制等方面做出了重要贡献。同时，值得注意的是，当人们在重新看待法兰克福学派的文化批判理论时，也会指出其中的局限性。首先，法兰克福学派的大众文化批判理论存在精英主义倾向。例如，自幼受古典音乐熏陶的阿多诺在面对流行音乐时或许不可避免地会带入自身的精英主义立场，从而否定大众文化产品中的积极性和创造性。或者说，在他们对文化的论述中，精英与大众、高雅与粗俗的二元分野依然是存在的，并且带着对经典文化艺术的缅怀。其次，法兰克福学派总体对大众文化持悲观态度，进而忽略了人在文化中的能动性。例如，他们强调文化工业下生产的文化产品已经异化为统治阶级意识形态的工具，而身处其中的社会大众只能被动地接受着意识形态的控制。这无疑在突出大众文化产品的意识形态功能和带给社会民众的消极作用的同时，否定了人的主观意识与个体差异。毕竟在强势的资本主义文化工业生产之下，受众仍然可以自主地批判、抵抗、消解同质化文化产品，但是这方面却并未在法兰克福学派学者的研究中被提出。最后，"文化工业"的观点在一定程度上也忽略了文化发展的时代性特点。从历史的角度来说，文化从高雅精英走向大众平民化，本身亦是历史发展的必然。美国学者理查德·沃林（Richard Wolin）谈到，"在最近二十多年里，远在阿多诺理论视野之外的一整套流行样式与文化形式……都呈现出一种新的多样性与创新性。把它们直接归入 20 世纪 40 年代就提出来的'文化工业'之下是一种过于草率的做法。"③ 不过，法兰克福学派对大众文化的工业化生产所打开的批判视角，在当今仍具有强大的解释效力。

---

① Adorno T W. The Culture Industry: Selected Essays on Mass Culture[M]. New York: Routledge, 2001: 87.
② 西奥多·阿多诺, 马克思·霍克海姆. 启蒙辩证法: 哲学断片[M]. 渠敬东, 曹卫东, 译. 上海: 上海人民出版社, 2006: 126.
③ 理查德·沃林. 文化批评的观念[M]. 张国清, 译. 北京: 商务印书馆, 2000: 128.

## 第二节　传播政治经济学视角下的文化产业

从20世纪前中期到20世纪七八十年代,以信息技术、微电子技术为先导的第三次科学技术革命和产业革命推动欧美工业社会开始向后工业社会、第三产业社会、服务社会、信息社会过渡。西方社会的经济产业结构、劳动市场结构、社会阶层结构发生剧烈变动。西方资本主义生产模式也经历了从整体化、大规模的生产型社会向着灵活的、个性化的消费型社会转化的过程,也就是"福特主义"(Fordism)到"后福特主义"(Post-Fordism)的转变。首先,产品生产由标准化向个性化转变。产品的大规模生产转向了多样化、特殊化的大规模定制,以应对日益增长的个性化需求。消费者的地位得到了显著提升。其次,全能型大企业的产业垄断被水平型的组织形式所替代,并实现"弹性生产"方式。再次,"弹性生产"模式导致了劳动力的分层。劳动的模式也呈现出多样化和灵活性。最后,战后以美国为首的经济秩序正不断受到来自欧洲和东方的挑战,而新的国际形势缺乏新的国际架构来规范,这也体现了后福特主义发展中弹性多变以及无规律性的特点。① 与所有工业化产品类似,大众传媒与大众文化产业也在这一转变的进程中。

在此背景下,我们可以借由传播政治经济学的视角,来思考这一学派的学者对于文化产业及其劳动的认识。作为批判学派之一,传播政治经济学以马克思主义政治经济学为基础,并传承了法兰克福学派的文化批判精神——尤其是文化工业理论,试图将传播现象放在一个更广泛的历史、经济和社会背景下来研究,探讨媒介和传播系统如何强化、挑战或影响现有的阶级与其他社会权力关系。② 其学科母体或者方法论是政治经济学,研究对象则是以传播媒介为核心的人类传播行为及其活动。因此传播政治经济学所关注的并非只是媒介,认为媒介所充当的只是社会经济、政治、文化的一个有机组成部分。③

传播政治经济学是将传播活动作为一种经济活动以生产、分配、流通、交换及其宏观决策活动这种政治经济学的思路来观察媒介及其传播行为的。④ 这一流派在北美、欧洲和世界各地的发展过程中,由于各地区的经济发展和社会文化历史背景的不同而各有偏重、互为补充,进而分为北美传播政治经济学、欧洲传播政治经济学和第三世界传播政治经济学。早期代表学者有加拿大的达拉斯·斯麦兹(Dallas Walker Smythe)、美国的赫伯特·席勒(Herbert Schiller)、法国的阿芒·马特拉(Armand Mattelart)、英国的尼古

---

① 胡海峰.福特主义、后福特主义与资本主义积累方式:对法国调节学派关于资本主义生产方式研究的解读[J].马克思主义研究,2005(2):66.
② 陈力丹.传播学的三大学派[J].东南传播,2015(6):36-41.
③ 郭镇之.传播政治经济学之我见[J].现代传播,2002(1):34-37.
④ 郭镇之.传播政治经济学之我见[J].现代传播,2002(1):34-37.

拉斯·加汉姆(Nicholas Garnham)等。1966年,英国莱斯特大学成立了大众传播研究中心,包括彼得·戈尔丁(Peter Golding)和格雷厄姆·默多克(Graham Murdock)等在内的学者继续推动了这一学派的发展。

## 一、从"文化工业"到"文化产业"

自20世纪70年代以来,西方国家传媒机构的非一元化所有制使得公共权力和社会权力相互竞争成为常态,行政权力对资本权力产生调节功能。① 以贝尔纳·米耶热(Bernard Miège)为代表的法国传播政治经济学者,尤其关注文化传播产业发展中的商业利益与公共利益表达之间的关系。他们基于欧洲相对多元的文化生产制度环境,以及随着传播技术进步带来的广泛公民参与的现实,从原先受法兰克福学派影响的较为单一的"文化工业"(cultural industry),逐渐转向日益多元的"文化产业"(cultural industries),开辟了从复数的"文化产业"概念出发的传播政治经济分析新范式。② 复数的"文化产业"不再被视为是一个不可分割的整体,而是具有内在矛盾的高度多样性的产业体系。这些学者提倡从微观的产业结构和文化生产活动的内部入手,逐步过渡到中观的政策分析与公共领域的重建,再到宏观的全球社会层面的文化资本流动背景下全球化与本土化的互动,以及全球传播的民主重构等宏大议题。③

1978年,米耶热与其研究小组出版《资本主义与文化生产》一书。在这本书中,米耶热与其小组成员首先驳斥了法兰克福学派认为文化产品的生产遵循一个简单逻辑的观点。在他们看来,不存在单数意义上的"文化工业",文化生产是一个由各种不同要素所构成的整体,每个部门有自己的标准化法则。④ 米耶热指出,法兰克福学派的文化工业理论缺少文化产业经济分析的微观视角,而政治经济研究通过对文化商品生产和消费的内在逻辑的经验分析,弥补了这一缺失。此外,文化工业的概念假设了各种形式的文化生产实践都存在于一个"统一场域"内,遵循同一种逻辑。⑤ 相比之下,复数的"文化产业"的概念,强调的是当代资本主义社会文化生产的多样性和复杂性。

米耶热认为,从20世纪60年代以来,西方资本主义大国的经济扩张和文化生产变得越来越重要且复杂,因此无论是由阿多诺的"文化工业"理论,还是赫伯特·席勒的"文化帝国主义"理论,并不能充分阐释其性质。文化产业分析关注的是不同文化领域中的资本渗透。所涉及的核心问题包括:利润在直接参与文化实践的社会主体之间是如何分配的;意识形态机构如媒体、文化机构等如何实现对文化使用价值的转化、对文化消费新

---

① 陈卫星.从"文化工业"到"文化产业":关于政治经济学的一种概念转型[J].国际新闻界,2009(8):8.
② 黄典林.激进传统与产业逻辑:论传播政治经济批判的两种路径[J].南京社会科学,2016(9):116-122.
③ 黄典林.激进传统与产业逻辑:论传播政治经济批判的两种路径[J].南京社会科学,2016(9):116-122.
④ 陈卫星.从"文化工业"到"文化产业":关于政治经济学的一种概念转型[J].国际新闻界,2009(8):8.
⑤ 黄典林.激进传统与产业逻辑:论传播政治经济批判的两种路径[J].南京社会科学,2016(9):119.

模式的创造以及对新产品的推广;国家政府在消费增长、推动主要金融集团重组以及扶持衰落行业方面发挥着怎样的经济角色;文化生产又是如何走向国际化的。① 此外,他指出文化产业的关键问题还在于随着新媒体和信息传播技术的崛起,资本在其中能够不断实现自我强化。

从"文化工业"到"文化产业"的概念转型是一种学科视野上的拓展,文化产业研究把微观的经验性文化产业研究纳入传播政治经济学批判的视野之中,使得文化产业实践中重要组成部分的创意产业和娱乐产业研究成为主要的研究议题之一。尤其是对这些新兴领域内部的实践逻辑的考察,补充了传统文化工业批判研究的不足。在一定程度上,文化产业理论的发展沟通了政治经济学和文化研究之间的分野。简单而言,文化产业分析将我们对于媒介文化的认识与实践从文化文本与符号分析的层面联系到其背后的资本逻辑。例如,一部主旋律电影的叫好满座不仅仅取决于导演和编剧等艺术工作者的付出,电影的产业机制以及政策扶植同样发挥了重要作用。或者一个更为日常的例子是,在新媒体时代,我们在许多时候接触的各种博人眼球但并无太多内涵的网络小说或是短视频都是以免费的形式出现,事实上,它们大多都发挥着"引流"功能,将用户吸引到某个网站或平台,最终目的仍然是让用户付费,将流量变现。传播政治经济学会提醒我们思考,这些免费文本在整个平台产业链中扮演着何种角色?资本是如何将小说或短视频的内容平台与商业平台整合到一起?利润最终如何分配?

## 二、信息时代的资本主义

随着人类社会进入大数据时代,资本主义样态也发生了变化。千禧年以来,传播政治经济学的批判焦点开始转向对数字资本主义的关注。互联网的出现使得数字资源成为了一种新型生产资料,数据逐渐成为社会化生产的核心要素,即"信息技术革命引发了信息主义的出现,作为新社会的物质基础"。② 数字技术引发了生产力和生产方式的全面变革,进而改变了人类的社会关系。正如赫伯特·席勒所言:"信息网络以一种前所未有的方式与规模渗透到资本主义经济文化的方方面面。"数字技术已经从价值理念上改变了人类的生产、生活乃至学习方式,从更深的逻辑层面而言,它的创新发展必将促进世界社会形态的演变和递归,从传统的商品拜物教开始上升至数字拜物教,从传统物的异化递归至人的异化。

"数字资本主义"的概念最早出现在美国传播政治经济学学者丹·希勒(Dan Schiller)于1999年出版的著作《数字资本主义》(Digital Capitalism)中,他认为所谓数字资本主义就是指这样一种样态:信息网络以一种前所未有的方式与规模渗透到资本主义

---

① Miege B. Nicholas Garnham, The Cultural Commodity[J]. Media, Culture & Society, 1979, 1(3):310.
② Castells M. End of Millennium: The Information Age: Economy, Society and Culture[M]. 2nd. Malden, MA: Black-well, 2000a (3):367.

经济文化的方方面面,成为资本主义发展不可缺少的工具与动力。① 具体来讲,数字资本主义带来的影响可以体现在以下三个方面:

一是资本主义生产空间的变化。数字技术的发展拓展了原有的空间范围,由互联网建构的数字空间促成了地域的"内爆",距离的消失和全球生活的融合将人们的交往互动逐渐转移至数字空间。在社会化媒体所制造的新的空间生产图景中,一个个过渡的、偶然的、短暂的碎片形态被生产出来。社会化媒体的思路非常清晰,那就是激活、利用、收藏这些被遗忘的碎片空间,使其成为一个资本生产空间。② 如今,微博、微电影、微公益等微文本形态无缝进入人的日常生活的深层结构,成为碎片空间里最常见的填充物。社交媒体/新媒体/移动互联网的出现让资本生产看到了这些处于生活缝隙的碎片空间,以此建构出了类似于微博、抖音、小红书这样的碎片化传播平台。原本处于盲区的各种时间和空间在媒介技术的帮助下被瞩目和发掘,资本经济的触角开始波及生活中的每一个角落。如果说,资本家的劳动剥削经由大众媒体等中介延伸至劳动者的日常休闲时间,那么这些碎片化空间的媒介经济生产,就是让这种资本剥削更为深刻与隐蔽。

二是资本借助技术加深对劳动者的异化。资本通过社交软件、邮件、办公软件等技术扩大了对劳动者的空间和时间的控制,实现实时捕捉劳动者的具体状态,支配数字劳动活动。资本借助远程发布工作任务的形式组织劳动者进行生产,督促劳动者开展线上打卡的形式管理劳动者的劳动时间,从而提高数字空间生产效率。这种"数字监控"使劳动者处于"全景敞视"机制下,劳动者的劳动过程甚至是非劳动时间都受到资本的监视,从而加深了对劳动者的异化。正如克里斯蒂安·福克斯(Christian Fuchs)所言,数字资本主义不仅奴役了人类的数字劳动生产力,而且将人类牢牢地控制在数字劳动的无形枷锁中,以实现人类的劳动力价值和精神价值的双重增值。③

三是劳资关系的不平等性加剧。数字经济和资本主义私有制的结合强化了资本家对知识、信息、数据等新型产品的垄断,使得行业精英和劳动者之间的收入差距逐渐扩大。④ 从资本的生产成本来看,"在数字时代,对于许多供应'信息产品'的新型公司而言,其产品的存储、运输和复制成本也几乎为零";⑤从收入水平上来看,掌握着更高技术的行业精英不仅能够获得更高的报酬,还能够将数字与金融结合,将数字金融变为一种助力资本无限倍增的工具,从而使得资本和劳动者之间的财富差距愈来愈大,造成了人民收入和财富分配的畸形。

---

① 罗伯特·希勒.数字资本主义[M].杨立平,译.南昌:江西人民出版社,2001:5.
② 亨利·列斐伏尔.空间的生产[M].刘怀玉,译.北京:商务印书馆,2021:42.
③ 克里斯蒂安·福克斯.交往批判理论:互联网时代重读卢卡奇、阿多诺、马尔库塞、霍耐特和哈贝马斯[M].王锦刚,译.北京:中国传媒大学出版社,2019:156.
④ 张敏,李优树.数字经济时代资本主义劳资关系演变的内在逻辑:批判与超越[J].财经学,2021(10):43-55.
⑤ 克劳斯·施瓦布.第四次工业革命[M].李菁,译.北京:北京中信出版社,2016:7.

## 三、从数字资本主义到平台资本主义

数字技术引发了生产力和生产方式的全面变革,随之催生了经济发展的新模式——平台经济。平台是平台企业从事数字交易的载体,本质上是一种交易空间。① 换句话说,平台是平台经济的载体,为市场供需主体提供交易场所,实现双方或多方之间的交易,而平台也对交易过程收取相关费用。平台借助海量的数据、隐蔽的算法将资本主义财富增值逻辑引入一个新的生产领域,平台经济在数字技术的支持下以数字化基础设施为运作基础,以平台组织为运作媒介,对资本主义的生产和再生产过程进行重塑。

平台经济中被隐藏的资本逻辑运作具体可以表现在三个方面:第一,数字内容的易复制性带来了其使用权的非排他性,这种非排他性隐蔽了资本对生产资料所有权的专有性和排他性。从平台构筑的共享经济的前提来看,虽然部分劳动者拥有一些生产资料,但是这并没有改变资本主义所有权关系的实质。"最重要和最核心的生产资料——劳动者离开平台这一劳动条件没有办法从事生产——平台依然由资产阶级占有"。② 第二,由于社会劳动生产力的提高、科技进步的替代和社会文明的进步,资本在实现自身价值增殖的同时也必然"伴随着从专制统治到霸权统治的、从通过强制和畏惧来榨取成果到通过同意的组织来榨取成果的连续过程"。③ 以外卖骑手为例,注册成为一名外卖骑手意味着你对该外卖平台的运作以及市场规则设定的同意和服从。第三,以隐蔽的所有权和控制权为基础,借助数字技术和自动化平台,资本将成本和风险全都加注在劳动者身上(如临时工、零工等)。剩余价值生产和资本价值积累的隐蔽化加深了对劳动者的剥夺。除了看到平台经济内部的资本逻辑运作,平台自身的发展也是需要关注的。近几年来我国平台经济的积极推进,其内在隐患也不容忽视。平台对竞争秩序、数据安全、个人隐私等带来的负面影响,可以在2020年以来不断修缮的《反垄断法》、企业约谈等新闻中看出。比如,腾讯音乐、网易云音乐等音乐平台的独家版权问题,其所引发的限制交易行为,进一步扩大了平台企业的垄断空间。

可以说,以平台化为特征的数字经济的盛行催生了分享经济、合作经济和零工经济等新的经济模式,推动着资本主义从数字资本主义或信息资本主义阶段进入到平台资本主义阶段。④ 平台资本主义进一步加剧了参与其中的劳动者的流动性和不确定性,平台逻辑也在不断重构劳动关系和生产体系。依托数字基础设施和网络系统的平台经济创造了新的劳动领域和生产方式,以互联网为中介的劳动模式创造了没有雇主的工人,即数字平台中的劳动者,即"数字劳工"。

---

① 曲沛.数字经济背景下加强平台经济领域反垄断面临的挑战与建议[J].价格理论与实践,2021,12(30):1-4.
② 姜英华.平台经济劳资关系的政治经济学分析[J].中国矿业大学学报(社会科学版),2021,12(30):1-14.
③ 迈克尔·布若威.制造同意:垄断资本主义劳动过程的变迁[M].李荣荣,译.北京:商务印书馆,2008:3.
④ 余少祥.平台经济劳动者保护的法理逻辑与路径选择[J].人民论坛·学术前沿,2021(20):44-54.

## 第三节 新经济模式中的劳动与劳动者

当代资本主义的发展进入了一个崭新的阶段,技术、信息、知识等生产要素在工业生产活动中占据愈发重要的地位,资本主义的社会分工也逐渐细化,雇佣劳动的种类更趋多样化,新型劳动范式——"非物质劳动"逐渐兴起。美国学者迈克尔·哈特(Minchael Hardt)和意大利学者安东尼奥·奈格里(Antonio Negri)在对这种新型劳动形式进行考察时,发现其劳动形式与传统相比已经发生了根本性变化,与此同时非物质劳动正在取得相对于传统物质劳动的主导性地位。[①] 具体可以表现为三个方面:第一,从劳动对象上看,传统物质劳动的劳动对象一般为外在的物质资料,而"非物质劳动"的劳动对象转变为人的情感等非物质形态资料。第二,从劳动时空来看,原来的固定、明确的劳动时间和场地转变为随时随地,移动终端的普及使劳动者无时无刻不在受到"监视",原本属于劳动者用于劳动力再生产的时间和空间被严重挤占。第三,从劳动产品来看,非物质劳动生产的产品与其消费趋于同步,劳动产品的形态与劳动对象一样发生了物质性向非物质性的转变。

区别于传统的劳动,非物质化、数字化、娱乐化的劳动成为了当今资本主义更加主流的生产方式,而这种劳动形态也更加隐蔽,甚至带有蒙蔽性质。也许你只是在为喜欢的角色创作文章、绘制图画、制作歌曲,或者只是沉迷于一款你喜欢的游戏,但其实这些行为已经在无意识中为隐形在平台背后的资本主义创造了不菲的利益,你在无形之中成为被剥削的"数字劳工"或"玩工"。本节从非物质劳动的概念开始,对当代资本主义下新型劳动种类与劳动者形态进行了梳理,并在此基础上阐发劳动主体反抗资本统治逻辑的可能性。可以说,了解非物质劳动、玩劳动等新经济模式中的劳动概念,对有效把握当代资本主义的发展现实与反对人的异化具有十分重要的意义。

### 一、非物质劳动

意大利自治主义的马克思主义学者们在把握了资本主义劳动组织方式所发生的结构性转变——从"福特主义"到"后福特主义"转变的基础上,提出了劳动者及劳动模式的新变化。他们认为在这一进程中,劳动主体、内容形式与资本逻辑之间的一系列新的关系,构成了"非物质劳动"的现实基础与历史转折。"后福特主义"延续、深化并拓展了资本对劳动的新的统治方式:传统劳动组织方式和内容越来越具有"非物质劳动"倾向,资

---

[①] 陆茸.非物质劳动条件下马克思的劳动价值论过时了吗:评哈特和奈格里基于"共同性"的价值理论[J].中国经济问题,2021(1):17.

本的深入剥削形式表现为对劳动者主体性的重新建构以及社会生活的全面控制。

马克思在《1861—1863年经济学手稿》中论及生产劳动与非生产劳动之间异同时,他首次直接提及了"非物质劳动"一词,将之指认为一种"消费以后,什么也没有留下"的产品的劳动。① "非物质劳动"作为一个概念,是由意大利自治主义的马克思主义者毛里奇奥·拉扎拉托(Maurizio Lazzarato)率先提出并使用的。1996年,拉扎拉托撰写了《非物质劳动》一文,将"非物质劳动"(immaterial labor)明确地界定为"生产商品信息和文化内容的劳动"②。他对劳动非物质化转型的阐述被哈特和奈格里所吸收并推崇。这两位学者于《狄俄尼索斯的劳动》(Labor of Dionysus,1994)一文中将"非物质劳动"界定为一种"赖以技术-科学的机械装置支撑人之生命的智能化情感性劳动"。③ 其后,又将之定义为"生产或提供特定服务、文化产品或知识以及信息交流等非物质产品的劳动"。④

"非物质劳动"的特征表现为三个方面:第一,劳动生产产品的非物质性,例如情感等。第二,非物质劳动合作是内在于劳动本身,即"非物质劳动的合作方面并非像以前各种劳动形式那样由外界强加或组织的。相反,合作完全内在于劳动活动自身"⑤,这样的劳动方式带来的是劳资关系的模糊,资本不再成为劳动者需要借助或经过的程序。第三,非物质劳动是创造人际关系和社会本身的劳动,即生产主体性的劳动。非物质劳动的两个面向——互动式劳动和情感类的劳动都是强调塑造主体的劳动。⑥ 奈格里、拉扎拉托等学者从劳动的非物质性角度指出,当前资本主义社会中诸如"生产商品信息和文化内容的劳动"等非物质劳动正占据愈发重要的地位。⑦

## 二、数字劳动与数字劳工

以数据信息、数字技术和互联网为支撑的"数字劳动"(digital labor)是非物质劳动的当代形式。"数字劳动"一词最早在21世纪初由意大利学者蒂奇亚纳·泰拉诺瓦(Tiziana Terranova)于其著作《免费劳动:为数字经济生产文化》(2000)中提出,他认为数字劳动包括以下的一些行为:"互联网用户自由浏览网页、自由聊天、回复评论、写博客、建网站、改造软件包、阅读和参与邮件列表、建构虚拟空间等。"并且,他认为这种劳动模式是"现代血汗工厂"的延续。⑧ 克里斯蒂安·福克斯(Christian Fuchs)基于马克思劳动价值论和剩余价值理论指出,"数字劳动实际上具有明显的物质属性,数字劳动包含所

---

① 马克思恩格斯全集(33)[M].北京:人民出版社,2004:248.
② Lazzarato M. Immaterial Labor/Paolo Virno, Michael Hardt. Radical Thought in Italy[M]. Minneapolis: University of Minnesota Press,1996:133.
③ Hardt M. Negri A. Labor of Dionysus[M]. Minneapolis:University of Minnesota Press,1994:10.
④ Hardt M,Negri A. Empire[M]. Cambridge:Hardard University Press,2000:294.
⑤ 迈克尔·哈特,安东尼奥·奈格里.帝国[M].杨建国,范一亭,译.南京:江苏人民出版社,2005:340.
⑥ 陈琼珍.非物质劳动理论:对哈特和奈格里理论的再阐释[J].社科纵横(新理论版),2010,25(4):151-153.
⑦ 许纪霖.帝国、都市与现代性[M].南京:江苏人民出版社,2006:139.
⑧ Terranova T. Free Labor:Producing Culture for the Digital Economy[J]. Social Text,2000(2),33-58.

有有酬和无酬劳动,它帮助创造那些作为商品出卖的数字技术、内容和数据",并认为"资本控制并拥有他们的人格(奴隶)、劳动力(雇佣工人)、生产和生活资料(外包合同劳动)、劳动产品(无报酬和报酬不足的劳动)"①。总的来看,数字劳动是生产性劳动,能够生产商品和剩余价值,存在资本对数字劳动的剥削。福克斯也在数字劳动的基础上提出了"数字劳工"/"数字劳动者"的概念,他认为"数字劳工"是指依赖电子媒介生存、使用以及应用的集体劳动者。②

数字劳工具有如下三个特点:第一,劳动者多元化。数字经济时代,网络的共用性大大扩张了劳工的数量与分布范围,民众通过互联网参与社会资本循环,成为资本累积中的重要组成部分。第二,劳动对象数字化。数字劳工的劳动对象从传统意义上的"实体物质"(如制造设备、钢铁、木材等)转变为"虚拟数据"(如文字、图片、音乐甚至人类的情感与思想等抽象信息)。第三,劳动工具现代化。随着社会生产力的提高,劳动工具从原始器材逐步更替为手机、电脑等新型基础设施,终端设备与网络技术成为数字劳动的必备工具,"劳动工具的现代化已成为数字经济时代的显著标志"。③

数字劳工不仅体现在成体系的网络内容生产中,还体现在人们日常对社交媒体的使用之中。社交媒体在全球范围内的快速普及和扩张,使用社交媒体已经成为人们日常生活中必不可少的一部分。人们在浏览社交媒体中的信息时机械般地上下左右滑动手机屏幕,和传统工厂里的流水线工人似乎有着奇特的相似之处。不难从中看出,用户在使用社交媒体中产生的大量信息被新型资本悄然利用,从而转换成更有商业价值的大数据进行二次兜售。用户出卖自己大量的时间、精力,同时以低廉的价格甚至免费、主动地为商家生产可被商品化的信息,从而毫无察觉地成了新时代互联网文化工厂的"数字劳工",并且不断驱动着数字资本的累积和增值。

借助数字技术的不对称和平台组织的垄断性,资本和平台经济"具有更强的将劳资冲突整合为劳资双方在资方控制下进行'合作'的能力"④,使得劳动者更加"自愿"遵从平台规则。资本的所有权、资本对劳动过程的控制权和对剩余价值的占有被遮蔽了,财富不断流入资本家手中,导致剩余价值不断"从雇佣劳动者到财产所有者的重新分配"⑤。政府应该积极出台政策,发挥经济增长对劳动者就业的正向功能,从而规制和引导平台经济朝向有利于人民和劳动者就业的方向发展。

---

① 克里斯蒂安·福克斯. 交往批判理论:互联网时代重读卢卡奇、阿多诺、马尔库塞、霍耐特和哈贝马斯[M]. 王锦刚,译. 北京:中国传媒大学出版社,2019:59.
② 克里斯蒂安·福克斯. 交往批判理论:互联网时代重读卢卡奇、阿多诺、马尔库塞、霍耐特和哈贝马斯[M]. 王锦刚,译. 北京:中国传媒大学出版社,2019:59.
③ 邓佳怡,马昱宇. 数字劳工视域下微信视频号用户行为研究[J]. 青年记者,2021(22):47-48.
④ 谢富胜. 控制和效率:资本主义劳动过程理论与当代实践[M]. 北京:中国环境科学出版社,2012:200.
⑤ 丹·席勒. 数字资本主义[M]. 杨立平,译. 南昌:江西人民出版社,2001:282.

## 三、玩劳动与玩工

作为典型的非物质劳动形态,"玩劳动"是一种更加普遍且具有欺诈性的劳动方式,表面上是玩家在游戏里获得了乐趣和体验,实际上"玩工"的生产成果被筛选后成为游戏厂商资本积累的一部分,而这种剥削显得更加隐蔽。一些学者开始运用马克思主义经济学的分析方法探究平台经济和娱乐产业中价值的生产和流通过程,他们的研究视角不再局限于雇佣劳动制内部,且非常注重普通用户在平台资本主义剥削体系中的地位,交流、传播、娱乐等非传统意义上的劳动行为都被纳入生产性劳动的范畴。由此,"玩劳动"和"玩工"的概念应运而生。北爱尔兰学者朱利安·库克里奇(Julian Kücklich)受到泰拉诺瓦"免费劳动"概念的启发,在2005年发表了《不稳定玩工:改编者和数字游戏行业》一文。文中以"反恐精英"中的改编机制为例指出,改编机制与传统意义上的生产形式是可比的,玩家花费了大量的时间在游戏中,并通过修改改编机制创造了更多内容,改善了更多服务。改编劳动并非传统意义上的雇佣劳动范畴,也并非单纯的休闲活动,反而类似于自由职业或者志愿劳动。改编者作为免费"玩工",其不稳定性在于他们既不是受到财务方面的驱动也不受强迫,但却被纳入游戏开发商的生产体系之中,这使得他们的活动无法用传统的工作或休闲归类。①

库克里奇的概念一经提出便受到了传播政治经济学派的重视,他们立刻将"玩劳动"这一概念纳入其"数字劳动"的范畴进行分析。2012年,美国学者特雷博·肖尔茨(Trebor Scholz)在其论文集《数字劳动:既是游乐场又是工厂的互联网》中,尝试运用马克思的研究方法解读平台资本主义中的多重劳动形式。他在这部论文集的前言中指出,数字劳动与传统的劳动方式不同,是用户消耗在网络传媒上的创造性劳动,数字时代的游戏、消费和生产变得越发难以区分。② 克里斯蒂安·福克斯也在其代表作《数字劳动与卡尔·马克思》(2014)中对玩劳动进行了集中讨论。他认为,在传统的资本主义中,享受及娱乐等休闲活动往往是业余时间的一部分,而在当前数字媒体的生产过程中,剥削作为一种社会关系往往已经被隐藏在娱乐之中,在很多情况下,玩和劳动是无法区分的。当玩被作为生产性劳动商品化时,便会被纳入资本的剥削体系之中成为积累剩余价值的来源。

尤尔根·哈贝马斯(Jürgen Habermas)指出,资本主义的社会利益决定着技术进步的方向、作用和速度。③ 资本不断加强对数据进行收集加工处理的能力,使数据成为商品并进行交易而盈利,是当代资本主义发展的重要趋势之一。数字技术的出现和差异是生

---

① Kücklich J. Precarious Playbour: Modders and the Digital Games Industry[J]. Fibreculture Journal, 2005(5).
② Scholz T. Digital Labor: The Internet as Playground and Factory[J]. New York: Routledge Press, 2012(1): 187-204.
③ 尤尔根·哈贝马斯. 作为"意识形态"的技术与科学[M]. 李黎,郭官义,译. 上海:学林出版社,1999:60-62.

产力发展的结果,生产力的发展增加了资本的有机组成。数字机器、数字资本和数字劳动的出现是当今资本主义分化的一种表现,构成了资本主义经济和社会的重要方面。虽然资本主义是当今世界最为普遍的社会形态,但并不意味着其是最先进的社会形态。数字资本主义不能解决资本主义社会的基本矛盾,并不断拓展和强化资本主义剥削关系,进而加剧资本主义社会的两极分化和社会矛盾。作为社会主义的中国,面对数字革命的机遇和挑战,一方面,要积极发展数字经济,提高社会生产力以满足人民日益增长的美好生活需要;另一方面,要更好地发挥中国特色社会主义制度的显著优势,克服私人资本控制数字平台可能带来的弊端,确保数字技术服务人民和社会经济发展。

## 第四节　案例分析:平台经济与数字劳动

　　从西方马克思主义的"文化转向",到对福特主义与后福特主义文化的生产特点的关注,再到信息时代下的"数字劳工""玩劳动",我们从马克思主义政治经济学的文化批判视角理解不同时期媒介文化表象下隐藏的资本主义运作。在本节,我们将运用前三节的理论知识,结合当代日常生活与文化实践中的代表性事件,对当下的网络平台经济与文化产业中的案例进行考察,从而了解新的媒介技术语境下文化内容的生产与劳动模式的变化与特点以及这些数字劳动背后所暴露的平台经济模式中的问题。

### 一、网络直播平台主播的情感劳动

　　平台技术对服务业产生了巨大影响,新型服务业应运而生,网络直播便是其中之一。截至2020年12月,我国网络直播用户规模达6.17亿,真人秀直播用户规模为2.39亿,占网民整体的24.2%。[①] 网络直播是数字经济的重要组成部分,是网络主播依靠粉丝群体形成消费市场、从消费者身上获取收益,以消费者为导向包装自身形象(人设),并生产符合消费者偏好的内容,注重内容的多样化与定制化,比如与粉丝互动、陪伴粉丝。服务业中劳动者为顾客提供无形的服务与感受,"情感劳动"(affective labor)是其突出特点。这里的"情感劳动"是指劳动者管理与调动表情、情绪、情感,依据特定规则在顾客面前展现出相应的情感与情绪的劳动过程。[②]

　　以网络女主播与粉丝的互动为例,可以看出隐藏在浅层劳动表象下的情感劳动。[③]

---

[①] 中国互联网络信息中心.第47次《中国互联网络发展状况统计报告》[R/OL].[2021-02-03]. http://www.cnnic.net.cn/hlwfzyj/hlwxzbg/hlwtjbg/202102/t20210203_71361.htm. 2021年2月3日登入.
[②] 张一璇.劳动空间在延伸:女性网络主播的身份、情感与劳动过程[J].社会学评论,2021,9(5):236-256.
[③] 张一璇.劳动空间在延伸:女性网络主播的身份、情感与劳动过程[J].社会学评论,2021,9(5):236-256.

互动大致可以分为两种：第一种是针对该女主播所有粉丝的共同体意识的建构，比如在直播中会使用"我家粉丝""谢谢我的宝宝们"这类带有情感性的话术，使得粉丝群体有归属感，增强粉丝与主播之间的黏性；第二种是针对较为核心的粉丝群体进行的定制化情感支持，比如在节日送上带有粉丝名字前缀的祝福和礼物，对于再核心一点粉丝，主播则可能采取更加"亲密"的情感支持方式，比如添加主播微信聊天等。

主播为了维持与粉丝之间的联系，无限扩大劳动时间和空间，导致劳动力再生产时间、空间被极大程度地挤压，全年无休以及每天"围着直播和粉丝转"是常态。在"时间自由"的噱头下，劳动者实则在牺牲自由的同时面临严重的剥削与异化。

## 二、网文作者遭遇"霸王合同"事件

阅文集团由腾讯文学与原盛大文学整合而成，成立于2015年3月，旗下包括QQ阅读、起点中文网、新丽传媒等子品牌，曾输出《鬼吹灯》《盗墓笔记》《琅琊榜》《全职高手》等网文IP改编为影视、动漫、游戏等多业态产品。2020年4月27日，国内网文论坛"龙的天空"（以下简称"龙空"）上陆续出现关于讨论阅文新合同的帖子。5月初，合同事件进一步发酵，以龙空为首的部分作者群体，开始声讨阅文霸权合同。5月2日，微博上，网友"Bearry世界"转载龙空论坛的合同控诉帖转发达到8.9万，同天#阅文集团新合同被指霸道#等相关话题登上微博热搜。5月5日，有网文作家在新浪微博、知乎等网络平台，发起"五五断更节"，以断更（停止更新）的方式，抵制阅文集团推出的作者权益缩水的新合约。在微博上，截至5月7日12时，话题#55断更节#的阅读量便已达到9495.7万次，讨论量达11.2万。不少网文作者均将自己的头像更换为"55断更节"的宣传图片。有知名编剧直接发文呵斥霸王合同："出版商和平台凭什么不花一分钱分作者的版权？大神们为什么不发声？写作者没有骨头，对自己的权益被侵犯都噤若寒蝉，为什么还要写作？写作者不是奴隶，写作者要有尊严！必须跟他们死磕！"

在阅文新合同的第11条中，将甲方（公司）与乙方（作者）的关系定义为"聘请"，即作者是网站聘请来写书的员工。但可以在其他条款中看到，虽然是聘请却不存在雇佣关系，公司不提供法律要求的劳保社保等各项待遇。这种"临时工"的合同签订可以看出，借助数字技术、自动化和平台，资本成功将风险、成本和压力全部施压在劳动者身上，加剧资本对劳动者的剥夺。因为阅文集团目前是国内最大的行业的正版数字阅读平台，是作者们倾向的选择，而这种带有"霸王条款"的合同，体现出资本从通过强制和营造畏惧来榨取成果到通过同意的组织来榨取成果的连续过程。如果一位作者想要系统地在平台上展示自己的作品，就意味着对阅文平台的盈利机制和它设定的规则同意和服从。

## 三、外卖骑手的系统困境

2020年9月8日，《人物》杂志发表了一篇名为《外卖骑手，困在系统里》的文章，在社交媒体上刷屏。文章通过半年的调查,以数十位外卖骑手和相关行业人士的经历,展示了数百万外卖骑手在系统算法的驱使下,为了完成订单而奔走搏命的状态。由于规定的配送时间越来越短,外卖骑手也越来越难,不得超速、闯红灯、逆行,外卖员遭遇交通事故的数量急剧上升。因为在系统的设置中,配送时间是最重要的指标,而超时是不被允许的,一旦发生,便意味着差评、收入降低,甚至被淘汰。美团在9月9日晚间发声回应:在为用户提供准时配送服务的同时,美团调度系统会给骑手留出8分钟弹性时间;同时改进骑手奖励模式,让骑手在保障安全的同时获得更实际的回报。

不难看出,外卖骑手并非困在系统里,而是困在资本里。外卖行业的劳动时间控制是一种在数据与算法的精准计算下的"全景式监控",[①]资本利用GPS技术能够实时监测和控制骑手所处的空间,而利用算法技术能规定骑手送单的时间,骑手工作时的所有状态都可以被完美监控。相对于人工与物理监控,这种劳动时间控制已经转变成无形的监控,不仅可以对劳动时间控制,外卖骑手的劳动内容、劳动量都可以精确掌握。而骑手在被迫迎合包括精准控制下不断被压缩的送餐时间、严苛的考评体系和奖惩制度等一系列平台规则时,都在不自觉被资本逻辑异化。同时,外卖骑手的工作没有固定的劳动时间、劳动地点和生产资料,看似双方平等的合作关系,实际上是一种渗透的控制,外卖人员与其所困的系统存在着不平等的劳资关系。

## 【思考题】

1. 请举例说明,如何理解新媒体文化产业中的创意劳动与劳动者的身份。

2. 在当代新媒体文化中,如何理解一些网文作者、或者短视频头部博主/up主作为内容创作者的角色?或者说,"创作者"的内涵发生了哪些变化?为什么?

3. 以某一依托平台的文化形式为例,请思考:如何在实现平台经济效益的同时,保护与推动内容生产的创新力?

---

① 福柯在《规训与惩罚》中介绍了监狱中的全景式监控以及对人的规训过程。规训不仅存在于监狱,而且被应用到全社会中。福柯认为现代社会实际上有一张"监狱网",从家庭、工厂到学校,都在模仿监狱来规训社会上的每一个人。社会规训比监狱规训更加隐秘,谨慎地将权力渗透到每一个角落。

# 第四章 新媒体文化的消费与受众

本章关注大众媒介以及新媒介中的文化消费,以及其中消费者/受众所扮演的角色。文化消费即对文化产品的消费,满足的是大众的精神文化需求。事实上,对应文化的生产者(producer),本章涉及的应当是文化的消费者(consumer)。不过许多文化研究学者对文化消费群体的讨论,则更多是放在受众(audience)的层面来展开的。例如,雷蒙·威廉斯曾强调"受众"在大众文化中的解读文本、建构意义的作用,即在文化消费中扮演的积极角色。严格来说,"受众"是一个传播学概念,是相对于"传者"而言的,即信息传播的接受者。对应不同的媒介形式,读者、听众、观众、网民等皆是受众的不同类型。它与"消费者"的意义之间或有重叠,但并不能完全等同起来。本章中所谈到的文化消费,更多意指对于文化文本及意义的接受与使用,而并不强调对文化产品的购买,因此会主要采用"受众"来指代文化消费中的群体。

随着二战后大众文化的快速发展,出于不同的历史语境与批判立场,不同的文化理论家对于文化消费与消费者/受众的观点也出现了显著差异。概括来说,法兰克福学派以及传播政治经济学派的批判性态度,以及伯明翰学派和英国学者约翰·费斯克对文化群体的积极态度,相对地勾勒出了讨论文化消费的两种不同脉络。一方面,前者更多地从文化工业/文化产业出发,采用了一种自上而下的视角来理解大众的文化消费。因此他们更多看到的是资本主义文化工业、或者传媒业及广告业是如何将受众吸纳到其资本运作及主导意识形态之中的。另一方面,后者则更多立足于受众的文化实践,采用的更多是自下而上的角度;在批判资本主义文化控制的同时,也强调受众在其中的生产力与创造性。因此,两种文化消费论述对于受众的文化消费实践提供了更为辩证的理解。

事实上,随着媒介文化的发展,受众在文化生产与文化消费中的位置已不再有明显区分,也就是说,受众既是文化的生产者,又是文化的消费者。而"粉丝"作为一种特殊的受众类型,也伴随着粉丝文化的兴起而受到文化研究者的持续关注。在新媒体时代,生产者、消费者和媒介的关系不断变化。[①] 在传统大众媒体时期,媒介的主要资源为传媒大资本或官方所掌握,受众或许扮演着较为弱势的角色,由受众所自主建构的文化亦有显著的亚文化特色。但是随着网络的发展以及媒介民主化进程的进一步加深,受众掌握了更多的话语权、文化生产力以及消费能力,他们与媒介的关系也发生了新的转变,继而从

---

① 黄可.媒介消费:概念溯源与再认识[J].现代传播(中国传媒大学学报),2014,36(6):163-164.

"受众"时代走向了"用户"时代。本章将首先介绍法兰克福学派悲观的文化消费论,继而来比较霍尔及费斯克相对乐观的文化消费论。在第三部分,本章着重概述美国学者亨利·詹金斯对于粉丝及粉丝文化的讨论。最后,结合当代我国粉丝文化的案例来进行分析。

## 第一节 悲观的文化消费论

学者们对文化消费与受众的看法与态度,往往取决于他们如何理解商品、文本、话语与人的实践之间的关系。正如上一章提到的,20世纪40年代,在马克思主义批评的文化转向中,德国法兰克福学派传播聚焦于对彼时资本主义"文化工业"的批判。在对于同质化、商品化的文化产品反思下,他们看到更多的是这些产品对于作为广大工人阶级的思想控制。换句话说,"文化工业"使得大众失去了抵抗性。这也决定了法兰克福学派对于受众在文化参与及消费中的消极态度。其后,到70年代,传播政治经济学派延续了马克思主义的批判传统,也吸纳并发展了法兰克福学派的文化工业理论。在此基础上,这些学者也进一步看到受众是如何被整合到资本主义文化的生产与再生产逻辑中,其中以加拿大学者达拉斯·斯麦兹的受众商品论为代表。在马克思主义政治经济学理论的启发下,斯麦兹基于商品、剩余价值等概念来理解受众的文化消费,并通过对资本主义传播的批判,展示了美国社会中媒介与资本和市场之间的关系。

### 一、被"文化工业"控制的受众

法兰克福学派对于文化消费的理解,仍然是在他们对于文化工业的论述之下的。一方面,法兰克福学派学者的精英主义倾向,使得他们对大众文化有着较为悲观的态度;另一方面,受到马克思的异化理论以及匈牙利马克思主义者乔治·卢卡契的物化理论的影响,他们也对文化工业中的大众采取了自上而下的批判路径,认为文化工业通过大量同质化、娱乐化的文化产品对受众进行异化,使其成为被操纵的傀儡。因此,在这些学者看来,在资本主义大众文化中,受众就是"大众",是被动和缺乏能动性的群体;统治阶级与大众传媒操纵大众以达到自己的目的。法兰克福学派主要从以下三个方面剖析了文化工业影响下的受众角色。

首先,大众的消费行为受到了文化工业的影响。正如阿多诺和霍克海默指出,文化工业的关键一环就是引导大众的消费行为。[①] 这是资本逐利的结果。一方面,文化工业

---

① 盛立民.文化工业受众的特质分析:基于法兰克福学派与伯明翰学派相比较的视角[J].自然辩证法研究,2017,33(3):99-104.

为了获取经济利益,会满足大众的文化需求,生产符合大众兴趣的文化产品,从而培养其大众的消费习惯。阿多诺强调,"并非像文化工业试图使人们相信的那样,顾客是上帝,他们不是文化工业产品的主体,而是文化工业产品的客体。"①而文化商品的目的并非仅仅是满足受众的消费欲望,而是不断生产并激发新的欲望,即为了欲望的欲望。在此引导下,受众逐渐沉溺于物欲之中。另一方面,文化工业也给人们编织出虚幻的消费景观,扭曲生活的认知。霍克海默、阿多诺指出,文化工业具有一定的控制性和欺骗性。表面上,文化工业的文化生产是在满足受众的需求,而实质上,文化工业通过符号的构建生产出文化景观,并将大众限制在生产的文化景观中。受众只能在已有的文化产品中获得想象的快乐。对于受众而言,对金钱的掌握决定着实现需求的可能性。"文化正是被文化工业塑造为待价而沽的对象物,于是,对文化的占有被简化为一个占有多少资本的问题,对金钱和物质的膜拜成为一种普遍的潜意识。"②

其次,大众的生活方式在媒介革新下产生了巨大变化。文化工业的渗透依托于大众媒介的宣传。阿多诺意识到,电视节目对大众日常生活带来了变化。一方面,阿多诺认为电视制作者通过设置内容,让观众将观看的感受与真实生活联系起来,从而重塑大众的日常生活模式。阿多诺较为负面地看待新兴的电视业:"电视终究是维护资本主义、极权主义和消费主义的。"③另一方面,阿多诺认为电视制作者有意识通过节目内容的结构设计暗藏信息,从而引导观众的心理。面对电视媒介生产的节目产品呈现出一体化、虚伪性的特征,及其引发的个人角色变化,阿多诺指出电视节目在社会中扮演着整合与控制大众角色的功能。④

最后,文化工业的特点也使得大众逐渐趋同化,在行为和思想上都呈现同一化的特质。霍克海默和阿多诺认为,大众文化有强大的支配力量,对接受者产生强迫性,尤其是文化工业模式中不断重复的文化产品使得大众不得不接受文化生产者的意图。他们谈到,"文化工业通过娱乐活动进行公开的欺骗。这些文娱活动,就像宗教说教,心理学的影片和妇女连载小说所喋喋不休地谈论的,进行装腔作势的空谈,以便能够更牢靠地在生活中支配人们的活动。"⑤大众失去了个人的自主选择权利。特定的受众为了与群体保持审美等观念的一致性,会强化个人的群体性,削弱差异性。人们在无意识中维护秩序、遵循秩序。此外,受众面对大批量的文化复制品别无选择,或者可供选择的选项十分有限或已被强制给定。在法兰克福学者看来,大众文化就是通过批量的工业生产,来控制消费者的文化需求,进而支配人们的闲暇时间。

---

① 希奥多·阿多尔诺,王凤才.再论文化工业[J].云南大学学报(社会科学版),2012,11(4):4-8,111.
② 希奥多·阿多尔诺,王凤才.再论文化工业[J].云南大学学报(社会科学版),2012,11(4):99-104.
③ 孙婕.拾遗法兰克福学派代表人物:西奥多·阿多诺的电视研究[J].重庆社会科学,2021(9):122-132.
④ 孙婕.拾遗法兰克福学派代表人物:西奥多·阿多诺的电视研究[J].重庆社会科学,2021(9):132.
⑤ 霍克海默,阿多诺.启蒙辩证法[M].洪佩郁,蔺月峰,译.重庆:重庆出版社,1990:135.

## 二、受众商品论

在理解受众是如何被资本主义文化产品所控制并剥削这方面,传播政治经济学派提供了另一种更为细致的批判视角,即对"受众商品论"的讨论。这一观点由北美传播政治经济学的代表学者达拉斯·斯麦兹(Dallas Smythe)提出,也成为传播政治经济学中的重要概念,对认识资本主义传播业性质和运作机制有着深远的意义。①

早在 20 世纪 50 年代初,斯麦兹的"受众商品论"就已经显现雏形。他认为在当时的大众传媒与大众文化中,广播和电视提供了一种特殊的产品。这个产品表面上看是这些媒体节目的播放时间,实际上则是被卖给了广告商的受众忠诚度。也就是说,媒体实际上是在"发展受众对广告商的忠诚度"②。1977 年,斯麦兹在《传播:西方马克思主义的盲点》一书中正式提出了"受众商品论"。他从马克思主义政治经济学的视角出发,认为传统马克思主义的相关阶级批判并没有关注到大众传播在资本主义社会与文化中起到的作用。在大众传媒业与资本主义制度紧密结合的语境下,传媒文化产业逻辑也在服务于资本生产与再生产以及资本家对剩余价值的榨取,而在这个过程中,斯麦兹认为,受众就是垄断资本主义制度下大众传播的商品。

首先,商业媒介所生产的商品既是广播电视节目,又是受众。斯麦兹认为,大众媒体将受众作为商品出售给广告商,大众媒介所提供的电视节目实际上是刺激和引起受众胃口的"免费午餐"(Free Lunch),用来吸引顾客登门造访。③ 所谓的"免费午餐"指的是大众媒体所免费提供的喜剧、音乐、新闻、游戏和戏剧,其目的是引诱受众来到电视机前。数据公司也因此能够测量受众的数量、类别等数据,媒介公司便可以根据这些数据向广告商收取费用。所以媒介公司的使命其实是将受众集合并打包,以便出售。这便揭示了商业广播电视的真正商品——尽管是临时形成的商品,正是受众群体。④

其次,受众会通过"劳动"来创造价值。在上述提到的情况下,观众的观看行为并非是一种单纯的休闲娱乐,观众在闲暇时光观看电视节目或收听广播成了某种意义上的工作。或者说,在不自知的且身不由己的情况下作为电视节目的劳工进行着生产与再生产。受众不仅花费时间和金钱来消费媒介产品,实现其使用价值,包括间接替广告商向媒介支付的商品的广告价值;还通过这些劳动行为创造了商品的潜在"象征价值",但"没有及时地获得这种劳动的报酬"。⑤ 斯麦兹认为,虽然人们在休闲时间似乎什么都没有做,但是实际上人们的行为也是一种生产劳动,这种活动所生产的是一种特殊的产

---

① 郭镇之.传播政治经济学理论泰斗达拉斯·斯麦兹[J].国际新闻界,2001(3):58-63.
② 陈世华."受众商品论"的理论溯源与未来走向[J].新闻知识,2012(1):3-5.
③ 陈世华."受众商品论"的理论溯源与未来走向[J].新闻知识,2012(1):3-5.
④ 郭镇之.传播政治经济学理论泰斗达拉斯·斯麦兹[J].国际新闻界,2001(3):58-63.
⑤ 奥利弗·博伊德·巴雷特,里斯·纽博尔德.媒介研究的进路[M].汪凯,刘晓红,译.新华出版社,2004:290.

物——劳动力,用来支持受众的其他活动。所谓"劳动力",斯麦兹是这样解释的:在工作时间我们的劳动是获得工资报酬的,而在非工作时间也就是"休闲时间","生产的是劳动力,即工作以及生活的能力"。①

最后,受众劳动的本质是冲动购买。冲动购买逐渐成为从文化消费到经济消费的结果,它本身也变成了一种媒介实践。因为媒介中的商品和广告所使用的最重要的方式就是限制消费者每次购买时花在思考上的时间。在斯麦兹看来,在资本主义逻辑下的受众几乎大部分时间都在劳动,即上班时间作为生产者的劳动以及在休闲时间作为受众的劳动,他们并没有时间停下来思考自己真正的需求。而后者即"闲暇时间对于文化产品的观看"会让受众快速产生对于商品的需要,暗示并刺激他们进行消费活动,因此,"减少作出决定前的思考时间显然助长了非理性"。② 这种对于"购买需求"的生产,也可以看成是一种消费主义意识形态的生产。在观看广告过程中,受众完成了自身的购买欲望与广告商所传达的意识形态的统一,从而在生活中去实现购买行为。③最终,所有对自我和生活的追求被转变为消费和购买的需求。

可以说,斯麦兹的"受众商品论"揭示的是一个隐形的"受众、媒介和广告商"的三角关系。在这个关系中,广告商为媒介运作提供资金,媒介则为广告商提供受众作为交换,而这些受众"通过把他们的时间/劳动用来消费广告信息和购买其他商品来为广告商创造剩余价值"。④ 因此,这一理论从一个更为实际的层面解释了在资本主义传媒文化产业中,受众是如何被作为"商品"被整合到产业之中,其文化消费行为是如何成为一种隐秘的"劳动",被榨取剩余价值的。与此同时,受众商品论也引起了一些争议。一些学者认为斯麦兹的论证中缺少具体的分析,例如他没有回答什么样的受众被出售,具体的过程如何,以及什么样的受众对媒介和广告商来说才是最重要的等问题。⑤

进入21世纪后,"受众商品论"受到新环境的冲击。传统媒体时代受众劳动的生产性实践在互联网时代发生了根本性的变化。针对传媒产业的变革与新媒体的语境,英国学者克里斯蒂安·福克斯(Christian Fuchs)创造性地继承了斯麦兹受众商品论。他强调互联网改变了受众的角色,受众从原来单一的消费者变成了消费者与生产者相统一的"产销者"(prosumer)。在互联网时代,受众与广告商之间的售卖关系仍然存在,但是被转化为一种新的商品形式,即"产销者商品"。⑥ 在这样的模式下,大众媒介下"观看作为

---

① 汪金汉."劳动"如何成为传播?——从"受众商品"到"数字劳工"的范式转变与理论逻辑[J].新闻界,2018(10):56-64.
② 奥利弗·博伊德·巴雷特,里斯·纽博尔德.媒介研究的进路[M].汪凯,刘晓红,译.新华出版社,2004:290.
③ 汪金汉."劳动"如何成为传播?——从"受众商品"到"数字劳工"的范式转变与理论逻辑[J].新闻界,2018(10):56-64.
④ 彭晶晶.受众:商品的发现与人的忽视:"受众商品论"的一种解读[J].新闻世界,2009(4):55-57.
⑤ 陈世华."受众商品论"的理论溯源与未来走向[J].新闻知识,2012(1):3-5.
⑥ 汪金汉."劳动"如何成为传播?——从"受众商品"到"数字劳工"的范式转变与理论逻辑[J].新闻界,2018(10):56-64.

工作"(viewing as working)的理论意义正在逐渐地消失。[①]受众再也不是仅仅承担着观看、阅读与消费的角色,在互联网加持下受众正逐渐成为内容的核心生产者,正在转变为"用户"的意义;各种用户激发的内容在传媒商业模式和运行策略中正在扮演中心的角色。正是从这个意义上来说,受众以超出传统的消费者的角色,延伸到生产和流通领域各个层面的参与。[②] 如今方兴未艾的自媒体行业正是最佳的案例。

事实上,虽然斯麦兹将受众与商品画上了等号,但是在分析具体受众时,他仍是围绕着马克思劳动价值理论,将价值、劳动时间、生产性劳动等关键概念应用到受众商品的生产过程中。观看、注意力、需求管理等受众劳动形式成为其关注重点。也是由"受众商品论"开始,"劳动"的议题进入到传播政治经济学乃至其他批判学派的研究视野中去。[③] 随着社会环境和媒介技术的发展,传播政治经济学派学者们的研究范式也逐渐从"受众商品"向着"数字劳工"进行转变,进而在新媒体时代形成了新的对媒体行业资本剥削机制的分析框架。这也正是上一章提到的内容。

## 第二节 乐观的文化消费论

法兰克福学派的研究聚焦于资本主义社会中的技术、工业及社会现状,对大众文化展开了自上而下的批判。而同为批判学派中影响较大的学派,伯明翰学派的视角则与法兰克福学派截然不同,尤其是对于文化消费与受众的态度。伯明翰学派的学者们更多站在文化参与者的视角,强调受众在大众文化及大众媒介中的能动性。当然,除了二者视角不同,不同的时代背景也影响两个学派对于文化消费趋向截然相反的态度。相比法兰克福学派的德国犹太学者们所亲身经历的法西斯迫害与战争创伤,伯明翰学派的兴起则是在二战后英国社会发展时期。到20世纪五六十年代,英国社会结构发生变化,消费社会开始形成,各类通俗文化形式如流行音乐、电影、电视、广告等进入人们的日常生活。高雅文化与大众文化的界线被进一步消除。与此同时,随着移民、种族、性别等文化身份问题的抬头,新的社会思潮和亚文化运动开始出现。在这样的背景下,伯明翰学派的学者们认识了到大众文化中人所扮演的角色及力量。这些学者对大众文化及亚文化展开了一系列研究,开拓了文化研究的学科范式与理论视野。在伯明翰学派的影响下,其他英国学者如约翰·费斯克也注意到文化消费领域,他的大众文化研究则是基于受众的生产性与抵抗性来进行解读。

---

① 陈世华."受众商品论"的理论溯源与未来走向[J].新闻知识,2012(1):3-5.
② 陈世华."受众商品论"的理论溯源与未来走向[J].新闻知识,2012(1):3-5.
③ 汪金汉."劳动"如何成为传播?——从"受众商品"到"数字劳工"的范式转变与理论逻辑[J].新闻界,2018(10):56-64.

## 一、伯明翰学派的文化研究

伯明翰学派(Birmingham School)指的是 1964 年以来在英国伯明翰大学"当代文化研究中心"(CCCS)从事文化研究工作的学者们。可以说,伯明翰学派的研究吸纳了前几章提到的马克思主义意识形态理论、结构主义符号学、福柯的权力-话语理论等观点,并将之用于大众文化与大众媒介的分析中,从而奠定了"文化研究"作为一门跨学科研究范式的基础。

### (一) 伯明翰学派概述

早期伯明翰学派学者包括理查德·霍加特、雷蒙德·威廉斯和 E.P.汤普森等,皆受到英国经验主义、美国社会学"民族志"方法以及利维斯主义的影响,认为文化是主体意识的表现,进而形成了"文化主义"的范式。20 世纪五六十年代,霍加特的《识字的用途》(1957)、威廉斯的《文化与社会》(1958)和《漫长的革命》(1961),以及汤普森的《英国工人阶级的形成》(1963)成为了英国文化研究的奠基之作。到 1964 年,理查德·霍加特在英国伯明翰大学成立了"当代文化研究中心",文化研究开始了学科建制化的道路。

值得一提的是,伯明翰学派的建立是对彼时英国文化精英主义者所倡导的利维斯主义的批判与超越。20 世纪 50 年代,面对以平民为主的大众文化崛起、文化阶层的消融,剑桥大学的文学批评家们在对高雅文化的守护下形成了利维斯主义。利维斯主义者倡导"大众文明与少数人文化",坚持追求一种基于文化差异与教化驯服的等级制文化,也就是在精英引领和教化大众的同时,维护"少数人"才能坚守的英国经典文化。而在与利维斯主义的对话中,出生工人阶级家庭、并在剑桥大学中独树一帜的雷蒙·威廉斯则提出了"文化马克思主义"的方向,呼唤着一种真正的"共同文化"。不过,和法兰克福学派对于文化工业的马克思主义批判不同的是,威廉斯等人强调文化内在的复杂性,尤其是区分资本主义文化工业与工人阶级的文化生产。因此,需要将文化工业生产的商品与人们从这些商品中生产的文化区别开来——文化商品的生产与商业资本主义息息相关,但工人阶级作为受众及消费者,并不会轻易被商品所物化。他将文化放置到具体场合、具体物质语境中进行研究,强调文化的物质性,以及消费者和生产者的经验,这正是"文化马克思主义"中的核心内容。①

1968 年,斯图亚特·霍尔接任 CCCS 主任的职位,带领伯明翰学派在 20 世纪七八十年代进入到全盛时期。这一阶段除霍尔之外,主要代表人物还有菲尔·科恩(Phil Cohen)、大卫·莫莱(David Moley)等。这些学者接受了新左派的理论主张,他们的研究也与马克思主义的联系更加紧密。同时,他们从结构主义视角重新审视了早期文化主

---

① 段吉方."文化唯物主义"与"伯明翰学派"的学术传统[J].华南师范大学学报(社会科学版),2016(6):150-155,191.

义的缺陷,注重文化的意识形态分析,尤其关注主导意识形态可以对被统治阶级的文化造成多大的影响。霍尔在《文化研究:两种范式》(1980)一文中指出了英国文化研究所吸纳与继承的文化主义范式和结构主义范式。他强调,文化主义与结构主义之间既有分歧又有共通。这两种范式"不断将我们带回由具有二重性但并不互相排斥的文化/意识形态概念标示的领域"。[①] 由此,霍尔时期的伯明翰学派融合了文化主义与结构主义各自的观点,继承了二者对意识形态的批判以及对于主体在文化中更为辩证的讨论。这一时期,伯明翰学派的学者一方面展开了一系列对于大众媒介与大众文化的研究,正如第二章提到的表征理论;另一方面则是聚焦各类文化群体的亚文化研究,将在第五章进一步展开。

20世纪80年代以来,英国思想领域受到后现代主义思潮的冲击,伯明翰学派再次面临转型。马克思主义理论的后现代转向影响了伯明翰学派学者的各项研究。他们从理论上反思之前对文化总体性的认识,从而关注工人阶级文化的异质性。同时,他们也逐渐抛弃以阶级为分析框架的研究方法。在后现代思潮影响下,阶级身份已不再是一个固定不变的身份,文化主体的实在性被否认。这也促使伯明翰学派的学者转向文化消费中不断流动与变化的文化主体与身份。到90年代,随着伯明翰大学的学科改制与重组,伯明翰学派走向衰落。2002年6月,CCCS被校方关闭,但是伯明翰学派近四十年来对文化研究的开创与推动至今仍在全球发挥着持续的影响力。

## (二) 能动的、抵抗的受众

回到受众与文化消费的问题上,伯明翰学派强调文化传播与消费中人和文化文本的多元关系。根据伯明翰学派学者不同时期的主要观点,他们对于受众的看法也经历了不同的阶段。

首先,早期的伯明翰学派仍然在一定程度上受到了德国法兰克福学派的影响,对大众传媒表现出批判的态度。20世纪50年代,英国社会大量引进美国的文化产品,广播、电影、电视、广告、流行音乐等文化产品对英国的工人阶级进行冲击。彼时的霍加特也表现出了对英国工人阶级沉溺于商业文化产品从而意志消沉的担忧。相对而言,威廉斯则突出了工人阶级对于文化的生产性。其次,到了霍尔时期,伯明翰学派强调受众在面对文化产品时的能动性,即受众一方面会受到大众传媒的影响,另一方面又能够保留自己的观点,具有一定的文化协商的空间。最后,随着消费文化进一步发展,伯明翰学派在后期更为重视受众对文化产品的主动性解读。70年代后期到90年代,CCCS运用民族志的方法对各类受众进行了一系列调查研究,如对英国电视新闻节目《全国新闻》、肥皂剧《十字路口》(《Crossroads》,1964—1988)进行的受众研究。其中,大卫·莫利在受众的调

---

[①] 斯图亚特·霍尔. 文化研究:两种范式[M]//罗钢,刘象愚. 文化研究读本. 北京:中国社会科学出版社,2000:65.

查中指出,阶级、种族、性别、年龄、职业等许多因素都会影响受众对于文本的解读。①

可以说,伯明翰学派的文化研究从"传者本位"转向了"受者本位",他们在对具体多样的媒介文化考察中,认识到受众对于文化产品发生了从被动到主动的转变。在文化产品日益丰富的消费社会,受众主动对文化产品进行批判或抵抗式解读,对文化产品的讯息进行"有选择的甚至是颠覆性的理解"。②

在霍尔看来,受众在大众媒介中会根据自己所在的文化处境与文化地位对文本及话语进行主体性的协商。在第二章关于表征的介绍中,"霍尔模式"突出地体现了在传播中受众接受的多样性。霍尔认为,文化产品在编码时就已经灌输了生产者想要表达的意识形态,而受众在解码的过程中会进行个体理解。霍尔设想了三种受众解码模式,受众在这三种解码模式中表现出与主导意识形态之间不同的能动作用。在第一种模式中,受众是按照占支配阶级的意识形态进行解码的。例如,观众在观看电视节目时,完全接受其内涵意义,并根据传播者编码的代码进行解码。这种解码模式被霍尔称为"完全不失真协商传播"。③ 观众完全顺从主导编码的意愿,所以霍尔称之为优势解读(preferred reading)。在第二种模式中,受众一方面承认传播者的观点,另一方面也会站在自己的立场上,使用自己的解读权力解读代码符号,保留自己的观点。在这一模式中,受众并不会被大众媒体完全控制。霍尔补充到,"以协商形式进行的译码过程中,混合着适应性和对抗性的因素。"④在第三种模式中,受众可能会与传播者的观点持完全相反的态度。即便受众能够理解编码者的意图,受众也依然使用自己的方式进行解码。霍尔这样举例,"一个观众在接触关于有无必要限制工资的辩论讯息,可每次提到'国家利益',他/她都将其解读为阶级利益,他/她是在以我们称之为对抗式代码的代码进行运作。"⑤

霍尔认为,文化产品被称为"大众的",是因为成群的人听它们、买它们、读它们、消费它们,而且似乎也尽情地享受它们。⑥ 大众并不是"文化傻瓜",不是生产者意识的傀儡。霍尔承认,文化消费对大众所产生的控制和影响不可否认,但这并不是单向传输的过程。大众并不会完全被文化工业产品控制意识,而是有自己的文化背景和思维方式。生产者不断研究满足大众的文化产品,大众在消费过程中解读意义,创造新的文化,生产者为了满足大众的消费需求,会重新筛选建构,这是多方文化权力的争夺。

在当代,随着互联网与社交媒体渗透进大众的日常生活,受众的功能亦在发生新的转变。自千禧年以来,大卫·莫利也将对电视受众的考察逐步转向了对互联网用户的关注。他认识到,从大型互联网公司的架构,到不同国家的互联网管理政策,都表明新媒体在创造了一些新的抵抗形式的同时,也给人类社会带来了新的排斥形式。由于大众可以

---

① 位迎苏.伯明翰学派的受众研究[J].中国广播电视学刊,2008(8):92-94.
② 位迎苏.伯明翰学派的受众研究[J].中国广播电视学刊,2008(8):92-94.
③ 斯图亚特·霍尔.编码/译码[M]//张国良.20世纪传播学经典文本.上海:复旦大学出版社,2003:434.
④ 斯图亚特·霍尔.编码/译码[M]//张国良.20世纪传播学经典文本.上海:复旦大学出版社,2003:436.
⑤ 斯图亚特·霍尔.编码/译码[M]//张国良.20世纪传播学经典文本.上海:复旦大学出版社,2003:436.
⑥ 斯图亚特·霍尔.编码/译码[M]//张国良.20世纪传播学经典文本.上海:复旦大学出版社,2003:50.

通过社交媒介自由地发布消息,网民是否能够通过媒介影响政治决策的问题也随之而生。莫利坚持回归伯明翰的传统,即强调新媒体语境下文化意识形态的分析。他认为,从技术角度而言,技术决定一切的结论是荒谬的,媒介达成什么样的效果仍取决于媒介的使用者。①

## 二、费斯克与"生产者式文本"

在文化消费与受众议题的讨论上,约翰·费斯克(John Fiske,1939—2021)在研究领域和研究方法等方面延续了伯明翰学派的理论风格,进一步发展了一种乐观的文化消费论与积极主动的受众观。约翰·费斯克出生于英国,本、硕皆毕业于剑桥大学,并师从雷蒙·威廉斯。之后,费斯克一直在美国高校的传播学系任教。他也曾在伯明翰大学当代文化研究中心短暂工作并编著文集。可以说,费斯克早期的思想继承了伯明翰学派的理论体系,包括他与约翰·哈特利(John Hartley)合著的《解读电视》(1978),以及《传播研究导论:过程与符号》(1982)。而从1987年开始,费斯克的理论道路开始与伯明翰学派出现差别,他更加强调大众的抵抗力量,并形成了他自身的大众文化理论。《电视文化》(1987)、《理解大众文化》(1989)、《解读大众文化》(1989)等著作的出版,标志着费斯克理论进入成熟阶段。

费斯克的大众文化理论大多是围绕文化消费与受众的生产性所展开的。简单来说,费斯克提出了三个方面的观点。首先,他强调大众文化中消费者与受众的主动性。费斯克认为,大众会用一种积极的、为我所用的方式逃避和抵制主导意识形态的控制,从而创造属于自己的意义和快感。因此文化的消费并不意味着对文化工业的顺从,也可以表达来自受众的抵抗。而受众的创造性与抵抗性会不断消解主导意识形态,最终实现民主社会的进步。其次,费斯克区分了通俗文化生产和传播中的两种经济类型,即"金融经济"与"文化经济"。金融经济即媒介生产文化产品,受众付费购买并消费文化产品;或者是媒介将观众的注意力出售给广告商。而文化经济则是受众对文化产品生产快感和意义并建构社会身份的过程。受众可以自主地对既有的文化产品进行创造性使用,在这一过程中,受众成为生产者和文化主体。因此,费斯克认为受众既是消费者,又是生产者。最后,费斯克提出了大众文化的快感理论,认为快感的生产是大众文化发展的驱动力,也是受众抵抗性的来源。

费斯克在法国结构主义学者罗兰·巴特对于文本的讨论基础上,提出了"生产者式文本"(producer-style text)的概念,用以解释大众文化中受众的主动性与生产性。② 费斯克重新解读了"文本"的含义。文本一词起源于符号学或语言学,涵括了各类意义的生产

---

① 常江,胡颖.大卫·莫利:新媒体带来新的排斥形式——社交媒体时代的霸权分析[J].新闻界,2018(11):8-16.

② 张殿元.大众文化操纵的颠覆:费斯克"生产者式文本"理论述评[J].国际新闻界,2005(2):48-52.

与交换。费斯克则从经济学角度出发,认为在大众文化的传播中,文本是文化经济的商品,并没有承载意义,也不是传播内容的媒介,而是一种唤起意义的东西。费斯克指出,文本是一则讯息,由各种表述性的符号组成,由一些具体的物质形态作为载体,文本内涵的意义取决于讯息的发送者和接收者。基于此,受众对于文本的不同解读就会生产出不同的文本意义。例如,费斯克把电视看作一种意义交流的潜在文本,不同的观众解读电视节目就会产生不同的文本。他认为电视"并不像精英文学那样追求作品的个人独创性,而是非常在意文化共同体成员的共同经验和共同需要,它以口语和持续的影像流,为大量的观众提供了熟悉的文化现实,映射了他们的日常经验和日常感知。"①

　　费斯克提出,媒介文本是一个具有多义性、开放性、互文性的"生产者式文本",是脱离生产者控制的文本。这一文本内在构成早已包含了差异化的声音、意义的裂缝与冲突,因此总是不稳定的、松散的、自身无法控制的,它为大众的意义再生产以及新的文本的出现提供可能。② 在费斯克看来,以电视文本为例,"生产者式文本"具有三种特征:第一是开放性,它可以被不同的受众解读出不同的意义;第二是多义性,文本本身具有的意义与受众所解读出的意义之间总是存在着一种张力;第三是相关性,受众对于文本的解读不同,是因为他们所经历的生活不相同,积累的生活经验也各不相同。正因如此,当一部电视剧播出后,剧情所表达的意义总是会在观众的解读下衍生出各种各样的含义,而这些含义与电视剧的原创者初衷也许并不一致。同样,一部十年前的电视剧,放到十年后的语境下,不同的人群对其台词进行解读,也会衍生出不同的含义。在大众文化中,文化产品的生产者已经很难保证和其初衷一致的顺从性阅读,而相反,对文本主导意义进行对抗性的解读却时时出现。③ 费斯克还提到构建在"互文性"之上的媒介文本接受观,他认为,文本只有被受众解读后才能与社会相关联,而文本中的潜藏意义才能被发现。

　　在"生产者式文本"概念下,费斯克强烈反对法兰克福学派将受众看作单向接收信息的"文化傻瓜"。一方面,他认为,受众是具有主动性和创造力的能动者,是具有自主性的群体。大众在解读媒介文本的过程中,与媒介文本相互协调。而文本在二者相互冲突的矛盾中,具有了被多种解读的可能。另一方面,费斯克也多次强调,大众是具有抵抗性的。受众对于文本的解读,并不是对于文本意义的臣服,而是文本意义主动向受众的主体性进行迁移。④ 正因如此,大众文化的生产和文化经济的运转,就不得不考虑到受众的想法。只有满足消费者的需求,文化经济才能够持续运转。

　　不过,费斯克对于受众主动性的强调也使得他的理论带有显著的"文化民粹主义"色彩,并招致了不少激烈的批评。例如,加拿大传播政治经济学者文森特·莫斯可

---

① 叶向群,汪凯.电视文化的乐观主义解读:论约翰·费斯克的电视理论[J].中国广播电视学刊,2010(3):24-25.
② 约翰·费斯克.理解大众文化[M].王晓珏,宋伟杰,译.北京:中央编译出版社,2001:128.
③ 张殿元.大众文化操纵的颠覆:费斯克"生产者式文本"理论述评[J].国际新闻界,2005(2):48-52.
④ 叶向群,汪凯.电视文化的乐观主义解读:论约翰·费斯克的电视理论[J].中国广播电视学刊,2010(3):24-25.

(Vincent Mosco)指出,费斯克过分乐观的受众观使得文化中受众群体的贫富差距和其他不平等形式被忽视了,而文化快感之外的现实抗争意义也被消解了。

## 第三节 粉丝文化、参与式文化与媒介融合

随着文化消费的进一步发展,在"受众"的框架下,诸如粉丝文化、迷文化等文化形式不断涌现。费斯克将"粉丝"视为一种特殊的"受众"。他认为,粉丝群体文化是大众文化在工业化社会中的一种强化形式。在《粉都的文化经济》(1992)中,费斯克对这一群体进行了详细阐释,他认为"粉丝是民众中最具辨识力、最挑剔的群体,粉丝们生产的文化资本也是所有文化资本中最发达、最显眼的。"①其后,当代美国著名的传播与媒介研究学者亨利·詹金斯(Henry Jenkins,1958—)在费斯克理论的影响下开展了他对电视迷社群的研究,并结合媒介的变革,进一步丰富了对粉丝文化与迷文化的研究视野。他在20世纪90年代的著作《文本盗猎者:电视迷和参与性文化》(1992)奠定了他在受众与粉丝研究中的地位。此后,其《融合文化:新媒体和旧媒体的冲突地带》(2006)、《参与的胜利》(2017)等书也将对粉丝的讨论带到了新媒体时期。

### 一、粉丝文化与"文本盗猎"

在对《星际迷航》粉丝社群的考察中,詹金斯运用了法国学者米歇尔·德赛都(Michel de Certeau)提出的两个重要概念"盗猎者"(the poachers)和"游牧民"(the nomads)。首先,詹金斯指出粉丝是通俗文化的盗猎者。粉丝花费了大量的时间和精力,接触他们感兴趣的媒介信息,然后他们会对文本进行再创作,通过挪用和拼接媒介文本里的符号和元素,对文本进行新的演绎和解读,建构属于自己的文化。詹金斯谈到,"这种文化将媒介消费的经验转化为新文本、乃至新文化和新社群的生产。"②而且,詹金斯认为,粉丝像那些"盗猎者"一样,是从文化边缘、社会弱势的立场上开展运作。在20世纪90年代传统媒介的环境下,粉丝并不能直接接触商业文化生产工具的资源,也无法影响娱乐工业的决策。如果粉丝希望自己喜爱的电视节目能够继续播出,就需要求助电视台;如果粉丝想要知道情节的发展或人物的剧情,就需要努力地说服制片人。基于此,在当时的文化经济中,粉丝并不是有产者。但是在文化符号的解释和挪用方面,粉丝仍然保留一定的自主性。他们将"盗猎"的行为发展成了自己的文化,使新的文本具有新的文化意义。

---

① 约翰·费斯克.粉都的文化经济[M]//陶东风.粉丝文化读本.北京:北京大学出版社,2009:18
② 亨利·詹金斯.文本盗猎者:电视粉丝与参与式文化[M].郑熙青,译.北京:北京大学出版社,2016:44.

詹金斯也指出,德赛都的"盗猎"概念是文字挪用(appropriating)理论,而非"误读"(misreading)理论。因为对于流行文本的阅读允许同时出现几种意义解读。此外,读者并不是永远在反抗主流文化产品。詹金斯反驳并发展了"霍尔模式"中对受众解码的三分法,他说,"我们的世界并非由主导、协商和对立地位的读者所组成,而是充满着一个个不断考量审核自己与虚构文本间关系的读者个体,他们并无先决立场,而是通过直接利益决定读解方式"。①

其次,詹金斯将粉丝称为"游牧民"。他提出,粉丝并不限制于一个文本,而是会从一个文本移动到另一个文本,挪用新的文本材料,通过不同的文本拼接创造新的文本意义。粉丝并不只是对单一的文本感兴趣,而是对一系列的文本都感兴趣,并把这些材料构建成一个"互文性网络"。在这个互文性网络里,粉丝会潜在每一个媒介文本之间,并与其他粉丝展开互动。被称为"游牧民"的粉丝,以单一的文本为起点,融入更广阔的文化语境,进入更多的粉丝群体,构建粉丝文化。

詹金斯也并不满足于德赛都的概念。他指出,德赛都的"盗猎"概念将粉丝分裂成个体,他们的意义生产只在一瞬间。但是粉丝对文本的个体阐释能够通过与他人的互动不断增强,并与他们作为受众的生活紧密联合。另外,粉丝圈也并非像德赛都所划分的那样,读者与作者之间存在明显界限。在粉丝圈中,生产者与消费者的界限十分模糊,形成了一种新社群的文化生产,也就是所谓的"参与式文化"。

## 二、参与式文化

早在1988年《星际旅途归来、重读、重写:作为文本盗猎的迷写作》一书中,詹金斯已提出了"参与式文化"(participatory culture)的概念。此后,他又在《文本盗猎者》中对"参与式文化"进行了更详细的解读。早期的"参与式文化"主要研究领域是粉丝文化,考察的是粉丝对于媒介文本的解读。在粉丝研究的基础上,詹金斯又对"参与式文化"进行了更深入的研究。在传统媒体时代,大众产生"参与式文化"主要基于处于文化边缘地位的受众对文本的"盗猎"。而在新媒体时代,网络打破了许多界限。网民穿梭于不同的网络社区,实时进行事件交流和信息交换。由于参与的门槛不断降低,互联网用户规模不断扩大,受众也成为网络媒介中不容忽视的力量。詹金斯把"参与式文化"的定义归纳为以下四点:① 对于艺术表达和民主参与有相当低的门槛;② 乐于分享自己的创作成果;③ 大众具有灵活的社会联系,人与人之间的关系也日渐多元;④ 成员们相信他们自己的贡献有价值,大众共同承担起文化传承的责任。②

---

① 亨利·詹金斯.文本盗猎者:电视粉丝与参与式文化[M].郑熙青,译.北京:北京大学出版社,2016:33.
② 周荣庭,管华骥.参与式文化:一种全新的媒介文化样式[J].新闻爱好者,2010(12):16-17.

参与式文化使得许多原先处于边缘地位的亚文化进入到大众的视线。① 詹金斯以科幻小说粉丝群体为例进行分析。他指出,科幻小说的粉丝社群中,男性传统文学迷和更加女性化的媒介迷之间出现了分裂。被科幻类型吸引的女性粉丝发现男性作者与男性粉丝间具有一种更密切的联系,而这种联系限制了女性粉丝进入圈子。同时,传统的男性粉丝拒绝他人对这些联系进行任何改变。因此,一个对女性更加开放的新的粉丝文化便出现了。在这里,女性可以不受男性粉丝的干涉,更自由地发挥自身的力量进行创造。②

此外,詹金斯还认为"参与式文化"是消费主义的一种新形式。他提出,"媒介消费的模式因一系列新媒介技术而遭到了深刻的改变。这些技术使普通公民也能参与媒介内容的存档、评论、挪用、转换和再传播。参与式文化指的就是在这种环境中浮现出的消费主义的新样式。"③新媒介技术的变革改变了媒介消费的形式,受众的消费行为也随之而改变。而以受众为基础的参与性文化也在不断变化。随着媒介技术不断进步,大众生产传播文化的渠道变得多元化,参与式文化也不止限制在粉丝群体中,有了新的意义。在网络时代,参与式文化的群体可以涵括每一个人。人人都可以制作图片、视频、音频,并通过社交网站进行广泛传播。新媒体时代环境下,受众的能动性进一步提升。"参与式文化更多地表现在社区成员或者说因为某一事件而迅速聚集起来的网民之间共同解决问题。"④他指出,经历了几十年发展的"参与式文化",在网络时代即将成为一种长久的文化形式。⑤

## 三、融合文化

随着媒介技术的发展,在网络时代,信息传播与文化传播的模式逐渐跳出了传统媒体时代的传播框架。新旧媒介技术融合成新的传播形态,文化生产与文化消费的方式也发生了巨大变革。詹金斯认为,粉丝文化是文化融合的前身。粉丝把电视、电影等原始文本当作构建发展自己的文化的资源,而互联网的兴起,将粉丝文化的形式拓展到普罗大众之中。

2003年,詹金斯发表《昆汀·塔伦蒂诺的星球大战——数码电影、媒介融合和参与性文化》,在文中,他用"参与式文化"一词指代"文化融合"。他强调,媒介技术发展带来的

---

① 汪金汉.从"文本盗猎"到"公民参与":詹金斯的"参与性"媒介受众研究[J].福建师范大学学报(哲学社会科学版),2016(2):191-197.
② 亨利·詹金斯.文本盗猎者:电视粉丝与参与式文化[M].郑熙青,译.北京:北京大学出版社,2016:46.
③ 亨利·詹金斯.昆汀·塔伦蒂诺的星球大战:数码电影、媒介融合和参与式文化[M]//陶东风.粉丝文化读本.北京:北京大学出版社,2009:107.
④ 汪金汉.从"文本盗猎"到"公民参与":詹金斯的"参与性"媒介受众研究[J].福建师范大学学报(哲学社会科学版),2016(2):191-197.
⑤ 亨利·詹金斯.文本盗猎者:电视粉丝与参与式文化[M].郑熙青,译.北京:北京大学出版社,2016:270-271.

不只是媒介之间的融合;融合体现出的具体变化,首先体现在文化领域。2006年,詹金斯在《融合文化:新媒体与旧媒体的冲突地带》一书中,将"参与式文化"和"媒介融合"联系起来。"融合"描述了媒介在传播方式上的技术、产业、文化和社会变革。

首先,就"媒介融合"本身来说,主要有两种表现形式。一是在传媒业界跨领域的整合与并购,并借此组建大型的跨媒介传媒集团,打造核心竞争力,来应对激烈的市场竞争。二是媒介技术的融合,将新的媒介技术与旧的媒介技术联合起来形成新的传播手段,甚至是全新的媒介形态。[①] 詹金斯指出,媒介融合的主要特点,是媒介内容能够横跨不同的媒介系统、经济和国家,从而进行传播。媒介融合不仅是科技的变革,还改变了产业、市场、文本类型和受众,涉及内容的跨媒体叙述、媒介产业的相互合作,以及媒介受众的迁徙行为等方面。而融合的发生依赖媒介消费者的参与。新媒介的产生,更大程度地彰显了受众的积极性,生产者不得不注意受众的存在。媒介内容的生产受到生产者和消费者的共同影响。詹金斯认为,媒介技术变革背后体现的是生产者和消费者关系的变革。

其次,詹金斯指出,粉丝文化的兴起之所以被视为融合文化的开始,正在于粉丝们对于媒介的积极使用。媒介融合使得媒介内容能够跨越不同的媒介系统传播。大众可以通过广播、电视、网络等多平台,浏览视频、文字、图片等不同形式的新闻。而这一点,粉丝群体早已体现出积极的主动性,成了新媒介的使用者。粉丝文化也随着新媒介的发展不断丰富其内容。因此,粉丝文化在融合文化的环境下,呈现出新的特点。一方面,粉丝文化的形式更加多元化。媒介技术的发展,展示了更多的生产可能性。粉丝群体中的生产者,在媒体变革的背景下,拓宽了生产形式和生产渠道,制作出各式各样的作品。粉丝通过发布作品内容,吸引具有共同兴趣的人群。媒介技术也使得内容发布可以实时得到他人的评价。这些反馈进一步促进了生产者的积极性,粉丝群体不断扩大。另一方面,粉丝群体的参与性也变得更强。互联网降低了粉丝接收信息和表达情感的门槛。通过各种社交平台,粉丝可以第一时间接触自己喜爱的偶像。同时,粉丝并不是单打独斗的个体,他们通过媒介聚合成一个群体,并通过群体的交流贡献集体的智慧。

最后,詹金斯对融合文化的考察,引入了"跨媒体叙事"的研究视角。在詹金斯看来,跨媒介叙事是"随着媒体融合应运而生的一种新的审美意境,一种创造世界的艺术;它向消费者施加新的要求,并且依赖于在知识社区的积极参与"[②]。在媒介变革的环境下,网络社交提供了更加包容多元的表达形式,网民也需要顺应这样的潮流,掌握多种媒介途径获得讯息,同时需要学会媒介使用技能,生产内容并进行分享,从而构建活跃的网络社区。跨媒体叙事也为粉丝提供了持续的情感纽带。在网络文化语境中,粉丝群体对于文本创作者极为重要。创作者需要通过多平台构造内容的多维度世界,吸引粉丝置身其中,不断地解读文本意义,享受探索的乐趣。而在跨媒体叙事的环境中,习惯了媒体组合

---

① 孟建,赵元珂. 媒介融合:黏聚并造就新型的媒介化社会[J]. 国际新闻界,2006(7):24-27,54.
② 亨利·詹金斯. 融合文化:新媒体和旧媒体的冲突地带[M]. 杜永明,译. 北京:商务印书馆,2012:53-54.

文化的粉丝们,能够自发地通过新媒介创造新的表达方式。

可以说,詹金斯沿袭了费斯克乐观主义的文化消费论与受众观,他的研究更为强调粉丝文化中积极的一面。此外,陶东风提出"媒介融合与参与式文化的交汇使得文化研究中的'收编—抵抗'的传统二元对立不再轻易成立。因为交汇后的图景变得更加复杂。"① 但他也指出,詹金斯与德赛都和费斯克的核心理论问题是理解读者及其接受,而他们都忽视了作者和生产这两个环节。而随着媒介技术的发展,詹金斯的理论内涵也不断丰富。

## 第四节 案例分析:"饭圈"与粉丝经济

粉丝一词源于英文单词 Fans,粉丝文化就是迷文化。而另一个词"饭圈",又称粉圈,是互联网时代出现的对于追星群体的统称。一些学者认为,我国的"粉丝文化"自 2005 年《超级女声》开始。随着互联网技术的兴起,粉丝群体慢慢进入新媒体平台,成为不可忽视的文化群体。同时,随着网络文化的发展,以追星为核心特征的"饭圈"开始出现,并形成一套自身的规模体系。本节将梳理追星族的发展历程,以及互联网环境下的饭圈文化与粉丝经济。

### 一、粉丝文化的发展与变化

我国粉丝文化的萌芽阶段大概起始于 20 世纪八九十年代。随着改革开放,中国港台流行文化作品的大量输入,"港星"的风靡掀起了追星热潮。人们第一次认识到"追星族"这个群体的存在,只是当时追星规模不大,只能称其为"追星文化"的萌芽。1993 年,央视 35 周年台庆小品《追星族》就揭示了追星这一现象。粉丝文化的发展阶段则是 2005 年的综艺节目《超级女声》。湖南卫视举办的《超级女声》吸引了一大批粉丝,也重新缔造了人们对于追星族的印象。由于当时《超级女声》的评选标准来自观众的手机投票,这些粉丝就会有组织地向其他人宣传自己的偶像,并号召为其投票。除此之外,这个群体也会来到节目现场,准备偶像的灯牌为偶像应援。"玉米""凉粉"等有着专门称谓的粉丝群体广为人知。"饭圈"文化逐步形成。直到 2014 年,伴随着大量"小鲜肉""流量明星"的走红,粉丝经济成为大众文化产业的重要一支。② 随着偶像产业的变革,一系列偶像团体、流量明星出现,粉丝的宣传营销能力展现出前所未有的力量。网民能够在各个社交平台看见粉丝的宣传话术。作为粉丝运营平台的微博,其点赞、评论、转发等数据成了衡

---

① 陶东风.粉丝文化读本[M].北京:北京大学出版社,2009:100.
② 胡岑岑.从"追星族"到"饭圈":我国粉丝组织的"变"与"不变"[J].中国青年研究,2020(2):112-118,57.

量明星热度的一种直观体现。同时,粉丝市场与粉丝经济也成为整个娱乐偶像产业中不可忽视的一面。各类品牌纷纷寻找流量明星进行代言,粉丝则会通过支持代言产品的销量来证明偶像的热度。2018年,诸多偶像类选秀综艺节目则将粉丝文化进一步展现在大众面前。2021年,中央网信办启动"清朗·'饭圈'乱象整治"专项行动,对"饭圈"乱象行为进行管制。中央网信办有关负责人表示,该行动将坚持问题导向,着力规范"饭圈"各参与主体的网上行为,推动"饭圈"文化实现良性发展,共同营造文明健康的网上精神家园。

网络时代的粉丝文化呈现出新的特点。首先,粉丝群体的组织性在不断增强。粉丝群体追星依托社交媒体平台,构建了组织化、规模化、效率化的群体联盟。现阶段的社交媒体网站,例如微博、微信、豆瓣、贴吧等,都降低了大众分享意见、经验、观点的门槛。而这些平台也在饭圈中起着重要作用。影响最大的平台是新浪微博。偶像会在微博上开通自己的账号,分享日常生活和工作行程。而微博的评论区,给粉丝提供了交流的场所。粉丝在微博上近距离接触偶像,获得偶像的资讯。微博的转发功能则利于粉丝对偶像的信息进行传播,提升偶像的网络影响力。同时,针对社交媒体平台的各项功能,粉丝制定了相应的追星模式。饭圈组织通常包含应援组织、数据组织、反黑组、资源分享组织等模式。其中,应援组织负责在偶像现场活动中,让偶像看到粉丝的支持。他们通常使用灯牌等便于吸引注意的物品,来作为粉丝的替代符号。在现场活动中,灯牌的出现寓意着粉丝的出现。数据组织则是针对互联网中各项衡量偶像人气的指标而形成的组织。他们在微博发布数据任务,通过转发扩散到粉丝群体中,然后召集群体一同完成数据任务。这两个组织涵括了大多数时间下粉丝的日常行为,在粉丝与偶像接触之外,增强了粉丝的群体感,让粉丝始终参与和沉浸在饭圈文化中,维系着自己与偶像的联系。

其次,在新技术支持下,粉丝的主动性和创造性也得到了更强的体现。粉丝使用已有的偶像图片、视频素材,分别在不同媒体平台进行二次创作,既不断深化粉丝群体的情感体验,又在向周围辐射偶像的特质。正如詹金斯所说,"粉丝把知识产权理解为某种'共享软件'(shareware),只有靠不同语境中的移动、不同方式的重述、对多样受众的吸引,以及另类意义的扩散才能累积价值。"[1]再者,在网络社群中,粉丝在共同兴趣的群体中找到归属感,共享追星情感体验,强化了作为粉丝的认同。当粉丝在社交平台上发布的观点得到他人认可时,粉丝获得一种满足感,认为自己实现了自我价值。而粉丝发布的观点越多,获得的反馈就越多,认同感就越强。

---

[1] 亨利·詹金斯.昆汀·塔伦蒂诺的星球大战:数码电影、媒介融合和参与式文化[M]//陶东风.粉丝文化读本.北京:北京大学出版社,2009:110.

## 二、粉丝消费与粉丝经济

在这样的"饭圈文化"氛围里,粉丝的消费行为也不只是个体消费,而是形成了群体情感消费。随着文化娱乐产业的发展与消费者经济能力的提升,粉丝经济也形成了规模,在商业市场上占据了不容忽视的位置。近年来,明星、粉丝、资本与媒体之间进行了复杂的互动和联系。粉丝经济从娱乐产业拓展到其他产业领域,发展出独具特色的模式。

"粉丝经济"泛指架构在粉丝与被关注者关系之上的经营性创收行为,被关注者传统上多为明星、偶像和行业名人等。① 也有学者指出,粉丝经济定义中的关键词有:粉丝、参与、品牌社群、信任、社会资本和商业经营。② 此外,蔡骐归纳出三种粉丝经济的模式。第一种是以偶像为核心的明星经济模式。在这一模式中,粉丝定义的是追星群体。追星群体对喜爱的明星进行大量的投入,从精神层面衍生到消费层面。第二种模式是以内容为核心的 IP 运营模式。第三种模式是以社群为核心的合伙人商业模式。粉丝因为同一个喜爱的对象聚合在一起,拥有相同的文化消费行为。③ 2009 年以来,在互联网技术蓬勃发展的环境下,与网络思维相结合的粉丝经济爆发出了更大的能量,品牌粉丝的概念开始出现。④ 移动互联网时代,粉丝群体之间呈现裂变传播的形式。一个粉丝可以影响周围的人,从而变成两个甚至多个粉丝。而粉丝群体的数量越多,粉丝经济的价值也越高。

由于粉丝经济的价值来源于粉丝数量,所以粉丝的黏度至关重要。粉丝黏度意味着粉丝会为明星或品牌持续买单。以 2018 年选秀节目《偶像练习生》为例,该节目的投票方式与 2005 年的《超级女声》截然不同。《偶像练习生》依托网络播放平台,实行网络投票的方式。而网络投票则分成了两种:一种是平台账号可投免费票,另一种则是平台与农夫山泉品牌合作。粉丝通过购买农夫山泉维他命水与矿泉水获得实体二维码,扫码获得票数进行投票。后者一张二维码可以投出 48 票,相对于网络投票效率更高。平台方通过把握粉丝对于偶像的狂热喜爱,刺激粉丝心态,吸引粉丝不断购买产品,从而获得盈利。粉丝为了给自己支持的偶像投票,则会通过粉丝组织最大程度利用资金购买农夫山泉进行投票。这也使得农夫山泉相关产品在一些地区一度断货。在该网络综艺结束后,粉丝的消费还在持续。节目所组成偶像团体再与品牌合作,粉丝为了支持偶像代言,继续投入资金。同时,不断扩大的粉丝群体,也会吸纳更多的粉丝来维系运营。经济利润的再生产与粉丝欲望的再生产紧密联系在一起。

---

① 李文明,吕福玉."粉丝经济"的发展趋势与应对策略[J].福建师范大学学报(哲学社会科学版),2014(6):136-148.
② 叶开.粉丝经济[M].北京:中国华侨出版社,2014:5.
③ 蔡骐.社会化网络时代的粉丝经济模式[J].中国青年研究,2015(11):5-11.
④ 廖海青.粉丝的社会学与经济学[J].经济,2007(4):118-120.

【思考题】

1. 结合个人经验,举例谈谈如何看待以网络为主要媒介的粉丝文化。
2. 当代偶像娱乐产业中明星经济公司、互联网平台和粉丝群体分别扮演着怎样的角色?
3. 在粉丝经济中,粉丝的情感与认同是如何被转化为消费欲望的?

# 第五章　新媒体、青年与亚文化研究

　　本章将从亚文化的视角来思考当代文化。而谈及"亚文化",也就意味着我们可以将文化按照其在社会中所处的地位来进行分类。"亚文化"是相对于"主文化"而言的。总体来说,主文化是一个社会中占统治地位或主导地位的文化;亚文化是指一个社群的、地区的或社会的某一群体所持有的足以区别与其他的文化或社会的行为特性,这些特性可能包括年龄、种群、地区或职业等。亚文化的研究议题通常包括移民和种族问题、异常行为和犯罪、不同年龄的亚文化、性别亚文化、区域亚文化等。[①] 从学术史来看,亚文化在20世纪30年代开始成为社会学和文化学关注的对象,并在60年代伯明翰当代文化研究中心(CCCS)的推进下产生颇丰的研究成果。但事实上,亚文化在西方进入现代化进程时就已出现,它与社会主导文化相对应而存在,涉及边缘群体、弱势群体。20世纪30年代,美国芝加哥学派的"越轨社会学"正是对一些处于都市边缘的移民群体、少数族裔及青少年犯罪帮派的社会调查。随着二战后欧美婴儿潮的出现,到20世纪六七十年代,在婴儿潮中长大的青少年群体展现出与其父母辈截然不同的文化形态,他们有意识地抵抗着父辈文化与主导文化的要求,形成了独树一帜且丰富多元的亚文化风格、形式和实践。同时,由于国际局势的变化、政治经济和教育的变革,亚文化研究的中心也从美国转移到英国,这带来了英国伯明翰学派更进一步的研究与亚文化理论的发展。[②]

　　自20世纪80年代以来,亚文化受全球化消费模式的影响呈现出多样化的风格。随着文化多元化的发展,对于文化的分类似乎已经很难套用简单的主文化与亚文化的二元区分。千禧年之后,尤其在互联网文化与青年文化高速发展的当下,文化产品极大丰富,文化市场不断细分,对于文化类型的描述取而代之的是更多以流动的、暂时的、碎片化的身份或兴趣所聚集起来的文化"圈层"。绝大多数网民可以被划分至一定的亚文化"圈层"中,如电竞圈、二次元圈、国风圈、模玩手办圈、硬核科技圈、潮流圈、耽美圈、萌宠圈等。在媒介技术与文化的变革下,亚文化理论也转向了"后亚文化"理论,即亚文化的后现代转向。在复杂多变的互联网环境中,后亚文化更为突出地展现出流动的场域、纯粹的社交和共享的情感等新的特征。[③] 因此,本章将从亚文化的界定说起,依照亚文化研究的历史发展脉络,分别介绍作为青年与亚文化研究开端的芝加哥学派的观点与方法以及

---

① 黄瑞玲.亚文化的发展历程:从芝加哥学派到伯明翰学派[J].国外理论动态,2007(11):77-81.
② 卢鹏,韩昀.伯明翰学派青年亚文化研究范式转换及权力的运作方式[J].青年探索,2015(2):58-67.
③ 陈龙,李超.网络社会的"新部落":后亚文化圈层研究[J].传媒观察,2021(6):5-12.

伯明翰学派对青年亚文化理论的进一步考察。进而,结合新媒体时代的文化语境,本章最后关注后亚文化理论的变化与发展,并从后亚文化视角对当代中国的青年文化现象作出解读。

## 第一节　亚文化研究的兴起与发展

"亚文化"(sub-culture)的概念最早由美国社会学家弥尔顿·戈登(Milton Gordon)提出。1947年,戈登在《亚文化概念及其应用》一文中,对"亚文化"这一术语进行了梳理、辨析和界定。在戈登的界定中,"亚文化"是被视为"民族文化"的再划分加以使用的,是基于种族、经济、宗教和地区等不同社会要素而产生的差异文化。[①] 在戈登之后,另一位美国社会学家弥尔顿·英格尔(Milton Yinger)区分了两种不同类型的亚文化。一是指有别于其所属的规模较大的群体行为规范而形成的较小规模的团体行为规范的文化,如方言文化、宗教文化等;二是指这一团体文化与其所属的较大群体之间因为关系紧张而形成的具有特定行为规范的文化,如青年帮派的价值观与行为规范等。英格尔也将后者称为是一种"反文化"(counter-culture),以强调亚文化与占主导地位的文化之间的冲突与抗争。[②]

根据20世纪六七十年代英国伯明翰学派对于亚文化的阐释,亚文化有三个主要特点:其一,亚文化具有"抵抗性"。例如,某些社会群体遭遇到了某种特殊处境,因而与更广泛的文化——尤其是主导文化和父辈文化之间发生了具体矛盾,呈现出异端、越轨的倾向。其二,亚文化具有"风格化"的特征。在伯明翰学派看来,亚文化的"抵抗"采取的不是激烈和极端的方式,而是较为温和的"协商"。这种符号意义上的抵抗主要体现在审美、休闲、消费等领域,是"富有意味和不拘一格的"。其三,亚文化具有"边缘性"。与更广泛的文化相比,亚文化的主体多处在边缘、弱势以及"地下"等特殊地位,如青少年、下层阶级、草根阶层、少数民族、原住民、移民、女性、性少数群体等。正如伯明翰学派强调:"亚文化这个字眼充满了神秘难解的意味,它暗示着秘密、共济会誓约和'地下世界'。"[③]

### 一、"亚文化"的界定

值得注意的是,"亚文化"的意义常常与一些其他文化分类相互混淆,尤其是在大众文化场域中,不同类型的文化之间往往是相互交叉、相互重叠的。通过和其他文化类别

---

① Gordoy M M. The Concept of the Sub-Culture and Its Application[J]. Social Forces,1947,26(1):40-42.
② Yinger M. Contraculture and Subculture[J]. American Sociological Review,1960,25:627.
③ 陶东风,胡疆锋. 亚文化读本[M]. 北京:北京大学出版社,2011:3.

的概念比较,可以使我们对"亚文化"的定义产生更清晰的认识。

第一,亚文化和主流(主导)文化(mainstream/dominant culture)。从命名上来说,"亚",是相对于"主"而言的,也就是说,亚文化是一种相对于主流文化的非主流文化。在过去,亚文化通常被视为一种与主流文化对立的文化实践,是来自边缘和弱势群体对主导文化和权力的反抗,因此亚文化和主流文化大多被归结为"抵抗与收编"的关系。但在新媒体语境下,亚文化与主流文化的边界在不断重构,产生了很多新的变化。随着文化的日益多元化,亚文化以其独特的冲击力和活力影响着主流文化,二者之间出现了一些互相协调、融合且相互改变、转化的趋势。

第二,亚文化和大众(流行)文化(mass/popular culture)。"大众文化"是旨在使大量普通市民获得感性愉悦的日常文化形态,从根本上说具有娱乐大众的性质。这一概念也常跟"文化工业"联系在一起,具有广泛的受众基础,这与亚文化的抵抗性、边缘化有很大区别。当然,亚文化与大众文化并非是水火不容的,它们有时会相互借用和催生。一方面,亚文化群体往往也是大众文化中的文化受众。他们会借鉴、"盗用"大众文化中的各种符号,通过拼贴与再创造,来构成其具有独特风格的亚文化。另一方面,大众文化则会从亚文化中汲取灵感和资本,对其进行收编,通过复制和大量生产形成流行的时尚。这种复杂的关系也使得亚文化呈现出暧昧甚至矛盾的症候。

第三,"亚文化"与"粉丝文化"(fan culture)。粉丝文化是建立在大众文化中的受众基础上的。正如上一章提到,英国学者约翰·费斯克在《理解大众文化》(1989)一书中将"粉丝"定义为"过度的受众"。他认为,粉丝的行为通常是主动的、参与式的、狂热的。有学者将"粉丝文化"定义为,个体或者群体由于对自己内心虚拟或现实存在的某个对象进行过度的崇拜和追捧,产生文化消费并由此引发的对自己喜爱的对象进行过度消费或付出无偿的劳动时间的一种综合性的文化传播及社会文化现象的总和。① 可以说,粉丝文化与亚文化之间存在着许多交叉,但是二者并不能完全等同起来,而是需要结合具体的文化语境加以考察。例如,在传统媒体时代,大量媒介资源掌握在传媒大资本或官方手中时,作为受众的粉丝相对处于弱势、边缘的位置时,他们自发的文化实践则带有一定的亚文化特点,正如早期由一部文化作品的同好者所形成的同人文化等。而在今天,粉丝文化已越来越多地卷入到大众文化/流行文化的领域。一些具有显著消费特征、及网络话语影响力的粉丝文化也被整合到大众文化的生产中,几乎不再有抵抗性、边缘性及风格化特征。而另一些相对小众且有独特趣味的粉丝文化则仍具有亚文化属性。因此,"粉丝文化"与"亚文化"之间仍需要作出具体区分,而非一概而论。

第四,亚文化与参与式文化(participatory culture)。"参与式文化"由美国传播学者亨利·詹金斯提出,是指网络受众在建立身份认同的基础上,借助 Web 2.0 提供的各种平台,通过积极主动地传播新闻信息、加强互动沟通、创作媒介文本,由此而产生的一种

---

① 邢若南.Web 2.0 时代粉丝文化现象研究[J].编辑学刊,2018(4):89-92.

共享、公开、交互、合作的全新媒介文化样式。① 由此可见,参与式文化更多的与网络时代的后亚文化语境联系在一起,强调的是在数字化传播技术发展的推动下个体文化参与的自发性与主动性。在网络中,许多亚文化话语也通过网民的参与式文化形式进行生产与传播,并构建出亚文化的流动边界。因此,参与式文化与亚文化之间有交织,但二者的内涵与侧重点并不相同。

第五,青年亚文化与青年文化(youth culture)。青年文化是一种以年龄代际为划分依据的文化类型,涉及青年相较于"成年人"不同的生活方式和行为方式。斯图亚特·霍尔认为,"青年文化"这个术语只具有描述意义,它无所不包,意味着"世代"(generation)和年龄是最重要的。在关注青年文化时,我们需要关注的是青年在不同阶层中的差异和阶级基础以及青年与父辈文化、主导文化之间的联系。② 在很长一段时间内,青年群体为了凸显自我身份,往往标记出与父辈文化、主导文化截然不同的差异化特点,因而体现出较为鲜明的亚文化特色。所以在亚文化研究中,许多亚文化案例关注的都是青年亚文化。但是青年亚文化并不等同于青年文化。毕竟"青年文化"是一个更大的范畴,其中也有不少与主导文化价值、语言符号以及意识形态相一致的部分。只有满足抵抗性、风格化和边缘性特征的青年文化,才能被称之为"青年亚文化"。

## 二、亚文化研究的开端:芝加哥学派

亚文化研究最早始于美国的芝加哥学派。从19世纪后半期开始,芝加哥这座城市一边经历着工业化高速发展,另一边又面临着各种社会问题。过度快速的都市化、贫富分化的加剧、外来移民的涌入、失业人口的增加、工作条件恶化、生活水准的降低、贫困阶层的扩大以及各种犯罪问题频繁出现,是芝加哥学派兴起的重要社会背景。到20世纪20年代,美国芝加哥大学社会学系对芝加哥因城市化而产生的一系列社会问题进行了研究,内容包括人口、种族、青少年犯罪与异常行为、移民、职业及性别亚文化等,并逐渐形成了颇具影响力的"越轨社会学"——也即"越轨亚文化"的研究体系。③ 这一学派学者大多采用社会建构论的视角来考察边缘的、越轨的亚文化群体,例如,他们强调青少年犯罪帮派形成的诸多社会因素,尤其是将之纳入社会权力结构中考察。同时,这些学者重视社会科学的质化研究而非量化研究,他们通过大量民族志方法,深入到越轨亚文化群体中进行调查,探索亚文化群体形成的社会原因。④ 概括来说,芝加哥学派对于早期亚文化及其群体的研究大致体现在三个方面。

---

① 李德刚,何玉.新媒介素养:参与式文化背景下媒介素养教育的转向[J].中国广播电视学刊,2007(12):39-40.

② Hall S, Jefferson T. Resistance through Rituals: Youth Subculture sin Post-war Britain[M]. Londer: Hutchinson,1976:14.

③ 黄瑞玲.亚文化的发展历程:从芝加哥学派到伯明翰学派[J].国外理论动态,2007(11):77-81.

④ 卢鹏,韩昀.伯明翰学派青年亚文化研究范式转换及权力的运作方式[J].青年探索,2015(2):58-67.

首先是对移民和种族问题的研究。美国移民的融入与同化问题以及随之而来的种族问题等一系列社会问题是芝加哥学派的研究重点。这一领域的代表人物有罗伯特·帕克(Robert E. Park)、弥尔顿·戈登等。在移民问题的研究中,他们比较关注移民同化问题。帕克把同化界定为一个社会建构的过程,在这个过程中,移民群体在保持他们各自原籍地文化特性的同时,积极参与移民地社会的运转。①

其次是对青少年异常行为和犯罪问题的研究。这是芝加哥学派的另一个重要议题,这方面的代表人物有斯雷舍(Frederic Thrasher)、科恩(Albert K. Cohen)等。斯雷舍研究了芝加哥的非法团伙,指出非法团伙产生和存在的区域是一种"夹缝空间"。非法团伙一方面是移民社团之间文化冲突的产物,另一方面也是移民社团同美国社会价值观相冲突的表现。② 科恩在《越轨男孩:团伙文化》(1955)中对异常分子和"男性帮派"的"越轨"行为做了新的阐释。他不是将这些越轨男青年及黑帮帮派直接定性,而是指出任何人或群体的行为都是为了解决社会中遇到的各种问题,而处于社会边缘的青少年就是通过异常行为和风格来解决他们社会地位受挫的问题。

最后是对职业亚文化的研究。这一领域研究的代表人物有保罗·克里西(Paul Cressey)和埃德温·萨瑟兰(Edwin Sutherland)。保罗·克里西关注社会身份的研究,尤其是对于一些相对边缘的、具有"亚文化"特色的职业的研究。其代表作《有职业舞女的舞厅:商业化娱乐与城市生活的研究》(1932)描绘了舞女在舞厅内外的生活,提供了亚文化生活方式的一种结构与轨迹。萨瑟兰研究了以盗窃为职业的小偷群体,并创建了犯罪生态学。其代表作《职业窃贼》(1937)是以有二十多年的职业惯偷的自传性描述为基础而写成的。③

芝加哥学派作为亚文化研究学科化的开端,产生了越轨亚文化、青少年帮派团伙等一系列研究成果,对后期的亚文化研究产生了重要的影响。通过对越轨群体的研究,他们指出了这类群体亚文化偏差行为的社会成因,尤其是他们被命名、被标签化的社会根源。这类群体就是在自我建构和主流社会迫使他们建构认同的过程中形成的,而建构认同的最终目的显然就是为了实现社会控制。④ 在对移民群体的关注下,芝加哥学派的社会学家对芝加哥城市移民进行了大规模的实地调查,他们试图探索解决不同文化族群间矛盾的策略,认为文化同化不失为一个实现族群整合的好对策。⑤ 帕克等人认为,融合通常表现在新移民适应以欧裔白人为代表的主流社会文化中,经历"接触、冲突、适应、融合"四个阶段,始于经济竞争,经过政治冲突和社会调适,终于文化同化。⑥ 从方法论来

---

① 黄瑞玲. 亚文化的发展历程:从芝加哥学派到伯明翰学派[J]. 国外理论动态,2007(11):77-81.
② 黄瑞玲. 亚文化的发展历程:从芝加哥学派到伯明翰学派[J]. 国外理论动态,2007(11):78.
③ 黄瑞玲. 亚文化的发展历程:从芝加哥学派到伯明翰学派[J]. 国外理论动态,2007(11):78.
④ 孟登迎. 青年文化研究再探讨[J]. 中国青年社会科学,2017,36(2):64-70.
⑤ 尹金凤,蒋书慧. 社会控制与文化同化:芝加哥学派亚文化研究的理论遗产及其当代价值[J]. 学术研究,2020(8):44-49.
⑥ 杨菊华,贺丹. 分异与融通:欧美移民社会融合理论及对中国的启示[J]. 江苏行政学院学报,2017(5):72-80.

看,芝加哥学派在亚文化研究的进程中注重经验取向,尤其倡导"民族志"(ethnography)和"参与式观察"(participant observation)的研究方法,主张深入到亚文化群体内部以讨论和解决复杂的亚文化问题。

不过,芝加哥学派的研究也存在一定缺陷,例如它局限于犯罪社会学,缺少进一步对于社会权力与阶级的研究视角。此外,芝加哥学派的学者们更多地关心社会环境对个体的塑造,却忽视了边缘群体的能动性反抗与对社会的影响,这也为伯明翰学派的研究提供了突破口。

## 第二节 伯明翰学派的青年亚文化理论

到20世纪六七十年代,英国伯明翰学派进一步继承和发展了芝加哥学派的研究,尤其是将意识形态分析引入青年亚文化研究,并将其研究的重心转移到对阶级的宏观透视,重视亚文化风格的抵抗与收编。这一时期丰硕的研究成果,使伯明翰学派成为迄今为止在亚文化研究领域最有影响力的学派。正如第四章提到,伯明翰学派的兴起和二战之后英国的社会文化危机有着密不可分的关系。这些危机简单概括起来有三种:一是英国社会文化的危机,二是马克思主义理论发展的危机,三是知识分子自身的危机。①

对于伯明翰文化研究的学者来说,他们关注的焦点是文化和权力怎样在不同语境中相互结合,他们对弱势集团用以对抗统治意识形态权威的文化话语与文化实践给予了特别的关注与热情。② 而亚文化群体作为弱势、边缘群体,对占社会支配地位的主导文化常常表现出一种对权力的抗拒和挑战,因此亚文化便成了伯明翰学派早期研究的重点。

### 一、伯明翰学派亚文化理论形成的渊源

客观而言,芝加哥学派是伯明翰学派的理论来源之一。亚文化这一概念的系统化和亚文化研究的学科化都始于芝加哥学派,但是伯明翰学派在研究领域和研究方法方面对前者又有所继承和发展。③

首先,芝加哥学派对伯明翰学派的影响表现在方法论上,特别是他们提倡的"民族志"和"参与式观察"。民族志起源于人类学的田野研究,强调以独特的方式提供原汁原味的引语、生活的历史与个案的研究,注重对实际发生的事件进行如实的、详尽的描述。参与式观察是民族志方法中的具体体现,指研究者通过深入某一特定群体,长期观察研

---

① 陶东风,和磊.文化研究[M].桂林:广西师范大学出版社,2006:23.
② 陶东风.文化研究:西方与中国[M].北京:北京师范大学出版社,2001:13.
③ 黄瑞玲.亚文化的发展历程:从芝加哥学派到伯明翰学派[J].国外理论动态,2007(11):77-81.

究并尽可能精确地记录下他们所目睹的东西。包括观察发生的事情,倾听人们所说的一切,询问各种问题,广泛搜集用来描绘一个社会群体之状貌的素材等。这意味着从某一群体的文化内部,来说明该文化的意义和行为,提供有关意义体系与行为习惯的报告。[①] 通过这些方法,芝加哥学派进行了多项有关越轨亚文化的深入研究。在此基础上,伯明翰学派的学者如保罗·威利斯(Paul Willis)、约翰·克拉克(John Clarke)、迪克·赫伯迪格(Dick Hebdige)等在考察亚文化群体时都运用了民族志方法。例如,威利斯用三年零六个月的时间调查了英格兰中部汉默镇男子中学里的工人阶级子弟所构成的亚文化,即"反学校文化",以此写下了伯明翰学派亚文化研究的经典著作之一《学做工》(《Learning to Labour》,1977)。

其次,从研究议题来看,伯明翰学派对芝加哥学派的继承具体体现在以下几个方面:在研究群体的阶层方面,芝加哥学派研究的重点是移民和底层阶级,而伯明翰学派重点研究的是工人阶级。在研究群体的年龄方面,芝加哥学派对青少年犯罪的研究是其研究的重点之一,特别是研究与移民潮相伴的青少年犯罪,而伯明翰学派则重点研究战后英国的青年亚文化现象,特别是工人阶级的青年亚文化。在研究的领域方面,伯明翰学派有了进一步的拓展,特别是安吉拉·麦克罗比(Angela McRobbie)等人对青少年女性亚文化的研究。[②]

除了芝加哥学派的"越轨社会学"之外,结构主义和符号学也对伯明翰学派产生了深远的影响。这也使得伯明翰学派较之于芝加哥学派更关注于亚文化在语言表征上的风格与特点。从20世纪60年代中期开始,伯明翰学派所吸纳的理论资源主要包括以下几种:其一是以阿尔都塞为代表的结构马克思主义。其二是以列维-斯特劳斯为代表的结构人类学,尤其是伯明翰学派在论述亚文化风格时使用的"拼贴"和"同构"等,都受其影响。其三以罗兰·巴特为代表的结构主义和后结构主义符号学。

除这些法国理论家之外,需要指出的是,俄国符号学家米哈伊尔·巴赫金(Mikhail Bakhtin)也是伯明翰学派亚文化理论所倚重的学者。到20世纪60年代末,巴赫金的学说进入到伯明翰学派学者的视野中。巴赫金把符号学看成是研究意识形态的一门科学。他认为,符号从来不是仅仅属于统治阶级的,从属阶级也同时在这个领域创造着自己的文化,符号是动态的权力实施的舞台。在巴赫金的启发下,伯明翰学派因而认为青年亚文化不是被动的消费文化。亚文化和其所代表的从属群体挪用了消费文化中的商品及符号,以符码的形式表达了一种温和的抵抗形式,以抗拒使他们处于从属地位的社会文化秩序。赫伯迪格强调,"意识形态中不同的话语、不同的定义与意义之间的斗争,都是意指作用内部的斗争:一种为了占有符号的斗争,这种斗争甚至会延伸到日常生活最世俗的领域"。[③] 可以说,伯明翰学派在许多方面都受到巴赫金的意识形态符号学以及相关

---

[①] Park R E. The City, in Ken Gelder and Sarah Thornton, eds[M]. London and NewYork:Routledge,1997:16.
[②] 黄瑞玲.亚文化的发展历程:从芝加哥学派到伯明翰学派[J].国外理论动态,2007(11):77-81.
[③] 胡疆锋.伯明翰学派青年亚文化理论研究[M].北京:中国社会科学出版社,2012:43-46.

的狂欢节理论和对话理论的启发。①

## 二、青年亚文化:关于风格的抵抗

20世纪60年代,青年亚文化表现得变幻多样。青年群体不断通过衣着、品位等建立不同风格来表达自我。基于彼时英国社会对青年亚文化的多种看法,伯明翰学派学者们对于英国的摩登族(mods)、无赖青年(teddy boy)、嬉皮士(hippie)、足球流氓(hooligan)、光头仔(skinheads)、朋克(punk)等亚文化群体都进行了深入的民族志研究。他们从意识形态和阶级立场出发,认为青年亚文化依然是阶级文化的一部分。即,这些亚文化仍然存在着阶级的结构和阶级文化的传统;青年并没有以年龄代际为中心而形成新的社会类别。可以说,伯明翰学派对青年亚文化的研究在某种程度上仍限定在对工人阶级的考察中。

例如,赫伯迪格关注20世纪50年代出现的"摩登族"青年亚文化现象,认为摩登族多是典型的下层阶级中的"纨绔子弟",注重"行头",对美国黑人灵魂乐有着狂热的喜爱,与"享乐主义""消费"共谋。② 而其后出现的"光头仔"则塑造出了一种想象中的传统工人阶级社区的形象,克拉克通过对"光头仔"群体细致的考察,认为其拥有着工人阶级传统的关注焦点、强烈的地域意识、强悍的外表和倔强的男子汉气概。光头仔成员主要是下层工人阶级青年,非技术工人,他们的生活水平相对要低一些。③ 光头仔回归到更传统的工人阶级生活方式和态度中,崇尚传统工人阶级的文化和道德观念。这种对阶级传统的肯定既体现在他们的穿着上,也体现在他们的行动中。④ 菲尔·科恩谈到,"如果说摩登族体现了工人阶级青年一种向上爬的愿望,那么光头仔则是他们向下探索无业游民移动的体现。"⑤

那么,如何理解青年亚文化的出现以及其特点?简单来说,伯明翰学派对于青年亚文化的解释可以用"关于风格的抵抗"来理解。首先,"抵抗"是伯明翰学派学者对于亚文化所提出的一个核心观点。他们对亚文化的抵抗作出了这样的解释:亚文化代表着边缘群体和弱势群体——如工人阶级、黑人、亚裔、女性的特殊抵抗方式,不仅不是颓废和道德堕落的表现,而且恰恰相反,青年亚文化表现出一种反霸权的意识形态,是与他们真实生活状况之间的"想象性关系"。换句话说,伯明翰学派认为,工人阶级的青年亚文化用

---

① 胡疆锋.伯明翰学派青年亚文化理论研究[M].北京:中国社会科学出版社,2012:43-46.
② 陶东风,胡疆锋.亚文化读本[M].北京:北京大学出版社,2011:114-128.
③ 陶东风,胡疆锋.亚文化读本[M].北京:北京大学出版社,2011:145-162.
④ Brake M. Comparative Youth Culture:The Sociology of Youth Cultures and Youth Subcultures in America, Britain, and Canada, London, Boston, Melhourne and Hen-ley[M]. New York:Routledge Kegan Paul,1985:77.
⑤ Cohen P. Subcultural Conflict and Woking-class Community, in Stuart Hall[C]. Culture, Media and Language,1980:82-83.

引人注目的风格标志着资本主义文化"共识"的破灭和瓦解。①

其次,在伯明翰学派学者看来,亚文化的抵抗往往是表现在亚文化群体所创造的"风格"上的。在 CCCS 的亚文化研究中,斯图亚特·霍尔和托尼·杰弗逊(Tony Jefferson)编著的《仪式抵抗——战后英国青年亚文化》(1976)和迪克·赫伯迪格的《亚文化:风格的意义》(1979)等集结了他们对于亚文化的代表性看法。从这些书名即可以看出,伯明翰学派的亚文化理论离不开对于"风格"(style)一词的解读。在《仪式抵抗》一书中,霍尔等人结合符号学理论,将青年亚文化视为青年社群特定的再现(represent)符号系统;而这些独特的表征(representation)构成了青年亚文化群体日常生活中富有意义的形式与风格。同时,他们将阶级、代际、性别、种族等维度都融入"风格"这一概念中,努力从风格里发掘仪式化抵抗的潜能。《亚文化:风格的意义》更是把"风格"作为理论的关键突破口。赫伯迪格认为"风格"是一种外在表现形式,"反抗与矛盾的嵌入与展现都位于现象的最表层,即符号层面"。②伯明翰学派非常重视"风格"这一概念:"风格问题,更确切地说是一个时代的风格问题,对战后青年亚文化的形成至关重要。"③"对风格的解读实际上就是对亚文化的解读"。④ 他们认为,"风格传递一种重要意义的差异和建立认同——这是所有引人注目的亚文化风格的关键所在。"⑤

最后,伯明翰学派还指出,亚文化的抵抗风格必然会受到来自大众文化的商业主义收编以及来自主流文化的意识形态收编。赫伯迪格在《亚文化:风格的意义》中对"收编"进行过深入的学理分析。他指出,亚文化的表达形式通常会通过两种主要途径被整合和收编进占统治地位的社会秩序中去。第一种即商品的方式。商业资本将包括服饰、音乐等在内的亚文化符号转化成大量生产的物品,将亚文化的创意吸纳到大众文化产品的生产与消费中。第二种即意识形态的方法。占支配地位的统治集团如警察、媒介、司法系统等,通过给亚文化的"异常行为"贴上标签,来将之重新界定。⑥伯明翰学派的学者们对于"收编"的问题有着不同的态度。例如,克拉克和赫伯迪格等人强烈地反对亚文化被收编;而也有学者如麦克卢比则认为收编并不是绝对负面的,大众文化实际上是以另一种形式为亚文化找到了生存空间。

---

① 胡疆锋,陆道夫. 抵抗·风格·收编:英国伯明翰学派亚文化理论关键词解读[J]. 南京社会科学,2006(4):87-92.
② 迪克·赫伯迪格. 亚文化:风格的意义[M]. 陆道夫,胡疆锋,译. 北京:北京大学出版社,2009:19.
③ Hall S, Jefferson T. Resistance Through Rituals: Youth Subcultures in Post-war Britain[M]. London: Hutchinson,1976:52.
④ Hall S, Jefferson T. Resistance Through Rituals: Youth Subcultures in Post-war Britain[M]. London: Hutchinson,1976:203.
⑤ Hebdige D. Subculture: The Meaning of Style[M]. London: Methuen,1979:102.
⑥ Hebdige D. Subculture: The Meaning of Style[M]. London: Methuen,1979:94.

## 三、性别、种族与青年亚文化

到 20 世纪七八十年代,在后现代主义思潮兴起之际,伯明翰学派的诸多学者开始以更开放多元的理论来关注新的社会问题。除了工人阶级的属性之外,一些学者关注其他影响亚文化的权力建构。性别与种族作为重要的文化身份,也被纳入到对青年亚文化的考察中。

### (一) 性别与青年亚文化

伯明翰学派早期的青年亚文化研究更多关注工人阶级男孩,而忽视了女性群体。对此,在伯明翰学派内部,安吉拉·麦克罗比和珍妮·加伯(Jenny Garber)首先对过去的亚文化研究提出了质疑,以弥补传统亚文化研究中缺失的女性视角。她们指出了女性在亚文化中的边缘化,认为"亚文化中最严加保守的秘密"就是"宣称风格是属于男性为主的"。① 例如,威利斯在《学做工》中有这样的描述:"一个小伙子这样看待他的女朋友:她喜欢做该死的家务。昨天,我把裤子拿过去,她晚上就帮我弄好了。她像金子一样好,我想在我能结婚的时候尽快娶她。"②在这些亚文化研究中,女性总是被描述为贤良、以家庭为中心的角色,而不是亚文化中的主体。

麦克罗比和加伯认为,女性在亚文化中被描述的位置是与她们更广泛的社会性别角色相关的。她们也指出,女孩倾向于通过与男孩不同的方式组织她们的文化生活,从而形成了一种更多基于家庭、更多浪漫的文化。③ 麦克罗比提出,针对以往男性主导的对"亚文化"的书写,有两种应对方式。其一,这些解释可以被认为只适用于男性青少年,而研究者应当把注意力放在女性青少年亚文化的不同特征上。其二,研究者可以"反其本意"地去解读由保罗·威利斯和迪克·赫伯迪格等学者对亚文化所作的解释,从而来考察男性气质及其特权是如何在这些亚文化中被建构起来的。④ 在麦克罗比等人看来,女性亚文化有自身的独特之处。在反抗意识形态的控制方面,女孩的生活和经验,"更加清楚地显示为一种'温柔'的破坏、微小的颠覆,偶尔也是一种正面的对抗"。⑤ 女孩倾向的组织自身文化生活的方式与男孩有所不同,因此女性亚文化逐渐产生出更为浪漫化叙事、更多以家庭为主要场所等特点。

麦克罗比专门研究了英国青少年女性亚文化的主要代表形式之一——"新潮少年"

---

① McRobbie A, Jackie. An Ideology of Adolescent Feminity, In Bermard Waites Tony Bennett and Grahnm Martin, ede[C]//Popular Culture:Past and Present. London:Croom Helm,1982:117.
② Willis P. Learning to Labour: How Working-class Kids Get Working-class Jobs[M]. New York:Columbia University Press,1977:45.
③ 阿雷恩·鲍尔德温. 文化研究导论[M]. 陶东风,译. 北京:高等教育出版社,2004:349.
④ 阿雷恩·鲍尔德温. 文化研究导论[M]. 陶东风,译. 北京:高等教育出版社,2004:349.
⑤ 安吉拉·默克罗比. 女性主义与青年文化[M]. 张石冰,彭微,译. 开封:河南大学出版社,2011:46.

文化(Tenny Bopper)，或译作"慕嬉士"文化，即一种早期的粉丝文化。麦克罗比总结了"新潮少年"的五个特点：一是以家庭为中心。"新潮少年"文化适合在家中的休闲时光展开，女孩们聚在卧室里，听唱片、闲聊、听爵士乐跳舞、化妆、讨论杂志等。因此，"新潮少年"文化又被称为"卧室文化"。二是参与门槛低。"新潮少年"文化允许任何种族、阶级的女孩加入，女孩们只需花很少的钱就可以买到音乐会的制服、明星唱片、杂志等。在麦克罗比看来，这与摩登族、嬉皮士、朋克等个性十足的亚文化不同，它几乎不需要女性承担创造风格的义务，只需充当消费者即可。三是这种文化对女孩来说具有安全性。女孩成为"新潮少年"文化的一员没有什么个人风险，与学校、工作场所不同，女孩们不会因为成绩差、能力低而被羞辱或解雇。她们可以尽情享受面对画报凝视偶像的时光，而不会因此受到贬低或伤害。四是"白日梦"般的想象性逃避。"新潮少年"文化充满浪漫化的色彩，女孩们沉浸在与偶像邂逅、交往的"白日梦"中，象征性地逃离了学校规章、工作及家务。五是具有作为乐迷的主动性。"新潮少年"文化弥补了女性所缺失的文化空间，女孩们有机会和以男性为中心的社会来协商、发展她们自己的空间，并公开展现独特的女性气质。

## （二）种族与青年亚文化

CCCS对种族问题的关注是从斯图亚特·霍尔开始的。1978年，霍尔等人编著的《监狱危机》一书考察了黑人青年的"行凶抢劫"这一社会问题所产生的道德恐慌，进而挑战了人们过去对种族的固有理解。除此之外，保罗·吉尔罗伊（Paul Gilroy）是伯明翰学派在种族亚文化研究方面成就最突出的学者之一。20世纪80年代初，吉尔罗伊与CCCS的霍尔等知名学者共同出版了影响深远的《帝国的反击：1970年代的英国种族与种族主义》（1982）。这一文集重新考察了种族在70年代英国政治问题中的位置，探究和批判了主流社会学对种族的再现问题以及相关理论。

种族问题之所以在20世纪70年代末80年代初受到伯明翰学派的关注，和英国社会的深刻变化有关。战后英国的世界大国地位衰落，由于战后重建，大量移民转入，随着70年代英国经济的衰退和失业率的上升，因争夺工作机会而产生的种族矛盾开始日趋激化。种族与移民结合在一起，成为彼时社会的一个核心问题。[①] 1987年，吉尔罗伊出版《英国的国旗下没有黑人》一书，探究种族和经济、文化、政治之间的关系。在他看来，种族问题以及殖民主义和帝国历史问题都是英国社会发展过程中极为重要的现象。这些问题的形成过程对于理解英国经济如何被建构、阶级关系如何被调控都十分关键。种族随后又更普遍地影响到英国文化的形成及民族身份的建构。吉尔罗伊一方面维护黑人亚文化，另一方面也反对一些黑人学者所坚持的种族绝对论观点。在吉尔罗伊的分析中，从作为政治意识枢纽的生产和劳动，到社群、城市环境、政府、福利体系和家庭，都有

---

① 本·卡林顿. 解构中心：英国文化研究及其遗产[M]//陶东风. 文化研究精粹读本. 北京：中国人民大学出版社，2006：17.

一种双重转换性。在这种双重转换中,那种试图瓦解其他所有差异的阶级范畴已经消失,而一种可以容纳不同内涵的种族范畴生成了。①

## 第三节 数字时代的后亚文化转向

在新媒体技术的发展及后现代理论话语的盛行下,青年亚文化表现出了新的文化症候,新一代的亚文化研究者们开始质疑伯明翰学派的研究路径,并试图发展新的亚文化概念和理论。2002 年,CCCS 被伯明翰大学校方宣布解散,一个历史阶段宣告结束了。亚文化研究进入了所谓的后亚文化研究时期。② 后亚文化理论对于亚文化概念的阐释以史蒂芬·雷德黑德(Stephen Redhead)的最具代表性。③ 他批评 CCCS 的亚文化理论是学术幻想:"亚文化是由亚文化理论家生产出来的,而不是其他的方式所产生的"。④ 因此,新的亚文化研究必须关注年轻人建构他们身份时的碎片化、个人主义的方式,即所谓的"后现代的经验"。⑤ 因此,2002 年以后,出现了众多有影响力的后亚文化研究学者及著作,如英国学者萨拉·桑顿(Sarah Thornton)的《俱乐部文化:音乐、媒介和亚文化资本》(1995),戴维·马格尔顿(David Muggleton)和鲁伯特·魏策勒(Rupert Weinzierl)主编的《后亚文化读本》(2004),安迪·班尼特(Andy Bennett)和基思·哈恩-哈里斯(Keith Kahn-Harris)主编的《亚文化之后》(2004),保罗·霍德金森(Paul Hodkinson)和沃尔夫冈·迪克(Wolfgang Deicke)的《青年文化:场景·亚文化·部落》(2007)等。

### 一、后亚文化对伯明翰学派的批判

从某种角度来说,后亚文化研究是建立在对伯明翰学派亚文化研究的批判上的。从 20 世纪 70 年代到 90 年代,CCCS 建立的青年亚文化研究范式在过去一直占据主要地位。但随着时代发展,尤其是在媒介技术与媒介文化的变革下,伯明翰学派对于"亚文化"本身的理解及其亚文化理论框架都逐渐显露出局限性。在后现代的转向中,主流文化与亚文化的边界开始模糊,文化呈现碎片化、去中心化趋势,而消费主义更深程度地渗透其中。同时,新媒体迅速地与青年群体结合,网络青年(亚)文化随之兴起。由此,后亚文化研究者们对于伯明翰学派的亚文化理论和研究模式进行了多重批判,认为过去伯明

---

① 李庆本. 伯明翰学派文化研究的发展历程[J]. 东岳论丛,2010,31(1):86-94.
② 马中红. 西方后亚文化研究的理论走向[J]. 国外社会科学,2010(1):137-142.
③ 马中红. 西方后亚文化研究的理论走向[J]. 国外社会科学,2010(1):137-142.
④ Redhead S. Unpopular Cultures[M]. Manchester:Manchester university Press,1995:88.
⑤ Redhead S. Subcultures to Clubcultures[M]. Oxford:Blackwell Press,1997:95.

翰学派的亚文化研究已经不适用于如今的新时代背景下的亚文化现象。总的来说，后亚文化学者对伯明翰学派的批判可以总结为以下几点：

首先，忽视了青年文化实践的复杂性。伯明翰学派将青年亚文化看作由有着明确边界和引人注目的外观、具有相对稳定性、继承性、延续性、反叛性的文化类别，他们只关心有适度稳固的边界、突出的形态并在特定的行动或场所中紧密结合的亚文化。① 因此，后亚文化研究者认为伯明翰学派的亚文化研究无法解释个体在多样化的亚文化团体之间的流动行为。在批判伯明翰学派的基础上，后亚文化研究者指出当代亚文化已不再是摩登族、光头党等分门别类的概括，其风格、形式、实践呈现出更加鲜明的多元化趋势，正在演变为一种更具"混交"性质的新兴亚文化形态。②

其次，忽视或矮化媒体的作用。后亚文化研究者们针对 CCCS 的一个重要批评，就是认为它忽视了媒体的存在。如萨拉·桑顿在《俱乐部文化：音乐与亚文化资本》中所批判的，"将亚文化看作混沌世界中的一个透明的小天地，仿佛亚文化生活在言说一种绕过传媒的真理"。③ 桑顿分析了 20 世纪 80 年代迷幻摇滚的发展，强调了亚文化与媒介及其他商业利益中的符号关系紧密衔接的方式。她指出，媒介的再现力量在形成亚文化认同及其成员的自我感觉中很重要。亚文化"不是从一粒种子开始发芽，然后依靠自身能量发展成神秘的'运动'，只能被媒介延迟地融会贯通。相反，媒介和其他文化工业从一开始就在亚文化中存在着，并发挥着作用"④。也就是说，青年亚文化的发展与媒介的关系从一开始就是密不可分的。正是大量的媒介资源在亚文化的生成和发展中起着至关重要的作用，才构成了如今多样的亚文化形态。尤其是在互联网广泛而深刻地介入人们日常生活的今天，媒介不再只是主流文化的"应声虫"，更多的群体获得了文化表达的空间，媒介与青年亚文化之间的关系也变得更加复杂、紧密。

最后，局限于阶级决定论，或将阶级与亚文化之间建立了过度简单的联系。自菲尔·科恩(Phil Cohen)开始，伯明翰学派始终从阶级视域出发，将青年亚文化视为是工人阶级、黑人、女性等边缘或弱势群体对于主导文化的抵抗，或是一种想象性解决的方式。后亚文化学者不赞同这种阶级决定论，也不认同将阶级地位与亚文化群体风格之间过于简单地对应。德夫·莱因(Dave Laing)曾这样批评一味追随阶级理论的伯明翰学派："这既将青年文化与某一特定的社会阶级联系起来，又以阶级斗争的模式说明了赶时髦者、光头一族与其他人表面上漫无目的的活动；甚而在他们看起来只是纯粹的消费者或违法者时，这些孩子也是在为实现共产主义的最终目标而斗争，在对抗资本主义"。⑤ 后亚文化研究者们认为，在后现代社会中，个体的生活方式和消费方式已替代阶级、性别、

---

① 陶东风，胡疆锋.亚文化读本[M].北京：北京大学出版社，2011：380
② 陆扬.从亚文化到后亚文化研究[J].辽宁大学学报(哲学社会科学版)，2012，40(1)：121-127.
③ Thornton S. Club Culture: Music and Subcultural Capital[M]. Cambridge: Polity Press, 1995:119.
④ 陶东风，胡疆锋.亚文化读本[M].北京：北京大学出版社，2011：344.
⑤ 吉姆·麦克盖根.文化民粹主义[M].桂万先，译.南京：南京大学出版社，2001：117.

宗教等传统结构因素，成了识别群体、区分青年文化的首要因素。

## 二、后亚文化理论中的关键词

与伯明翰学派相比，后亚文化研究在理论上也进行了更新。后亚文化学者主要吸纳了法国学者皮埃尔·布尔迪厄的"文化资本"、让·鲍德里亚的"消费社会"与后现代媒介以及米歇尔·马弗索利(Michel Maffesoli)的"新族群"等为理论资源。"新族群""场景""生活方式""亚文化资本"等成了后亚文化研究理论中的关键词。他们将全球化语境下的青年亚文化作为研究对象，认为青年亚文化在风格表征、实践逻辑上，已与伯明翰学派所关切的二战后英国社会的青年亚文化现象相去甚远，展现出前所未有的短暂性、流动性、异质性、虚拟性等后现代特征。因此，新的亚文化研究应该基于新的语境，关注年轻人碎片化、个人主义的"后现代经验"及其在年轻人建构自身文化身份中的意义价值。[①] 可以看到，在当下愈发复杂多变的互联网环境下，各种形态的文化层出不穷，后亚文化研究具有重要的时代意义。

"新族群"(neo-tribe)一词由法国学者米歇尔·马弗索利提出，意指"个体通过独特的仪式及消费习惯来表达集体认同的方式"，即它们的形成"不是依据阶级、性别、宗教等'传统的'结构性因素，而是依据各种各样的、变动的、转瞬即逝的消费方式"。[②] 安迪·班尼特将这一概念引入后亚文化研究当中，建议将"亚文化"改为"新族群"，认为"新族群"能够更好地捕捉到"年轻人的音乐和风格偏好不断变换的性质，以及青年文化群体的本质流动性"。[③] 马格尔顿也吸收了马弗索利的新族群思想，指出后亚文化是"不再与周围的阶层结构、性别、种族铰链"的个人选择式狂欢，是多样的、流动的、通过消费建构的。通过关于"新族群"的讨论，后亚文化学者否认了亚文化具有独特边界的观点，强调当代亚文化群体边界的碎片化和流动性，更好地捕捉到青年与当代媒介之间更多元、动态的关系。在互联网文化与新青年文化高速发展的时代，青年人拥有了更多机会去自我建构和参与文化，"新族群"同样可以作为分析视角来考察当代互联网上各种形态的集合体，如同人群、网配圈、字幕组等。网络新族群是通过"互动过程中共享情感的体验"来维持部落成员之间的关系的，群体识别不再是传统的社会结构性要素如性别、阶层和宗教等，而是通过消费行为来形成网络小规模集群，依赖网络并以在线交流为主要的关系维持方式；身处不同地域却能进行协同合作、通过各种网络能够承载的符号进行媒介文本的再次创作是网络"新族群"的特征。[④]

"场景"(scene)被后亚文化学者用来表征某种具有地域性和"亚文化"特征的空间。

---

① Redhead S. Subcultures to Clubcultures[M]. Oxford: Blackwell Press, 1997: 95.
② 陶东风, 胡疆锋. 亚文化读本[M]. 北京: 北京大学出版社, 2011: 341.
③ 班尼特, 哈里斯. 亚文化之后: 对于当代青年文化的批判研究[M]. 北京: 中国青年出版社, 2012: 169.
④ 马中红, 陈霖. 无法忽视的另外一种力量: 新媒体与青年亚文化研究[M]. 北京: 清华大学出版社, 2015: 25.

与新族群相类似,"场景"表征了一种个体能够自由进出的开放性物理空间,人们是否进入一个场景主要受个人偏好的驱动,而受阶级、性别、宗教等结构性因素影响较小。威尔·斯特劳(Will Straw)认为,"场景真实地描绘了各类人群和社会团体之间的一种特定关系状态,融合了各种特定的音乐风格联盟",是一种可以依据在大街、夜总会或其他市区地带的各种风格化、音乐化的联盟来调整方位的文化空间。① 杰夫·斯达尔(Geoff Stahl)认为场景是一种特定的城市文化背景和空间编码实践,可以暗指那些即兴的、暂时的、策略性的联想和因其有限而广泛渗透的社交性而产生的文化空间,蕴含着变迁和流动(flux and flow)、移动(movement)和易变性(mutability)。② "场景"是一个比"亚文化"更具理论说服力的概念,它能够推动对于一个城市的文化空间、各种产业、体制和媒体之间相互关联性的分析,可以促成对转换性角色(shifting roles)的思考,也能为音乐场景和其他艺术场景共有的关系提供一种比较丰富的图示方法(cartography)。③ 如今计算机网络和新兴媒介与移动端良好适配,所呈现的虚拟现实可以多方面地满足情感、文化和政治方面的传播与交流。例如,"快手"短视频平台消解了一定的等级秩序和社会区隔,青年可以@明星"进来学表演",也可以通过拼贴的形式对具有社会地位的名人进行恶搞和模仿。④

"生活方式"的概念最早出现在马克斯·韦伯(Max Weber)的研究中。⑤ 之后,瑞典社会学家博里默(Bo Reimer)和英国社会学家史蒂芬·迈尔斯(Steven Miles)提出用"生活方式"(lifestyle)一词来代替"亚文化",并以此作为一种更精确的理论概念来阐述和解释正在改变的身份政治和当代青年的各种风格联盟。这一概念主要关注消费者的创造力,认为商品作为文化资源,其发挥作用的方式是从日常生活层面、通过对集体意义的铭刻而产生出来的。⑥ 也即是说,在一种青年文化的形成过程中,既有的商品资源、青年个体的生活体验、青年所处生活区域的风俗与传统都是有意义的,生活方式是青年综合运用上述诸要素的现实结果和青年消费偏好的显现。具有相同或相近生活方式的青年会相互吸引并形成一种独特的文化景观。可见,与伯明翰学派对阶级背景的强调不同,生活方式的提倡者更看重消费偏好。⑦

"亚文化资本"(subcultural capital)这一概念由萨拉·桑顿在《俱乐部文化:音乐、媒介和亚文化资本》中提出。在书中,桑顿对英国俱乐部文化和锐舞文化的文化价值意识形态、偏见歧视等进行了分析,借鉴法国社会学家布尔迪厄的思想,提出了"亚文化资本"

---

① 班尼特,哈里斯. 亚文化之后:对于当代青年文化的批判研究[M]. 北京:中国青年出版社,2012:18.
② 班尼特,哈里斯. 亚文化之后:对于当代青年文化的批判研究[M]. 北京:中国青年出版社,2012:63.
③ 班尼特,哈里斯. 亚文化之后:对于当代青年文化的批判研究[M]. 北京:中国青年出版社,2012:64.
④ 熊世钰. 亚文化向后亚文化的研究范式转向:以快手文化为例[J]. 青年记者,2021(18):105-106.
⑤ 安迪·贝内特,胡疆锋. 后亚文化转向:十年后的一些反思[J]. 文化研究,2018(1):67-86.
⑥ 班尼特,哈里斯. 亚文化之后:对于当代青年文化的批判研究[M]. 北京:中国青年出版社,2012:17.
⑦ 闫翠娟. 从"亚文化"到"后亚文化":青年亚文化研究范式的嬗变与转换[J]. 云南社会科学,2019(4):178-184,188.

的概念,并把流行的区隔当作一种资本来讨论,认为酷样是亚文化资本的一种形式,它赋予了年轻人一定的身份和地位。并且,桑顿分析了亚文化资本与文化资本的两个重要区别:与文化资本相比,媒介是主导亚文化资本运行的首要因素;亚文化资本不像文化资本那样受阶级限制。实际上,亚文化的区隔故意模糊阶级,因而无阶级的幻想成为俱乐部和锐舞文化的核心。在亚文化资本中,起决定作用的因素是年龄、性别、性别特征和种族等,而非阶级、收入和职业。这种理论明显具有"后伯明翰"的特色。① 而在新媒体文化语境下,互联网生产方式使传统被动的接受者成为主动的生产式受众,形成开放多义的媒介文本,模糊了亚文化和其他文化之间的界线,亚文化资本更加凸显其价值。② 亚文化群体凭借新媒体平台可以获得在主流社会结构中的流动和社会资本,特别表现为通过流量变现向经济资本和商业资本的转换。③

## 三、对后亚文化研究的反思

后亚文化研究者认识到了伯明翰学派研究的不足,试图摆脱过去的理论体系,贴合当代亚文化碎片化、流动性、个人主义的后现代特征。同时,这些学者强调媒介的正向作用,注重从消费逻辑中探寻青年亚文化所包含的娱乐性和自我身份认同,以探索契合新时代的亚文化理论体系和亚文化解释框架。然而,后亚文化研究者们在对伯明翰学派的亚文化理论进行批判的同时,也接连受到了来自各方的质疑。从 2005 年英国期刊《青年研究学报》(《Journal of Youth Studies》)发起的一场关于亚文化和后亚文化的辩论开始,众多学者对后亚文化研究及其理论也提出了批评。例如,有人认为后亚文化理论低估了阶级和其他的社会不平等对当代青年文化的潜在影响。也有研究者质疑后亚文化理论过于强调亚文化青年个体化、流动化的消费特性,认为伯明翰学派研究传统的种族、阶级、社会隔离和权力关系等概念,仍将是理解当代青年生活方式和文化选择的重心。

在全球化局势与后现代影响下的今天,尤其是在互联网与新媒体技术的迅速发展之下,后亚文化研究的视角与诸多网络文化现象是较为契合的。新媒体技术赋予了青年人更多表达自我的权力,使其可以游刃有余地创造属于他们自身的亚文化形态,如"鬼畜"文化、佛系文化、丧文化等。有学者提出,当前一系列有关青年文化性质的重要问题仍然悬而未决,这些问题本身就表明,青年文化研究中所使用的后亚文化和亚文化这两种方法都有局限性。④ 因此,对于亚文化的考察依然不能忽视其中错综复杂的关系,以应对文化日益多元化的趋势。

---

① 陶东风,胡疆锋.亚文化读本[M].北京:北京大学出版社,2011:356.
② 秦兰珺.论青年亚文化与互联网生产方式的互动[J].文艺理论与批评,2018(4):85.
③ 杨小柳,周源颖."亚文化资本":新媒体时代青年亚文化的一种解释[J].中国青年研究,2018(9):97.
④ 安迪·贝内特,胡疆锋.后亚文化转向:十年后的一些反思[J].文化研究,2018(1):67-86.

## 第四节　案例分析：网络青年亚文化的抵抗与收编

在媒介技术的发展进程中，青年往往是最快掌握新技术的群体。因此，新媒体文化的发展很大程度上依赖青年主体，这也带动了代与代之间的"文化反哺"。也就是在急速的文化变迁时代，年长一代对年轻一代进行广泛文化吸收的过程。在当代，短视频、直播、偶像追星、网络游戏等文化的生产者与消费者主要都是青年人。在网络媒介中，"青年文化"本身已呈现出主流化的趋势，同时，在媒介融合的背景下，与主导文化、官方文化之间不断发生融合。在这个语境中考察青年"亚文化"，尤其需要关注"亚文化"背后的形成、流动与变化，以及其中所体现的小众文化价值与身份认同。本节以"杀马特"青年亚文化和"弹幕文化"为例，一方面从伯明翰亚文化研究传统中思考中国城乡流动背景下的乡村及小镇青年"杀马特"形象中的风格与仪式、认同与抵抗；另一方面也思考在文化融合语境下，曾经小众的"弹幕文化"是如何走向流行的。

### 一、"杀马特"：小镇青年亚文化的抵抗与污名

流行于 2008 年至 2013 年的"杀马特"（smart 音译）群体，一度被视为社会"异端"：一些来自乡村、城镇的低学历青年，穿着便宜的地摊货，模仿日韩明星、动漫角色、游戏人物等夸张怪异、五颜六色的发型。他们曾高调地出现在媒体、网络、公共场所中，而后迅速消失不见。[①] 杀马特群体大多为九零后农民工、农民工二代，有留守儿童的经历，中小学辍学后，第一次进厂打工的平均年龄只有 14 岁。可以说，作为一种亚文化，"杀马特"的兴起与我国城市化和工业化的发展、城乡空间的流动等社会大背景息息相关。2013 年 12 月，美国时事刊物《外交政策》谈到这一群体："杀马特夸张的时尚选择折射了更为深层的问题：集体性的疏离，这是中国大规模的民工潮和不断扩大的阶层差异所引起的副产品。"

网络平台对于杀马特文化的走红起到了重大作用，"杀马特"通过在 QQ 群、QQ 空间、百度贴吧等平台建立自己的社群。事实上，"杀马特"不过是网络各种非主流视觉系群体中的一个"家族"。这类亚文化在城市与城镇的流水线工厂或小作坊务工的青年中快速流行。不同于一般性的娱乐网络群组，杀马特 QQ 群的审核相对严格，进入群内后也会有相对组织化的管理。他们将照片放在 QQ 空间分享，或在杀马特造型的照片中加上 QQ 群号，然后用照片占领贴吧，扩散"杀马特"文化。此外，杀马特家族会将网络上的

---

[①] 张锐，徐爽．"每个玩杀马特的人都有一点伤感"：《杀马特，我爱你》与残酷青春[R/OL]．[2020-12-03]．http://www.infzm.com/contents/197046．

互动交流带到线下生活中,他们利用工厂仅有的下班时间,定期组织线下聚会,将奇异、个性的装扮带到日常生活中,以此扩大人际交往范围,并吸引他人的关注。

在他们的外在风格中,头发显然是最突出的标志。杀马特中几个经典的头型都是需要将头发高高竖起,变成爱心、扫帚、或者刺猬,没有固定的标准,大部分靠理发师通过喷发胶和吹发型来自由发挥。因此价格低廉的小发廊成为他们常去的地方。在采访中,曾经的杀马特成员表示,"头发立起来了,感觉人生不一样了"。有学者指出,在伯明翰学派的亚文化研究中,青年亚文化正是透过某种惊异的外在风格来努力扩大它的影响力,借此挑战主流文化,迫使其承认自己的观念、价值和结构。① 因此,从这个意义上讲,杀马特青年亚文化的目标,就是以风格化抵抗的方式来逃脱成人社会——尤其是流水线工厂中重复性劳动的控制,以及弥补城乡流动中身份认同的迷茫。

然而这种风格化的抵抗显然是有限的。"杀马特"群体从出现开始就备受其他网民的嘲弄和贬损,遭到同龄群体的网络暴力和污名化。主流社会群体对亚文化中的越轨行为贴上标签,将亚文化歪曲化来压抑其生命力和抵抗意义。② 而文化资本匮乏的杀马特群体,面对这种污名化缺乏抵抗的能力,他们难以对自身所产生的文化争议进行归纳和阐释。也因此,2013 年,伴随着一场网络暴力,杀马特家族就此消失了。2020 年,纪录片导演李一凡通过采访以及快手等短视频的拼贴,将这一具有时代特色的国内青年亚文化制作为纪录片《杀马特,我爱你》。

## 二、弹幕文化:亚文化与主流文化的融合

弹幕文化是区别于主流文化的青年亚文化,在弹幕互动的情境下弹幕文化体现为用户对原始文本的解构和二次创作,网络恶搞和弹幕互动的"仪式抵抗"特征,呈现趋于弱化的抵抗、自我宣泄和自我满足的文化形态。③ 究其源头,"弹幕"原本是一种军事术语,指射击密集炮火,从而在战场上形成密集的子弹幕布的现象。随后,由于一些射击游戏和横版过关游戏常有子弹密布的现象,就被称为弹幕射击游戏或是弹幕游戏,弹幕这个词开始以游戏用语的形式被人所熟知。后来,弹幕又被网友们用于网络视频领域。

通过引进日本 Niconico 网站的弹幕形式,我国也出现了自己的弹幕视频网站,如Acfun(简称 A 站)和 bilibili(简称 B 站)。在早期,这些网站是二次元文化爱好者的基地,而彼时二次元文化爱好者"御宅族"群体往往被社会和媒体刻板印象化为孤独、自我封闭、不善交际、叛逆的青年群体。④ 因此,2010 年前后,弹幕文化在国内几乎等同于御

---

① 张乐,常晓梦."杀马特"现象的社会学解读[J]. 中国青年研究,2014(7):16-19.
② 张少君. 对于中国青年亚文化中风格之争的社会学分析:再议"非主流"文化及"杀马特"文化[J]. 中国青年研究,2017(11):33.
③ 马中红,陈霖. 无法忽视的另外一种力量:新媒体与青年亚文化研究[M]. 北京:清华大学出版社,2015:61.
④ 汪靖,顾晓晨."御宅族"现象:新一代媒介依存症[J]. 当代传播,2008(5):42

宅文化、二次元文化,具有强烈的亚文化特征。弹幕族群体运用风格化的弹幕语言,塑造自身文化的独特性,已建立亚文化的边界。菲尔·科恩在《亚文化冲突与工人阶级社区》中写道,"亚文化的风格主要由三种元素构成,形象、品行和行话"。① 鉴于弹幕族的线上特质,"品行"和"行话"是他们体现族群风格的方式。在弹幕视频中,"恶搞""吐槽""调侃"俯拾可见,这成为弹幕族表达情感的方式,他们以此来解构经典文本。

然而,随着新媒体和网络社交文化的普及,弹幕文化也逐渐跳出了二次元文化的阈限,进入到更多的视频平台应用中,走向了主流化。如今,在媒介力量的深度参与之下,弹幕文化与主流文化的界线已经发生了新的挪移。自 2016 年以来,主流媒体官方号频频进驻 B 站。以央视人文综艺节目《国家宝藏》为例,凭借弹幕互动和新颖的节目类型,《国家宝藏》取得了不俗的收视率。② 可以发现,弹幕文化一方面作为亚文化资本形成了青年文化群体互动、表达和情感宣泄的途径,建立起青年群体自身的价值与社会身份认同;另一方面,作为主流文化平台与弹幕互动的结合又产生新的效应。此种"亚文化"已不再是受商业资本和意识形态权力的被收编者或抵抗者,而是作为一种新的亚文化资本形式汇集到亚文化群体的网络互动中,形成对主流文化的软化与调和,实现"御宅族"群体主流价值观的提升,最终促进社会认同的建构和共识的凝聚。③

可见,在新媒体发展、传统媒体转型和互联网治理的背景下,弹幕文化打破了过去主流文化与亚文化之间的界限,促进了不同文化之间的流动和共享。亚文化与传统主流文化之间不再是以往单纯、固化的对立关系,相应地,它们逐渐衍生出一种流动的、充满张力的关系,甚至是融合共生的关系。

## 【思考题】

1. 如何理解"杀马特"亚文化中的仪式与风格,以及如何将这些形象表征放置在一个特定的社会文化语境中进行解读?

2. 弹幕亚文化是如何与官方文化及商业大众文化走向融合的?如何看待文化融合中亚文化的边界问题?

3. 结合个人经验,试举例说明后亚文化语境下青年"圈层文化"的传播特点。

---

① 胡疆锋.伯明翰学派青年亚文化理论研究[M].北京:中国社会科学出版社,2012:77.
② 王润,吴飞.从"御宅族"到"正气少年":弹幕互动中的亚文化资本汇集与认同构建[J].现代传播(中国传媒大学学报),2020,42(2):86.
③ 王润,吴飞.从"御宅族"到"正气少年":弹幕互动中的亚文化资本汇集与认同构建[J].现代传播(中国传媒大学学报),2020,42(2):89.

# 第六章　新媒体文化的性别视角

从传统媒体到新媒体，性别一直都是热议的话题。自大众媒介时代起，就有不少学者开始研究性别与媒介之间的关系。而新媒体的发展也为性别议题带来了更多探索方向。新的媒介技术为不同身份群体赋权，使得曾经缺乏社会资源的女性群体开始在新媒体平台发声，也为新媒体注入了属于她们的文化与社会诉求。一方面，是包括关注卫生巾贫困、抗议家庭暴力、反对性骚扰等高热度性别议题的社会讨论；另一方面，是以"大女主"为标签的网络文学及影视作品以及打着"她综艺"旗号的综艺节目的流行。这些现象凸显了妇女与性别作为媒介文化切入点来进行思考的必要性。那么，性别理论如何与媒介研究融合？在新媒体时代，媒介对性别身份建构又发生了何种变化？

媒介文化的性别批评视角主要来自女性主义的媒介批判。"女性主义"(feminism)这一概念最早由19世纪末法国争取妇女选举权运动中的关键人物于贝蒂·欧克蕾(Hubertine Auclert)提出，意指女性为获得平等权利而展开的社会理论与社会运动。[①] 女性主义的基本观念认为，当前的社会文化建立于以男性为中心的父权体系之上，其致力于消除性别偏见、性别剥削、性别歧视和性别压迫，促进性别平等与和谐。在批判父权制之余，女性主义也重视对性别不平等问题的分析，以推动性别底层群体的权利、利益与议题。[②] 这一思潮的发展大致经历了三次历史浪潮。第一波女性主义浪潮兴起于19世纪晚期到20世纪早期，该时期以自由主义的女性主义思潮为主，强调男女在政治权利上的平等地位。彼时女性主义者们为争取女性的选举权、受教育权与工作机会而抗争。第二波女性主义浪潮是指20世纪60年代到70年代的妇女运动，更加注重女性在社会文化层面所遭受的不平等现象。在这个阶段，性别视角下的社会学研究与文化批评开始大量涌现。同时，不少女性主义学者将视角放在了日益发展的媒介，探讨媒介再现对性别身份的建构。第三波女性主义浪潮则是自20世纪90年代至今，即女性主义的后现代转向，主要质疑性/性别的二元论结构，进一步破除性别身份的本质主义与固化观点。[③] 在百年发展过程中，"女性主义"本身并非铁板一块，它包含了众多派别、论争与理论更新，囊括了自由主义的女性主义、激进女性主义、马克思主义女性主义、精神分析女性主义、生态女性主义以及后现代女性主义等。本章主要从性别视角下的媒介批判入手，首先介

---

① 汪民安.文化研究关键词[M].南京：江苏人民出版社，2007：222.
② 李智.媒介批评[M].北京：中国传媒大学出版社，2016：97.
③ 洪俊浩.传播学新趋势[M].北京：清华大学出版社，2014：411.

绍大众媒介对性别建构的影响。其次,梳理女性主义媒介研究的历史发展及其后现代转向。最后,通过新媒体女性赋权的案例,来探讨当下新媒体时代妇女议题面临的机会与挑战。

## 第一节 大众媒介与性别身份的建构

谈及大众媒介中的女性,我们想到的是怎样的代表形象?自大众媒介诞生以来,性别的表征就是一个争论不休的话题。许多性别视角下的媒介批评指出,大众媒介往往潜移默化地生产并强化着性别的刻板印象,例如被客体化、欲望化的女性。而这些形象与话语也在文化层面不断建构着规范化的性别差异与性别身份,从而巩固男性权力的统治。本节以社会性别理论为基础,了解媒介文化的建构性,反思各种女性形象生产背后的性别权力,从而回到真实的女性经验之中来重构女性的身份表述。

### 一、社会性别理论

身份往往与"我是谁"这一问题相关。在文化理论中,身份用来描述存在于现代个体中的自我意识。而性别是身份议题中的一个重要类别。人们通过男性/女性来指认自己,用"男性气质"和"女性气质"来进一步描述自身的外在形象及内在属性。在我们所处的文化中,会有各种各样的文化话语来告诉我们符合主流价值与标准的男性应该是什么样的,女性又该是什么样。这些话语在人们的成长经验中不断强化和加深人的性别意识与自我认同。关于性别的讨论,在现代意义上最重要的论述之一就是社会建构论视角下关于"社会性别"的概念。

"社会性别"(gender)是指"男女两性在社会文化的建构下形成的性别特征和差异,即社会文化形成的对男女差异的理解,以及在社会文化中形成的属于男性或女性的群体特征和行为方式"。① 在英文语境中,通常用 sex 来指涉生理性别,即男女的自然生物属性;而 gender 则指社会性别,主要是指自身所在的生存环境对其性别的认定。"社会性别"的提出是对性别本质主义的质疑和批判。性别本质主义强调性别身份是一种与生俱来的、内在的、不可改变的本质属性。在性别本质主义的意识形态之下,男性和女性的社会位置都是固定的,由其生物性决定了其性别气质和社会角色。换句话说,在一个父权文化中,性别本质主义将男女不平等的地位通过某种不可变的"本质"确立下来,从而巩固父权文化的权力结构。

---

① 郑新蓉,杜芳琴.社会性别与妇女发展[M].西安:陕西人民教育出版,1999:12.

社会性别则强调了性别身份是如何在既有的社会文化话语中被建构出来的。许多理论家对性别进行过丰富的讨论，而社会性别的观念也在这些论争中形成。首先，精神分析学试图解释性别建构的过程，认为性别认同是在孩童的俄狄浦斯阶段形成的。弗洛伊德认为小男孩在该阶段出于阉割焦虑，屈从于"父亲"的权力，进而认同了"父亲"的性别；而小女孩则因缺乏男性生殖器而认同母亲。拉康则将性别差异进一步解释为俄狄浦斯情结中掌握语言、进入象征秩序的过程。由于文化语言的象征秩序是"以父之名"而建立的，也就是说，在象征秩序中，要成为言说的主体，男性就必须接受父系话语的指派，将男性生殖器的象征"菲勒斯"（Phallus）作为一个权力的能指，并试图占据拥有这一能指意义的位置。① 例如，在大众文化中，代表"菲勒斯"的能指可以是金钱、权势、名声、威望等，而拥有这些通常与男性对自我价值的指认紧密联系在一起。但对于女性来说，由于"菲勒斯"的天然"缺乏"，女性与这一能指的关系则变成了她需要将自己"装扮"成那个可被欲求的能指，以掩盖自己"缺乏""菲勒斯"的事实。这种"装扮"表现在文化中，就是女性的各种化妆、服饰、包、美颜自拍等，让自己"成为"一个被欲望的能指。从某种程度上来说，尽管精神分析学在性别问题上搭建了从生物本质主义到文化叙事与语言建构的过渡，但是生物身体的性别差异在这些论述中似乎仍然重要。同时，精神分析理论阐释了父权文化中性别差异乃至性别不平等的建构，但是并未对这种权力结构本身进行质疑，这也引发了诸多女性主义的批判。

其次，法国女性主义者对于社会性别的讨论以及对精神分析的批判尤为突出。1949年，西蒙娜·德·波伏娃（Simone de Beauvoir）在其著作《第二性》中就谈到："女人并非天生的，而是后天形成的。"②波伏娃从存在主义哲学中关于主体与他者的论述出发，反思了西方哲学文化传统中男性作为主体，而女性被置于"他者化"的位置上。这成为社会性别理论得以成立的基础——人的性别身份与性别差异，与社会、文化的建构相关，而并非与生俱来。到了20世纪80年代，莫尼卡·维蒂格（Monique Wittig）延续了波伏娃的讨论，并提出了更激进的看法。她认为社会性别的概念仍然维系了一种性别二元论的模式，而打破这种二元限制将带来真正的"人道主义"，使人的概念从性别的枷锁解放出来。③ 而七八十年代另一群法国女性主义者如露西·伊利格瑞（Luce Irigaray）、茱莉亚·克里斯蒂娃（Julia Kristeva）、埃莱娜·西苏（Hélène Cixous）则更多从性别差异的立场上对精神分析学——尤其是拉康的理论提出了质疑。她们对阳具罗格斯中心主义的父系语言结构提出了批判，并试图通过"女人腔"话语（伊利格瑞）、"诗语言"（克里斯蒂娃）以及"阴性书写"（西苏）来抵抗象征秩序的语言霸权。这些概念对于理解当代文化文本中的女性书

---

① 在拉康的精神分析学中，菲勒斯（phallus）并不仅仅是生物意义上的男性生殖器，而更多与这个器官所代表的想象和象征意义联系在一起。"phallus"也被翻译为"阳具""势"。菲勒斯和罗格斯（logos）一起构成了父权象征语言的秩序，即阳具罗格斯中心主义（phallogocentrism）。

② 西蒙娜·波伏娃. 第二性：合卷 第二卷[M]. 郑克鲁，译. 上海：上海译文出版社，2014：9.

③ Wittig M. One is Not Born a Woman[J]. Feminist Issues, 1981, 1(2): 53.

写与女性意识的表达都提供了相应的理论视角。

最后,社会性别理论发展到20世纪90年代,第三波女性主义以及酷儿理论对其产生了很大的影响。其中,英国女性主义学者盖尔·鲁宾(Gayle Rubin)的"性与社会性别制度"(sex/gender system)对此有重要贡献。鲁宾在她的文章《女人交易:关于性的政治经济学笔记》(1984)中首次提出该理论。她将性别的建构与性欲望的建构放置在一个复杂的社会权力系统中,这使得性别与性欲望的等级制与压迫形式不再局限于二元论的框架,而是处在一个阶梯状的、动态化的权力体系运作之中。鲁宾认为,"这一性别体制不隶属于经济制度,却与经济制度密切相关,它使女性从属于男性,使生物的性属关系(sexuality)转为人类活动的一整套组织安排,这些转变的性需求在这套组织安排中得到满足。"①在"性别/社会性别体制"理论的影响下,社会性别建构首先考虑的是社会关系,并且认为社会性别是在意识形态框架中塑型的,并经由文化和历史过程进行社会建构,因此,个人是通过家庭、教育、教会、媒介和其他机构的社会化而塑造成型。这一主张,将社会性别这一概念定义为一个恒定而始终如一的认同特质。② 在福柯的后结构主义思想和特蕾莎·德·劳里提斯(Theresa de Lauretis)女性主义电影理论的启发下,凡·祖伦(Van Zoonen)在1994年的《女性主义媒介研究》中将社会性别视作一种话语的建构,她认为社会性别不应被视为个人的固定特性,而是在矛盾中不断建构成型的。③ 此外,朱迪斯·巴特勒(Judith Butler)的性别操演理论以及其他后现代女性主义者及酷儿理论家对性别本质主义、性别二元秩序展开了全面的批判与消解。这一部分在第三节中详细展开。

## 二、大众媒介对于性别建构的影响

大众媒介对性别身份的建构,主要指对"社会性别"的建构。在以报纸、杂志、书籍,以及电影、广播、电视为主导的大众传播时期,人们就已发现媒介文化对于人的思想、行为方面所发挥的潜移默化的影响。随着社会文化的不断发展,大众媒介对性别身份的建构扮演了越来越重要的角色。从社会性别的视角出发,可以发现大众媒介在男性与女性的性别再现上有着显著的区别。1978年,美国学者盖伊·塔奇曼(Gaye Tuchman)在其著作《壁炉与家庭——媒介中的妇女形象》中提出,大众媒体在传播过程中正是通过一系列歪曲的"再现"把女性"象征性歼灭","是指文化工业和媒介表现忽视、排斥妇女及其利益,或者将她们及其利益边缘化和浅薄化。妇女们或者不在场,或者被按照以性的吸引力和在家庭劳动中的表现为基础的陈规来表现。简言之,媒介通过不在场、谴责或者浅

---

① 盖尔·鲁宾.女性交易:性的"政治经济学"初探[M]//王政,杜芳琴.社会性别研究选译.北京:生活·读书·新知三联书店,1998:24.
② 凡·祖伦.女性主义媒介研究[M].曹晋,曹茂,译.桂林:广西师范大学出版社,2007:43-44.
③ 凡·祖伦.女性主义媒介研究[M].曹晋,曹茂,译.桂林:广西师范大学出版社,2007:44.

薄化而把妇女们'象征性地歼灭'了。"①

关于大众媒介对性别身份的建构,主要体现在以下三个方面。

首先是对性别的凝视。凝视(gaze)是携带着权力运作、并伴随主体认同与欲望投射的观看。② 早在20世纪70年代,文化研究学者如约翰·伯格(John Berger),以及女性主义电影理论家如劳拉·穆尔维(Laura Mulvey)等,都已谈到在父权社会中,女性一直处在男性凝视之下,是被看的对象。男性与女性的性别权力,也被表现为看与被看、目光与再现的文化权力,而女性的性别身份正是在这种凝视权力之下被建构的。在大众文化领域,男性话语按照男性的期许强调女性气质,女性审美有时也会受到男性欲望逻辑的影响。在大众媒介中,电影、广告就经常会出现男性凝视的现象。一个典型的例子便是玛丽莲·梦露在电影《七年之痒》(1955)中带有强烈窥视欲的捂裙动作。

而在现代社会中,权力化的凝视无处不在。本书第七章重点谈到福柯的《规训与惩罚》(1977)中对于现代社会空间与可见性的分析。福柯强调了一种因监视而实现控制的社会权力机制,每个现代主体都是这个机制的一部分。凝视"通过施行者和承受者的合谋和默契而实施,在双方的意识之外就已完成了对他者的自我异化"。③ 从这个层面来说,互联网在某种程度上正是一个目光交错的可见空间,让所有人都处在各种凝视之下,包括男性对女性的凝视、女性对男性的凝视,也包括一个假想的他者目光对自我的凝视。在当代文化中,不仅是女性气质,男性气质亦受到来自凝视的审查。可以说,在网络的凝视中,不仅需要考察性别化的权力,同时也需进一步挖掘权力形式的转变。例如,我们不能简单将当代女性观众对于男性偶像的凝视理所当然地视为一种"女性权力的提升",而是要去思考背后究竟是哪些力量在助推着这些可供凝视的文本及形象的生产? 这些文本是否打开了多元化的性别认同? 还是在以某种虚假的主体快感来重复既定的性别权力结构?

其次,是对性别形象的扭曲与刻板印象的塑造。刻板印象(stereotype)来自沃尔特·李普曼(Walter Lippmann)在《公众舆论》(1922)中提出的"刻板成见"的概念。李普曼认为,"多数情况下我们并不是先理解后定义,而是先定义后理解。置身于庞杂喧闹的外部世界,我们一眼就能认出早已为我们定义好的自己的文化,而我们也倾向于按照我们的文化所给定的、我们所熟悉的方式去理解。"④这种对人或是某一事物固定、笼统的看法,就是"刻板印象",而它通常伴随着人对该事物的评价和好恶的感情。女性主义媒介理论认为,"媒介反映了社会占主导地位的社会价值观念,从而对女性或对她们不予表现,或用刻板印象对她们进行描述,以此象征性地贬损妇女"。⑤ 大众对男性与女性的刻板印象,体现在二元框架下性别气质的固化,具体表现为对男性与女性性格、形象、智力、社会

---

① 多米尼克·斯特里纳.通俗文化理论导论[M].周宪,许钧,译.北京:商印图书馆,2001:200.
② 陈榕.凝视[M]//赵一凡,张中载,李德恩.西方文论关键词.北京:外语教学与研究出版社,2006:349.
③ 皮埃尔·布尔迪厄.关于电视[M].许钧,译.沈阳:辽宁教育出版社,2000:16.
④ 沃尔特·李普曼.公共舆论[M].阎克文,江红,译.上海:上海人民出版社,2002:67.
⑤ 刘利群.社会性别与媒介传播[M].北京:中国传媒大学出版社,2004:155.

分工、家庭角色等方面的定型化。例如,在性格上认为男性理应阳刚、理性,而女性应该温柔、更加感性等;在社会、家庭分工上,大众也向来认为男主外女主内。媒介的刻板印象则是对这种主导性别规范下刻板印象的再现。

此外,大众媒介对性别刻板印象的塑造中时常带有对女性的污名化。1963年,欧文·戈夫曼(Erving Goffman)在其《污名——受损身份管札记》一书中对"污名化"进行了讨论。戈夫曼认为,污名指涉某种贬抑性的特征或者属性,但它并不是直接指向这一属性,而是"属性与成见之间的一种特殊关系类型"。① 戈夫曼将污名分为了三种类型,分别是对身体的憎恶、个性性格特征的缺陷以及关于种族、民族和宗教等的"群落污名"。其中,群落污名会通过血统传递同等地传递到族系其他成员的身上。污名化在我们的日常生活中屡见不鲜,种族、性别都面临着污名化的问题。从新闻报道来看,"拜金女""女司机"等带有贬低意味的词,正是对女性污名化的体现。例如,2018年10月28日上午10时,重庆万州区一辆大巴车在万州长江二桥桥面与一辆小轿车发生碰撞后,大巴车坠入江中。一时间,此事在微博上发酵,成为重大舆情事件,除去案件本身,"坠江事故女司机"也被顶上热搜话题。多家媒体在报道该事件时,在文章中加入了"女司机逆行"等字眼以及在新闻标题中特意强调"女司机",使得本就在现实生活中饱受歧视的女司机成为众矢之的,案件中的女司机也成了网暴的对象。然而,当天下午重庆市公安局万州区分局微博@平安万州发出通报,道出真相——"经事故现场调查,系公交客车在行驶中突然越过中心实线,撞击对向正常行驶的小轿车后,撞断路沿,撞断护栏,坠入江中"。通报发出后,案件中的女司机才得以洗清冤屈。

最后,传统大众媒介也存在着对于女性身份的忽视。这主要体现在两个方面:一是媒介传达信息中对女性的忽视,二是媒体行业对女性的忽视。在新闻当中,女性通常出现在体育、娱乐等软新闻中,硬新闻有关女性的报道较少。在具体新闻报道中,女性也常以男性的附属品出现,例如"某某的妻子",或是作为报道的次要人物,使得女性被置于边缘化的地位。媒介行业对女性身份也有忽视现象,尤其是女性进入管理层的机会与男性从业者并不平等,女性职业晋升的"玻璃天花板现象"仍然存在。② 不过,这些现象伴随着新媒体的兴起和时代的发展正在悄然转变。根据中国记协网发布的《中国新闻事业发展报告(2020年发布)》可知,截至2019年12月31日,全国共有232830名记者持有有效的新闻记者证,从性别上来看,男性117860人,占50.62%;女性114970人,占49.38%。这体现了在当今,女性在媒体领域发挥的作用越来越重要,男女各占半边天的行业局面已经形成。③ 此外,在传媒行业,女性从业者以及管理者的增加,对媒介女性形象的建构正

---

① Erving G. Stigma: Notes on the Management of Spoiled Identity[M]. Englewood Cliffs, NJ: Prentice Hall, 1963:4.
② 上海市新闻工作者协会女记者工作委员. 2013年上海市女性新闻工作者调查报告[J]. 新闻记者,2013(3):35-42.
③ 中华全国新闻工作者协会. 中国新闻事业发展报告(2020年发布)[R/OL]. (2020-12-21)[2022-03-10]. http://www.zgjx.cn/2020-12/21/c_139600961.htm.

面化有一定的有利影响。

## 第二节 女性主义媒介批评的兴起与发展

女性主义媒介批评包含了政治学、经济学、新闻学、传播学、心理学、哲学、法学等理论基础,主要从媒介体制、媒介机构、媒介作品、媒介行为、媒介现象等层面对女性所存在的性别歧视或某些成见进行分析与批判。女性主义媒介批评理应包括受众批判、传者批判、传播内容批判、政治与经济体制批判、社会习俗批判、方法论批判等。① 女性主义媒介批评主要批评的是"对媒介领域内的现象和问题进行的批判性、警示性的研究,成为媒介批评中一个非常独特的视角,具有较为突出的解构色彩"。② 其主要涉及的方面有女性主义文学批评、女性主义电影批评、女性主义电视批评等。需要注意的是,女性主义媒介批评"不是要抹杀性别差异,而是要在社会性别分析的基础上,解构性别等级制,以期减少大众传媒对传统性别成见的建构与影响,提高公众的性别敏感,以促进社会的性别平等"。③ 女性主义媒介批评自大众媒介兴起时发展,它是女性主义与媒介研究的结合,为我们分析媒介中的女性形象以及对性别平等的思考有着深远的影响。本节将梳理女性主义媒介批评的发展脉络,并了解相关的理论以及它的批评方法。

### 一、女性主义媒介批评的发展脉络

女性主义媒介批评起始于妇女运动的第二次浪潮。在经历了20世纪30年代的经济大萧条和40年代的世界大战后,为了促进经济发展与社会稳定,组建资本主义核心家庭成为欧美社会主流意识形态的目标。在美国,实现这一目标是建立在"妇女回家"的基础上的。战时随着男性入伍,许多美国女性走上工作岗位,为社会生产作出重要贡献。但是到了战后,在有限的工作机会和条件下,以男性为主导的社会需要女性把岗位"还给"男性。同时,为实现这个过程,媒介不断渲染安逸、幸福的家庭主妇生活,使得"幸福的家庭主妇"成为美国文化中最主要的女性形象。④ 但这导致的现实结果却是许多拥有富裕生活与多孩家庭的美国主妇爆发了被称之为"无名"的问题。到60年代,社会改革家贝蒂·弗里丹(Betty Friedan)将这一问题提出。她谈到,美国女性不关心国家大事,也不关心科技,女性逐渐失去事业心,结婚年龄越来越小,甚至出现女学生为了结婚辍学

---

① 李智.媒介批评[M].北京:中国传媒大学出版社,2016:174.
② 李智.媒介批评[M].北京:中国传媒大学出版社,2016:181.
③ 卜卫.媒介与性别[M].南京:江苏人民出版社,2001:31.
④ 贝蒂·弗里丹.女性的奥秘[M].程锡麟,朱徽,王晓路,译.哈尔滨:北方文艺出版社,2002:4.

的现象。"幸福的家庭主妇"成了虚假的幻梦。①她结合自身从女学生到家庭主妇的亲身经历,对不同身份的女性进行广泛的调查、考证大量文献,并在此基础上著成《女性的奥秘》(1963)。在这本书中,弗里丹批判了媒介以及一群参与共谋的专家——诸如医生、心理学家和社会学家等,"不断灌输不安全感、恐惧和挫折感给那些不能或不愿成为'快乐家庭主妇'的普通妇女"。②另一边,澳大利亚作家杰梅茵·格里尔(Germaine Greer)则批判了彼时的言情小说对于女性在浪漫爱情方面的误导。格里尔强烈谴责批量生产的言情小说对女性读者的蒙蔽,使她们对那些虚构的异性浪漫恋爱及价值深信不疑。③可见,在第二次浪潮中,女性争取的平等不仅限于政治权利,而且将视野投放到了社会文化层面,而媒介也逐渐成为妇女运动的场域。

1972年,第一届国际妇女电影节在纽约举行后,由女性导演拍摄的以妇女为主要角色的电影进入大众的视野,女性主义电影批评随之起步。1973年,梅杰里·罗森(Mejri Rosen)发表《爆米花维纳斯》。她从20世纪的好莱坞电影开始探讨,主要研究好莱坞电影中女性形象每十年的变化。她发现,这些变化都与当时妇女在社会中的角色地位与经济条件的变化背景相悖。同时她也提出,好莱坞就是由男性统治的工业,建构了它自己的电影叙事。罗森将视角放在女性银幕形象上,认为"电影因而'无意识或有意识地',既'界定地反映了我们'"。④1975年,劳拉·穆尔维发表了《视觉快感与叙事电影》一文。她指出好莱坞电影中,男性作为凝视的主体而女性作为被看的形象这一权力结构。女性的"被看",包含了摄影机对女性演员的观看、电影中男性角色对女性的观看以及播放电影时观众对女性的观看。⑤穆尔维的研究使得性别视角进入了当时正在兴起的精神分析电影批评中,也是女性主义电影理论的奠基之作。

同样是20世纪七八十年代,美国许多电视台都遭到了妇女团体的抗议——"因为电视台节目在再现妇女方面充满社会性别歧视,而且忽略妇女议题。媒介,尤其是电视,应该展现更加积极的、自由的妇女角色模式"。⑥1972年,美国全国妇女机构组织实施了一项电视广告研究,他们研究分析了18个月间在美国电视上播放的1200多条广告,并将结果发表在《纽约杂志》上。研究中发现,"超过三分之一的广告是把女性塑造成依赖于男性的、热心家务的形象,超过一半的广告刻画了女性的'家庭功能'"。而这项研究也指出了"将女性作为附属物的一些例子,她们被描绘为缺乏才智","几乎在所有广告中,男性都占据着权威角色"。⑦此后,广告中的女性也成了媒介研究的一个方向,其涉及了女

---

① 贝蒂·弗里丹.女性的奥秘[M].程锡麟,朱徽,王晓路,译.哈尔滨:北方文艺出版社,2002:3.
② 凡·祖伦.女性主义媒介研究[M].曹晋,曹茂,译.桂林:广西师范大学出版社,2007:14.
③ 凡·祖伦.女性主义媒介研究[M].曹晋,曹茂,译.桂林:广西师范大学出版社,2007:14.
④ 休·索拉姆.激情的疏离·女性主义电影理论导论[M].艾晓明,宋素凤,冯芃芃,译.桂林:广西师范大学出版,2007:38.
⑤ Mulvey L. Visual Pleasure and Narrative Cinema[J]. Screen,1975,16(3):6-18.
⑥ 凡·祖伦.女性主义媒介研究[M].曹晋,曹茂,译.桂林:广西师范大学出版社,2007:14-15.
⑦ 罗萨林·吉尔.性别与传媒[M].程丽蓉,王涛,译.成都:四川大学出版社,2016:63-64.

性在广告中被歧视、被刻板印象、被色情化的现象。

20世纪80—90年代,女性主义电视批评出现。许多批评者也将目光转到电视节目的文本再现与女性受众的观看中。夏洛特·布伦斯登(Charlotte Brunsdon)将女性主义电视批评分为四个方面,在电视行业工作的女性、在电视屏幕上出现的女性、节目本身以及电视观众。从文本生产的角度,盖耶·塔奇曼(Gaye Tuchman)批评了电视媒介对于现实主流性别意识形态的直接反映以及对"职业女性"在电视剧中的"符号消灭"。而从女性观众层面,英国学者劳拉·蒙福德(Laura Mumford)则针对"肥皂剧"及其女性观众进行了考察,指出了女性主体在大众文化消费中的快感与主导意识形态之间更为复杂的协商关系。①

## 二、女性主义媒介批评方法

### (一) 内容分析

媒介内容向来都是女性主义媒介批评的重点。首先,早期女性主义媒介批评认为女性往往充当着被男性凝视的客体,这一点尤其出现在影视剧批评当中。劳拉·穆尔维认为,"电影作为一种先进的表象系统,以无意识构建的观看方式,将男性作为视觉认同的对象,让观众在观看中产生快感,用视觉巩固父权制度的运作"。② 在传统影视剧当中,女性形象往往根据男性主体欲望被塑造;在当下的互联网平台,女性也时常成为男性凝视的对象。

另一方面,女性主义媒介批评对媒介内容批判的重点为女性在媒介中的刻板印象。女性主义电影批评认为,"在男权话语下传统电影中塑造的女性只有两种类型:天使型和妖妇性"。③ 除此之外,媒介内容中的女性还时常被塑造成依附为男性的形象。这类媒介内容日复一日地传递着相同的理念,植入社会认知层面,加剧现实社会中人们对女性的刻板印象。同时,刻板印象也加固了对女性受众的自我规训。

### (二) 受众批判

女性主义媒介批评对受众的批判,主要建立在"解析和批判传媒领域叙事文本所采用的叙述策略、对受众的想象性期待、对受众实际产生的客观影响效果。"④从不同流派的角度来看,前期多数从传者视角进行自上而下批判的研究多将女性受众视为是大众文化

---

① 石研.电视媒介中的女性主义视角[J].浙江传媒学院学报,2016(3):100-104.
② 劳拉·穆尔维.观影快感与叙事性电影[M]//杨远婴.外国电影理论文选:下册.周传基,译.北京:生活·读书·新知三联书店,2006:64.
③ 李智.媒介批评[M].北京:中国传媒大学出版社,2016:183.
④ 李智.媒介批评[M].北京:中国传媒大学出版社,2016:183.

中被动的对象。例如,自由主义的女性主义主要通过内容分析展开研究,主张媒介应当解构对女性的偏见,宣扬正面的女性形象,从而避免对女性受众的误导。激进派女性主义认为媒介不断塑造"美好家庭""美好爱情"等故事是为了规训女性受众,从而维护父权统治的理想化与合理化。[①] 而到了20世纪八九十年代之后,在后现代消费文化语境中,越来越多女性主义研究开始肯定女性受众的主观能动性,认为她们可以在观看媒介文本时获得主体性与快感,这与之前的消极观点有所不同。

### (三) 传播者研究

女性主义媒介批评对传播者的研究,主要关注的是作为女性的传播者。许多女性主义者将研究对象集中于女作家、女导演、女记者等于媒体工作相关的女性身上。作为媒体工作者,以及男权社会下的受贬抑者,她们往往有更敏锐的嗅觉。通过女性主义传播者的视角进行女性主义媒介批评,能够观察与反思在媒体行业中男性与女性的差异化,例如工作分布、思维方式等方面的差异,从而对其中所包含的现象进行分析,寻求解决的方法。

随着新媒体的发展,一些非媒体行业工作者的女性也有了发声的权利。作为新媒体中的传播者,她们的话语权逐渐增强,这对打破过去传统媒体行业中存在的性别歧视现象有一定积极的影响。但是,在网络环境中,女性的发声也会面临着新的问题与困境,这也是女性主义媒介批评值得关注的方向。

## 第三节 性别话语的多元化与后现代转向

随着后现代思潮的发展,性别议题也开启了后现代转向。自20世纪80年代末以来,第三波女性主义浪潮兴起。在这一时期,一方面,消费文化进一步发展,女性群体消费能力提升,在以快感为主导的消费文化中,经济实力与权力被更为紧密地结合到一起,在一定程度上掩盖或转移了性别权力的不平等。另一方面,到千禧年之后,互联网的全球流行也为女性及其他性别边缘群体提供了话语权,他们运用新媒体建立自己的社群与圈层文化,性别身份与性别再现呈现出多元化的趋势。这也使得当代文化中的性别权力问题变得更为复杂,超越了传统的性别二元论模式。例如,近年来,时常能看到美妆广告采用男性作为被观看的对象;"花美男""小鲜肉"的流行更是使得长久以来文化中的男性审美发生了变化。另外,在社交媒体中,女性也不再总是被传统的女性气质与性别角色加以限制,而是可以实现个性化的自我表达。新媒体环境下性别审美呈现出多元化倾

---

[①] 李智. 媒介批评[M]. 北京:中国传媒大学出版社,2016:185.

向,性别气质的界限变得模糊。网络媒介与消费文化的后现代特征正不断促使着女性主义理论与批判维度的转变。特别是在众声喧哗的媒介环境下,我们需要多维度且更细致的视角来考察文化中的性别权力关系。

## 一、后现代女性主义与媒介文化

20世纪八九十年代,欧美保守主义思想回归。与此同时,主流媒介也不断地宣传女性已达到有影响力的地位。[①] 1982年,《纽约时报杂志》刊登了一篇题为《后女性主义一代的声音》的文章。"后女性主义"最初的流行,在于媒体频频向受众传递这样一个信息:我们已经不再需要女性主义。[②] 英国学者安吉拉·麦克罗比(Angela McRobbie)指出,"保守主义媒体成功地把性政治的领域去政治化和重新个人主义化"。[③] 以大规模的社会运动来追求男女平等的现象已经成为过去,不断发展的流行文化催生了许多性感女偶像,让年轻女性更看重对自我的追求。这意味着女性主义思潮与运动进入了一个新的阶段,即面向后现代社会的转变。

那么,后现代女性主义到底是什么?[④] 索菲亚·波卡(Sophia Phoca)等学者将之作为女性主义在时代发展过程中与后现代理论的结合。[⑤] 罗萨琳·吉尔(Rosalind Gill)认为,后现代女性主义代表着与第二波女性主义的认识论断裂,标注着"女性主义与包括后现代主义、后结构主义和后殖民主义在内的众多反本质主义运动之间的交集"[⑥]。可以确定的是,后现代女性主义与传统的女性主义有所不同。去政治化与个人化成为其两大特征。一方面,相较于以往的女性主义,后现代女性主义追求的去政治化,是将社会责任从国家、制度层面转移到了个人与文化层面,更关注微观个体与日常生活中的权力。另一方面,这一流派更加注重女性个人经验与感受,注重差异化。和后现代主义的特点类似,后现代女性主义不再相信知识的普适性,也不再相信有一个整体性的、大写的"妇女"身份可以代表所有女性的经验与问题,尤其是这一身份本身就是在性别二元论中被指涉的。后现代女性主义相信分散的、局部的知识,从关注普遍共性(sameness)转向了聚焦差异性(difference),从结构分析过渡到"更加多元理念的女性主义运用"。[⑦] 由此可见,"后现代女性主义"并不代表反女性主义,也不是女性主义话语的消亡,而是一种理论转变,是一种新型话语现象。

---

① 洪俊浩.传播学新趋势[M].北京:清华大学出版社,2014:411.
② 程锡麟.什么是女性主义批评[M].上海:上海外语教育出版社,2011:48.
③ 安吉拉·默克罗比.女性主义与青年文化[M].张岩冰,彭薇,译.郑州:河南大学出版社,2011:208.
④ 需要注意的是,"后现代女性主义"不等于"后女性主义",前者根源于后现代主义对于女性主义理论与实践的挑战与发展,是第三波女性主义浪潮中的主要理论思潮;而后者在文中指的是美国媒体在20世纪八九十年代经由反女性主义话语所"改造"而来的概念。
⑤ 索菲亚·波卡.后女性主义[M].谢小芩,译.台北:立绪文化出版社,1999:2-3.
⑥ 罗萨琳·吉尔.性别与传媒[M].程丽蓉,王涛,译.成都:四川大学出版社,2016:223.
⑦ 罗萨琳·吉尔.性别与传媒[M].程丽蓉,王涛,译.成都:四川大学出版社,2016:223.

与第二波女性主义思潮一样,后现代女性主义批评也对媒介研究产生了深远影响。例如,就当代影视剧的性别再现来看,大众媒介时代的影视批评常常会指出女性形象是作为被男性凝视的欲望客体所塑造的,但是在当下的一些影视文本中,女性不再是传统的男性"附属品"形象,已然成了文本叙事与欲望的主体。或者,抛开影视剧生产,在网络社交媒体中,女性形象也不再是由男性生产者所构建的他者化形象,而更多地变成了一种自我生产与自我建构。如果从一种整体性的视角来看,我们可能会认为这是女性文化权力提升的表现,但是后现代女性主义者会更多提醒我们关注其中权力运作方式的转变:"从外部的、男性判断的凝视到自我审查的、自恋式的凝视"。① 如果仔细去考察一些所谓的"大女主"影视剧,或者社交网站上女性气质的自我呈现,需要思考的是这些叙事与形象所制造的快感背后究竟是消解了还是巩固了既有的性别规范与权力关系。

后现代女性主义反思第一、第二波女性主义思潮中所强调性别压迫与反抗的二元权力结构,将性别的问题与更复杂多元的社会话语联系在一起。在当代文化中,围绕着女性主体性、自由与解放的论述往往充满着矛盾性。例如,在新媒体平台上,我们时常看到许多女性表明她们追求美是为了取悦自己,而非取悦他人。这强调了她们的行为都是自主选择,从男性凝视中解放出来,建立自爱与自信,显示了女性的主体性。但是后现代女性主义批评并不会到此为止。它会提醒人们持续思考:这些女性所追求的"美"在大多程度上受到媒介商业消费话语的建构与引导?当女性对自我的凝视已然内化了他者的外在凝视时,如何区分"取悦自己"与"取悦他人"? 这需要把问题进一步情境化,纳入更多的话语进行考察。再比如,一些流行影视剧如美剧《欲望都市》(1998—2004)或是国内电视剧《欢乐颂》(2016—2017)中塑造了许多时髦独立、自由自主的"都市女性"榜样。她们在大城市中自力更生,穿戴各种奢侈品,也会主动表达愿望,看似实现了性别权力的平等。但是在某种程度上,新自由主义提供了一种关于女性"解放"的幻象:即,女性要自由与自主,必须成为更高阶层的女性。性别的权力在这些幻象中被替换为都市阶层的权力。这也是后现代女性主义批评需要我们警惕的。最后一个例子来自当代偶像消费中的"女性凝视"。当男性偶像的生产越来越服务于女性粉丝的主体性欲望与观看时,要看到的不能仅仅是女性消费或文化地位的提升,从另一个角度看,女性粉丝又是如何被自主、自愿地卷入这一资本产业中,被提取利润并成为劳动力的。当代的媒介文化提供了许多诸如此类的女性"主体性"。而各种文化话语的多元交织使得权力的问题变得更为复杂。因此,在后现代语境下,我们需要将性别的话语放置在一个多维度的网络中来进行考察。

## 二、性别气质的多元与流动

自 20 世纪 90 年代以来,大众传媒中的性别气质与性别身份呈现出多元化的趋势。

---

① 罗萨林·吉尔.性别与传媒[M].程丽蓉,王涛,译.成都:四川大学出版社,2016:230.

越来越多不符合传统性别规范期待的性别形象进入大众媒介的再现体系中。针对各种差异化的、非主流的性别身份,美国女性主义电影批评家特里莎·德·劳里提斯(Teresa de Lauretis)在1991年的《差异》杂志上首次提出了"酷儿理论"(queer theory)。① 在塔姆辛·斯巴格(Tamsin Spargo)的《福柯与酷儿理论》(1999)一书中,他为酷儿理论下的定义为——"酷儿理论既不是单一的、系统的概念,也不是方法论的框架,而是对于生物性别、社会性别和性欲望之间关系的思想研究的总称。"②我国学者李银河则认为,"酷儿理论是一种具有强大革命性的理论,它的最终目标是创造新的人际关系格局,创造人类新的生活方式。"③简言之,这一理论强调性别与性向的流动性,反对身份的本质化与自然化,反思身份类别背后的权力构成。

当代最有影响力的女性主义及酷儿理论家之一是美国学者朱迪斯·巴特勒(Judith Butler)。巴特勒在她的一系列性别及伦理学研究中,"试图从边缘人的角度探寻规范之所以成为规范,支配什么是可理解的生活、什么是不可理解的生活的条件"④。而她质询诸如身份、性、性别、妇女、物质等基础性的、看似无争议的概念,通过批判性地重读精神分析、法国女性主义、福柯等对这些概念的论述,来解构这些概念的"本质"以及"本质化"所造成的认知暴力。

在其成名作《性别麻烦》(1990)中,巴特勒在质疑了第二波女性主义运动中"身份政治"的局限性之后,她重新思考了性别身份的问题,并提出了"性别操演"(gender performativity)的概念。巴特勒引用波伏娃的名言"女人不是天生的,而是变成的",来说明性别并非固定的形式,而是一个无始无终的、"正在变成"的过程。在巴特勒看来,"并不存在一个先在的性别本体,我们所以为的性别的'内在'本质,其实是社会规范不断作用于我们的身体而形成的,它是社会规范在我们身体上不断重复、操练和表演的结果。生理性别并不是先于社会话语而存在,它和社会性别一样,都是话语建构的结果。"⑤所以,"性别操演"被理解为一种身体实践,即,性别身份本身是通过一套持续的身体行为被固定下来的,而身体也在这个过程中被程式化、风格化,被识别为"性别化的身体"⑥。

---

① 葛尔·罗宾,等. 酷儿理论[M]. 李银河,译. 北京:文化艺术出版社,2003:2.
② 塔姆辛·斯巴格. 福柯与酷儿理论[M]. 赵玉兰,译. 北京:北京大学出版社,2005:35.
③ 葛尔·罗宾,等. 酷儿理论[M]. 李银河,译. 北京:文化艺术出版社,2003:14.
④ 都岚岚. 朱迪斯·巴特勒的后结构女性主义与伦理思想[M]. 北京:外语教学与研究出版社,2016:83-84.
⑤ 都岚岚. 朱迪斯·巴特勒的后结构女性主义与伦理思想[M]. 北京:外语教学与研究出版社,2016:59.
⑥ 朱迪斯·巴特勒. 性别麻烦:女性主义与身份的颠覆[M]. 宋素凤,译. 上海:上海三联书店,2009:9.

## 第四节 案例分析:新媒体与女性赋权

随着技术的发展,新媒体逐渐成为人们日常生活中不可或缺的一部分。在新媒体环境下,每个人都可以成为信息的传播者与接收者。以往在媒介中话语缺失的女性也能够利用门槛较低的新媒体争取应得的话语权。关于女性赋权,这一概念在1994年国际人口与发展大会上正式被提出,是指为女性创造一个可以让女性做出跟自己利益和社会利益相关的决定的环境。这些权利主要包括政治、经济、文化、信息权利以及社会地位。而随着网络的普及,加入互联网的女性逐渐增多,在新媒体上,女性的声量也不断增大。根据第48次《中国互联网络发展状况统计报告》所示,截至2021年6月,中国网民数量已达10.11亿,互联网普及率达71.6%,较2020年12月提升1.2个百分点。其中男性占比51.2%,女性占比48.8%,男女比例基本持平。① 新媒体为女性提供了表达信息、接收信息的权利,也为她们提供了反抗的舞台。本节重点论述新媒体为女性赋权的两个案例,并从中思考女性是如何运用新媒体发声以及如何看待当下网络媒介中关于性别问题的话语争论。

### 一、"姐妹战疫安心行动"

2020年1月,新冠疫情爆发。五湖四海的医护人员驰援武汉,共同抗疫。根据国家卫健委(2020年)公布的数据显示,疫情期间4.26万名支援湖北的医护人员中,女性医护人员占湖北省医疗队总劳动力的三分之二以上,是应对疫情的主力军。② 大量女性医护人员的努力在网络媒介中不断被呈现。而与此同时,作为女性医护人员的必备用品,女性卫生用品却迟迟无法进入医疗物资或紧缺物资的清单。为了保障奋战在一线的女性医护人员的日常需求与健康,2020年2月7日,有网友在新浪微博发起了"姐妹战疫安心行动"的媒介行动,号召为一线医护人员捐赠女性生理用品。这一行动号召了许多关心疫情的女性医护人员的网友,民间发起了为这些女性亟须的卫生用品的捐赠活动。在35天中,"姐妹战疫安心行动"的志愿者们成立了公益团队,积极联系各大医院,并寻求公募基金帮助、寻找卫生巾商家。直到3月24日,这一项目顺利结束。志愿者团队将613305条安心裤,320883条一次性内裤,160776条卫生巾,10852支护手霜,送达205家医院或

---

① 中国互联网信息中心. 第48次中国互联网络状况统计报告[R/OL].(2021-09-15)[2022-03-10]. http://www.cnnic.cn/hlwfzyj/hlwxzbg/hlwtjbg/202109/t20210915_71543.htm.
② 新浪视频. 国家卫健委:抗疫女性医务人员占2/3,李兰娟为代表的女性优秀工作者是最可爱的人[R/OL]. (2020-03-08)[2022-05-14]. http://video.sina.com.cn/p/news/2020-03-08/detail-iimxyqvz8802714.d.html.

医疗队、超过84500人。①

这次借由网民自主发起的媒介行动,让越来越多的人注意到网络中女性行动者的声音,也唤起了人们对社会文化中长期被压抑的女性身体经验的正视。一方面,许多女性运用新媒体平台从边缘走进话语中心,在网络空间中积极地发声,表达对女性权益的诉求,在与性别相关的社会公共议题讨论中发挥了重要作用。在"姐妹战疫安心行动"事件中,通过微博的传播,女性被忽视的月经问题以及基于性别的共同身体经验引发了女性群体的共情。这种基于经验与情感的认同,正是这类自组织行为的基础。另一方面,在这次事件中,女性月经这个曾经被定义为私下领域的话题在网络媒介的助推下走向了公共领域的讨论,挑战了原有关于女性真实身体经验的文化"禁忌"及话语秩序。"拒绝月经羞耻"的呼声在这一事件中被突出,也推动了文化层面女性主体的自我表达。

## 二、反思商业广告中的女性再现

2021年1月8日,某品牌卸妆湿巾发布了一条广告,具体内容为一名年轻漂亮的女孩深夜回家被黑衣人尾随,为了自救,她用该品牌的卸妆湿巾卸妆,变成了一副男性面孔,吓跑了跟踪者,并配上了跟踪者看见女孩素颜后的呕吐音效。不光如此,该视频发布时还带上了"防跟踪"等标签,打着帮助女性的名号,实际上却在贬损女性的价值。该视频一经发布,便引发了巨大的争议,相关话题迅速登上微博热搜,阅读量1.2亿。不少网友认为这条广告有侮辱女性的倾向,不仅嘲讽女性化妆、丑化女性形象,甚至还美化了跟踪。尤其是将女性被跟踪归因为女性的外表,而非跟踪者的问题,暗含着"受害者有罪论"的导向。针对该事件,《中国妇女报》发表评论,表示"创意"不是开脱责任的挡箭牌;"中国青年网"也指出,品牌方需要先清洁三观。当天,该品牌公司发布致歉信,并在1月10日再次致歉。

网络时代涉及性别问题的广告仍屡见不鲜。2021年2月24日某明星在推广另一品牌的女性内衣时将内衣与职场结合,广告词意指这个品牌的内衣是"一个让女性轻松躺赢职场的装备"。该广告同样遭到网友抵制,大多数网友认为该品牌在需要女性消费者群体时又在诋毁职业女性。同年8月24日,北京市海淀区市场监管局发布了一批违法广告典型案例,其中就有这则广告。2021年6月,北京市海淀区市场监督管理局就对该广告做出处罚:一是没收违法所得22.55万元;二是罚款65.11万元。

在新媒体时代,性别视角下的媒介批评仍任重道远。一方面,对于品牌方来说,如何建立一定的性别意识,正视女性消费者的感受,传播正向的文化价值观,对于其品牌营销至关重要。另一方面,与大众媒介的单向传播不同,在新媒体环境下,女性群体可以通过社交平台直接发声,将她们的自我诉求与意见传达给品牌方,从而对污名化女性进行抵

---

① 封面新闻."姐妹"梁钰:为女性呼喊奔走的一年[R/OL].(2020-12-22)[2022-05-14]. https://baijiahao.baidu.com/s?id=1686771704642542337&wfr=spider&for=pc.

抗。但是如何正确发声以及如何让发声产生正向作用,也是值得我们思考的问题。

【思考题】

1. 网络媒介行动主义对于推动我国的性别平等议题发挥了哪些作用?
2. 试举例分析,当代"大女主剧"的流行背后是否意味着女性权力的崛起?为什么?
3. 如何看待当代文化消费中的"女性凝视"?你认为女性观众的观看是否突破了传统男性凝视的权力结构?

# 第七章　新媒体文化的空间批评

早在 20 世纪 30 年代,法兰克福学派学者沃尔特·本雅明就开始关注都市与现代性的问题。在本雅明对现代城市的公共空间、街道、建筑等考察中,他开始引入一种从空间的视角来思考现代性的方式。到 70 年代以后,"空间"正式浮现为社会与文化研究理论的一个核心主题。1974 年,法国理论家亨利·列斐伏尔发表的《空间的生产》,奠定了从空间的思维与方法来研究社会理论的基础。到 80 年代,受到列斐伏尔的影响,欧美许多社会及文化理论家开始关注空间的议题,涉及社会学、地理学、城市化与全球化问题等。此后,关于空间的理论阐释沿着两条路径展开:一方面,吉登斯、布尔迪厄等学者在现代性视域下通过研究空间与社会的交互关系来考察社会结构;另一方面,后现代社会理论家如大卫·哈维等人则采用文化地理学的视角来探索日益复杂和分化的全球化世界。[①]

本章主要从政治经济学、微观权力学以及文化地理学三个不同的视角,围绕着空间的问题来分析文化与权力。首先从列斐伏尔的空间生产理论出发,探讨空间何以从物理性场所转变为文化性场所,以及各类社会空间是如何被生产出来的。其次,通过福柯的空间规训思想思考现代微观权力如何进行社会空间的设置、监控与规训的,又是如何作用于新媒体文化中的。最后,本章关注哈维"历史-地理唯物主义"这一研究空间问题的新方法,思考全球化时代下的空间权力转变。随着空间认识论的发展,空间已然成为当下媒介文化研究的重要切入点。而在新媒体语境下,网络空间的不断扩展与渗透也使得空间的议题从曾经的现实物质性走向虚拟化和想象化,这也为我们从空间的视角对文化进行思考带来了新的维度。

## 第一节　列斐伏尔与空间的生产性

对"空间"的认识涉及一个哲学问题——"空间"到底是什么？这个问题从古至今引起过许多讨论。一方面,受理性主义的影响,空间一直以来被认为是一个容纳各种事物的、透明而空洞的"容器"。例如,亚里士多德把"空间"作为事物存在和运动的方式,它是

---

① 何雪松. 社会理论的空间转向[J]. 社会,2006(2):34-48,206.

无限的、永恒的、空的区域。而近代哲学家笛卡儿则从几何的意义上理解空间,认为它是一切存在和发生的场所。① 另一方面,传统理论往往采取时间优于空间的认识论,空间被分为形式的与物质的空间,并被认为是孤立存在的。例如,作为人类感知世界的两个同等重要的维度,时间和空间在现代性的论述中却遭到了不同待遇。在某种程度上,诸如马克思、韦伯、涂尔干与马歇尔等学者都不自觉地赋予时间与历史相对于空间与地理的优先权,"时间成了现代性的唯一尺度"。② 然而值得注意的是,直到20世纪70年代,"空间"逐渐被作为一种重要视角与方法论进入到对于现代社会生活的考察中,也被称之为社会理论的"空间转向"。③ 这一转向的开端来自法国思想家亨利·列斐伏尔于1974年发表的一本关于空间的著作——《空间的生产》。在这本书中,列斐伏尔阐释了现代社会的空间是如何生产出来的,如何从空间的维度认识和把握世界。他的社会空间理论成为其最具标志性的学术贡献之一,并打开了此后社会文化领域对于空间议题的持续关注。

亨利·列斐伏尔(Henri Lefebvre,1901—1991)是法国战后马克思主义日常生活批判学派的创始人。他继承了马克思主义政治经济学和唯物辩证法的理论基础,将之着眼于现代日常生活问题的研究,被誉为"日常生活批判理论之父"。④ 一方面,从马克思辩证唯物主义出发,列斐伏尔强调,要想探索人类本质,必须通过社会实践来完成,也就是要将具体的日常生活内容置于第一位,在具体实践的经验领域寻找解决社会矛盾的方法。也因此,唯物辩证法不仅仅停留于理论思辨层面,更重要的是从理论走向现实、指导行动。这一出发点在很大程度上影响了列斐伏尔对于日常空间的考察。另一方面,马克思主义政治经济学也为列斐伏尔讨论"空间的生产"奠定了基础。马克思强调了空间的重要性,他将空间生产与社会生产方式相结合,随着人口的增加、土地资源的稀缺,必然伴随房价增长、土地资源规划,因为"空间是一切生产和一切人类活动所需要的要素"。⑤ 列斐伏尔在此基础上将"空间"的意义与社会实践结合,关注空间生产中的政治经济学原理。

## 一、空间的生产性

列斐伏尔改变了惯常意义上人们对于"空间"的静态、固化的理解。他认为,空间已经不再是一个物理意义上的容器或者场所,而是承载着丰富的政治学、经济学和社会学的内容。空间不仅是一种认识对象、一个物理场所,更重要的是,空间是社会生产的产

---

① 王丰龙,刘云刚.空间的生产研究综述与展望[J].人文地理,2011,26(2):13-19,30.
② 潘可礼.亨利·列斐伏尔的社会空间理论[J].南京师大学报(社会科学版),2015(1):13-20.
③ 何雪松.社会理论的空间转向[J].社会,2006(2):34-48,206.
④ 詹燕.列斐伏尔与马克思:日常生活批判理论的承继和拓展[J].理论学刊,2006(5):60-61.
⑤ 卡尔·马克思,弗里德里希·恩格斯.马克思恩格斯选集[M].中共中央马克思恩格斯列宁斯大林著作编译局,译.北京:人民出版社,2010:573.

物,是人类实践的产物,每一种社会生产关系都会生产出不同的社会空间。①首先,对空间的定义与人的社会实践紧密相连。比如城市中常见的"广场",当广场上许多市民在运动、跳广场舞时,它呈现为一个市民化的、热闹欢快的休闲场所。当地震等灾难来袭,广场又成为了一个避难场所。而当革命者在其中静坐示威,或发生冲突性事件时,广场则转变为一个公共政治场所。也就是说,空间在现代社会生活中不是孤立存在的,需要放置在一定的关系结构中才能诠释其意义。其次,资本和权力也决定着空间的意义与形态。例如,在外出旅游时,游客往往需要穿过一个购物超市才能到达旅游景区的出口,这使得原本没有购物打算的游客也会随手买一些纪念品回家。这一空间的设计自然地实现了营销的效果。再比如,大排档或"苍蝇馆子"、食堂和高档餐厅,作为物理空间来说都是吃饭的场所,但人们在不同空间中吃饭的感受大不相同。这些吃饭场所标记出了不同的阶级、文化身份、品味与权力。可以说,人们对空间的认识从平面的物理性空间到立体的文化性空间,不同的权力实践也对应了不同的空间实践。在搭建起空间的认识论后,列斐伏尔开始了最重要的对空间生产性的论述。

面对日益扩张的城市空间、社会的普遍都市化,列斐伏尔重新思考了空间与人之间的关系。他指出,空间并非中立客观的容器,它是具有生产性的;空间不仅为人类的社会与文化实践所建构,同时也生产着人类的社会权力关系。譬如,就资本主义城市社会来说,空间的生产即"社会阶级和利益集团通过控制土地和建筑物等空间的主要特征,来塑造和影响城市空间形态和组织的过程"②。城市的中央商务区与农贸市场、富人区与贫民窟等空间建构着城市中的各种权力关系和社会身份。针对空间的生产性,列斐伏尔提出了著名的"空间三元辩证法",即空间实践、空间再现和再现的空间。爱德华·索亚(Edward W. Soja)认为,列斐伏尔的空间三元辩证法与符号学的能指、所指和意指一一对应。③

首先,空间实践,是指人们依据一定的空间生产方式对具体场所、"空间集"的生产和再生产④,其产物包括广场、医院、公园、纪念碑、道路、桥梁等物理的、可被感知的经验性空间。空间实践"既是人类各种物质实践活动和行为本身,又包括这种活动和行为的结果"⑤。空间实践对应着符号中的能指。也就是说,人在空间实践时规定了不同物理空间的名称,物理的、感知的空间因此得以符号化。人们工作、生活、娱乐等不同状态的空间被创造的同时,彼此之间也联动起来。城市由此变成了由各种能指符号编织而成的"文本",可供人们"阅读"。

其次,空间再现,定义的是一个被拥有权力的群体,比如政府、城市规划领域专家、城

---

① 潘可礼. 亨利·列斐伏尔的社会空间理论[J]. 南京师大学报(社会科学版),2015(1):13-20.
② Gottdiener M. The Social Production of Space[M]. Austin:University of Texas,1985:1.
③ 潘可礼. 亨利·列斐伏尔的社会空间理论[J]. 南京师大学报(社会科学版),2015(1):13-20.
④ 潘可礼. 亨利·列斐伏尔的社会空间理论[J]. 南京师大学报(社会科学版),2015(1):13-20.
⑤ 张子凯. 列斐伏尔《空间的生产》述评[J]. 江苏大学学报(社会科学版),2007(5):10-14.

市空间理论学者构想出的概念化空间,是理论层面的研究对象。它凌驾于具体的空间实践之上,为强制性规定的所指。空间再现"以所谓'客观的'、'科学的'符号在场掩盖着主导意识形态权力控制的缺席"。① 主导秩序设定着这些概念化的空间生产与生产关系,通过话语、文本以及意识形态来支配空间的生产。② 这是空间逐渐充斥知识权力、压迫和剥削性质的阶段,意识形态和资本开始介入社会空间的生产,赋予空间实践中能指符号文本以概念化的意义,从概念化的上层建筑层面反作用于作为经济基础的空间实践。

最后,再现的空间,是空间再现落实到现实生活的本真性空间,它既被空间再现所统治,又在隐秘的角落对空间再现进行抵抗。再现的空间也意味着符号的意指运动,即空间表述的流动过程。正如列斐伏尔谈到,"表述空间是有生命的:它会说话。它拥有一个富有感情的核心或中心:自我、床、卧室、寓所、房屋;或者,广场、教堂、墓地。"③再现的空间置于物理空间之上,起到对物理空间赋予象征意义的表征作用,也正是人居住和使用的日常生活空间。再现的空间中存在空间的控制与暴力,是阶级得以区隔的载体。这些区隔并非实际的物理隔离,而是通过表征、概念化的空间规划以及人的空间实践所建构起来的看似自然的社会区隔,比如城市中富人区和贫民窟的分离。

总体而言,在空间三元辩证组合中,再现的空间与空间实践和空间再现密切相关,但不是空间实践和空间再现的简单叠加,而是对它们进行拆解和重构之后,形成的一种开放性、包容性的全新空间。④ 它既是对空间再现的超越,又是对空间实践的回归。⑤

## 二、空间生产中的政治经济学

空间的生产性使得现代理论的焦点从重视时间转向了重视空间,从关注空间的内部生产转向了关注空间自身的生产。在此基础上,列斐伏尔将政治经济学的批判维度纳入到对空间的思考中,发展了政治经济学的空间思想。政治经济学关注的焦点是生产关系,不仅关注剩余价值的生产,还包括剩余价值得以持续再生产的一整套社会关系的生产。列斐伏尔认为,马克思主义政治经济学还是侧重于对时间的讨论,在一定程度上忽略了从空间维度把握社会关系结构再生产的权力运作。

在对空间生产性的讨论中,以往政治经济学关注的是"空间中的生产"(production in space),而列斐伏尔关注的则是"空间本身的生产"(production of space)。现代社会不仅要生产空间,还要生产这个空间能够持续性再生产的一整套社会关系。他强调,"空间里弥漫着社会关系,它不仅被社会关系支持,也生产社会关系和被社会关系所生产"。⑥ 空

---

① 潘可礼.亨利·列斐伏尔的社会空间理论[J].南京师大学报(社会科学版),2015(1):13-20.
② 杨有庆,范建刚.列斐伏尔的空间生产理论及其影响[J].甘肃高师学报,2011,16(6):124-127.
③ Lefebvre H. The Production of Space[M]. Malden:Blackwell Publishing,1991:42.
④ 潘可礼.亨利·列斐伏尔的社会空间理论[J].南京师大学报(社会科学版),2015(1):13-20.
⑤ 张子凯.列斐伏尔《空间的生产》述评[J].江苏大学学报(社会科学版),2007(5):10-14.
⑥ 包亚明.现代性与空间生产[M].上海:上海教育出版社,2003:48.

间表面上看似无差别,但实际上则是在特定的政治和经济意图下被生产出来的。

随着现代社会城市的扩张,列斐伏尔着重关注了城市的空间规划。他认为,城市规划中就夹杂了各种意识形态和经济结构。首先是空间的政治属性。现代政治权力往往以一种自然化的隐蔽形式支配或寻求支配空间。① 例如,俄罗斯的大部分城市都有二战纪念广场与列宁像雕塑,这些特定的历史与意识形态产物被当下的人们用来散步、休闲、旅游、拍照,悄无声息地融入人们日常生活的空间中。其次是空间的经济属性。这些经济属性决定了特权阶层和市民阶层所生活的空间形态是怎样的。资本将城市空间划分出了不同的等级、身份、文化与生活方式。例如,当今社会中产阶层争相抢购的"学区房",同样是居住空间,占有"学区房"不仅成为一种经济投资形式,同时还是中产阶层维系阶级身份的手段。最后,空间的政治与经济属性更多时候是交织在一起,无法完全割裂的。在一些时期,为了保障特权阶层利益的稳定,空间在一定程度上也阻隔了不同阶级的流动,将平民挡在富人区之外,通过压榨平民享受公共资源的权利来提高富人的生活品质。

在对空间生产性进一步深化的过程中,列斐伏尔也探究了资本主义空间与社会主义空间的差异。马克思主义空间生产理论认为,资本主义生产方式的发展必然会将空间资本化。且这种空间资本化会随着全球化进程而不断扩散。"在资本逻辑推动下,资本运行规模逐渐从工厂内部空间的调整,到城市空间的构成与重组,最后到全球空间的最终形成,资本积累逐渐成为一个全球历史地理空间的问题。"②资本正是利用空间逐步形成全球性的经济发展,比如跨国公司。列斐伏尔认为,资本主义之所以得以存在正是因为其对空间的无限占有;资本主义在对经济利益无止境追求的目的下对空间进行无限扩张、整合与重组,试图将整个空间资本化、同质化与破碎化。③ 他试图通过增强节日庆典的氛围、转换对空间的使用权等方式来增强人与自然的原初联系,将破碎重整为整体,追求社会空间的差异性和每个人的完整性。因此,列斐伏尔认为社会主义空间"意味着私有财产以及国家对空间之政治性支配的终结,这又意指从支配到取用的转变,以及使用优先于交换"④。

受马克思主义理论及其所在的资本主义社会大生产时期的影响,列斐伏尔关注的空间更多是宏观层面的整体化空间,比如城市规划空间、社会流动的空间等;在物品生产关系中,他更多关心的是生产的空间和销售的空间。事实上,随着后现代社会的到来,空间的碎片化倾向日趋显著,新媒体时代对于碎片空间争夺,以及网络虚拟空间的兴起显然也是列斐伏尔始料未及的。而他提出的空间理论则为之后学者从空间的视角来理解不

---

① Lefebvre H. Rhythm Analysis[M]. London and New York:Continuum,2004:96.
② 李秀玲,秦龙."空间生产"思想:从马克思经列斐伏尔到哈维[J].福建论坛(人文社会科学版),2011(5):60-64.
③ Lefebvre H. The Production of Space[M]. Malden:Blackwell Publishing,1991:326.
④ 包亚明.现代性与空间的生产[M].上海:上海教育出版社,2003:55.

断变化与分化的社会权力关系打下了重要的基础。

## 第二节 福柯与空间权力观

20世纪70年代,社会理论的空间转向最具代表性的两种论述均诞生于法国,除了列斐伏尔的空间生产理论,另一位即是米歇尔·福柯的空间规训思想。列斐伏尔是马克思主义理论家,关注的是宏观层面的空间政治经济学问题;而福柯的空间规训思想延续的则是其微观权力学,强调一种无处不在的监视/观看如何成为一种不可见的、隐匿的社会控制技术和权力形式。事实上,早在60年代中后期,"空间"已经作为一个重要的理论视角进入到福柯的知识考古学研究中。1967年,福柯将《词与物》(1966)中提出的"异托邦"/"异质空间"这一概念进行了阐释,将之作为他空间哲学的一种概括。在此基础上,他在70年代发展出了他最著名的空间规训理论。在这一理论体系中,空间既是权力生产的场所与实施的媒介,也是权力实施规训和运作的产物。空间在微观权力生产及作用的过程中显现出不容忽视的作用。这些讨论集中在福柯1974年发表的《规训与惩罚》一书中,其中,他专门讨论了现代权力如何运用空间来实施对主体的规训和可见性的生产。

### 一、现代社会的异质空间

20世纪60年代,福柯在《另一个空间》(1967)的演讲稿中,详细论述了"异托邦"的概念。对这一概念的认识能够帮助我们更好地理解福柯如何将"空间"作为一种思考的方式。"异托邦"(heterotopia)一词可以相对于"乌托邦"(utopia)来看,其中词缀"-topia"都表示"空间"之意。"乌托邦"的意思即"没有这一空间"或者"不存在的空间";而"hetero-"则意味着多元、异质、差异性,因此"异托邦"也被翻译为"异质空间""差异空间""另类空间"等。二者的意义也是截然相反:"乌托邦"是非真实存在的空间,或是理想的、幻想的空间,如天堂、安乐乡或理想中的城邦等;而"异托邦"则是实际存在的空间,且同时混合了幻想,或者说,它是被有效地实现了的乌托邦。① 以镜子为例,如果乌托邦看到的是镜子里面完美理想的世界,而这个世界是虚幻的;那么异托邦强调的则是镜子本身作为真实存在,可以并置现实空间、虚拟空间以及其他心理空间,并模糊内外边界的可能性。用福柯的话说,作为一种"异托邦"的隐喻,"镜子使我在凝视镜影的当下,发现自我与周遭其他空间密切联结,因而使镜外之我的存在显得绝对真实。"②

---

① 赵福生. Heterotopia:"差异地点"还是"异托邦"?——兼论福柯的空间权力思想[J]. 理论探讨,2010(1):45-49.
② Foucault M. Of Other Spaces[J]. Diacritics,1986,16(1):23.

福柯将"异托邦"作为一种与古典哲学中的空间截然不同的概念,作为现代社会空间的标志。他例举了"异托邦"的六种特征或者六种类型:其一,异托邦是权力的空间。这源自前现代特权规定的或宗教"禁区",也就是一种观念性的禁忌将特定的人禁锢在特定的空间中。在现代,这种空间变成了社会边缘群体、或者是有悖于社会主流规范的人所处的空间形式,如监狱、精神病院、养老院等。这些空间也变成了福柯之后研究所重点关注的对象。其二,异托邦是随着时间不断变化的空间。例如,在历史变迁中一直存在而又更替的空间。福柯例举了公墓所在的位置是如何随着现代文化信仰的变化而转移的。其三,异托邦交织着异质化的时间。异托邦可以将毫不相关的时空层次并置在一起,例如作为异托邦的花园、剧院、电影院、博物馆、图书馆等。尤其是博物馆,将万事万物及各种时间都暂时凝固在了这一场所中。其四,与之相对应的,是另一种瞬时性的空间,比如流动的跳蚤市场、度假村、万圣节鬼屋等,仅在特定的时间才浮现的狂欢节的、仪式化的空间。其五,福柯认为异托邦会有一种打开和关闭的系统,将自身与外部区分。例如,我们总是需要通过某些规则才能进入到特定空间中,如买票进剧院、通过各种考核才能去到军队等。其六,异托邦连接着幻想与现实补偿,具有创造空间的作用。福柯认为殖民者的船是最典型的异托邦。海上漂流的轮船是与外界封闭的、流动的空间,它既承载了殖民者去探索并改造新大陆的幻想,而这种幻想也同时在船向着殖民地的航行中获得现实补偿。①

福柯通过对"异托邦"的思考来将空间的维度带入对现代社会文化与权力的关照中。与列斐伏尔类似,福柯认为空间不再是一个单一的、中立的、同质化的、容器性的存在,而是充满着社会文化的异质性。也就是说,现代社会无一不存在着异托邦,日常文化生活总是由多元的、复杂的空间形式所构成。在此基础上,福柯重点考察了现代微观权力是如何通过各种空间的设置、区隔、敞开与监控,来实现对现代人的管控。

## 二、全景敞视监狱与权力监控

在《规训与惩罚》中,福柯考察了两种处置罪犯的形式,即中世纪末君权鼎盛时期公共场所的酷刑以及19世纪初的现代监狱制度。福柯认为,惩罚本质上是权力体制及形式的表征。而从酷刑到监禁,从前现代到现代,权力的运作方式发生了巨大的变化。他指出,"愚蠢的暴君用铁链束缚他的奴隶,而真正的政治家则用奴隶自己的思想锁链更有力地约束他们。"②在现代社会,权力不再单以强制的暴力形式来施展效力,而通过知识话语的生产与特定的空间技术,来规训并塑造符合规范的现代主体,这是一种精心计算的权力经济学。因此,福柯摒弃了考察权力集团斗争的宏观视角,将军营、学校、监狱等现代微观权力实施的机构(institutions)作为主要分析对象,通过对惩罚形式的考古来追溯

---

① Foucault M. Of Other Spaces[J]. Diacritics,1986,16(1):24-27.
② 米歇尔·福柯. 规训与惩罚[M]. 刘北城,杨远婴,译. 北京:生活·读书·新知三联书店,2019:108.

权力的生产及转变。其中,为了展现各种现代机构中微观权力的运作机制,福柯用"全景敞视监狱"这一空间模型来加以说明。

"全景敞式监狱"来自19世纪初期英国思想家杰里米·边沁(Jeremy Bentham)所设想的建筑模型。福柯认为这一空间结构形象地揭示了现代社会对于主体的规训制度。全景敞视监狱的结构是由多个小囚室组成的环形建筑,环形建筑的正中间有一个高耸的瞭望塔,每个囚室都有一个对里一个对塔的两个透明窗户,瞭望塔中似乎站着一位监管者,他在中间可以环视四周,将每一个小囚室里囚犯的一举一动尽收眼底,但囚犯并不能看到塔内的情况。全景敞式监狱的空间形态为权力监控提供了绝佳条件,因为无论瞭望塔中是否存在着监管者,对于监狱里面的人来说,他都认为自己每分每秒处于他人目光的监视之下(图7-1)。这些目光是相互交错的。首先,是来自权力的代理人即塔内监管者的目光。其次,是环形监狱中来自其他囚犯注视的目光。这使得囚犯之间形成了相互的监督。最后,是囚犯的自我观看与自我监控。因为在内化了这些无形的目光后,囚犯自身也会充当自己的管理者,自觉地使得自身的行动符合规范。而这种自我监视也是微观权力的最高也是最不可见的形式。

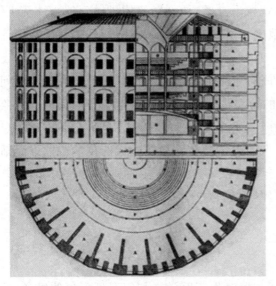 

图7-1　全景敞式监狱模型

全景敞视监狱的空间模式同样实践于一个现代规训社会之中。福柯论述道,在这个领域里,权力以最小的经济代价全面渗透至各个角落。在全景敞视的空间中,权力监控是在人群里自动施展的,"全景敞视模式使任何权力机构都强化了"[①]。这种全景敞视主义对现代社会的空间进行了精密的安排和设计,"窗户、光线、塔楼、环形监狱、百叶窗、铁

---

① [法]米歇尔·福柯.规训与惩罚[M].刘北城,杨远婴,译.北京:生活·读书·新知三联书店,2019:222.

栅栏……所有这些都成功地区分、限定了空间,设置了观看的不平等性。"①它保证了权力监管者的凝视被赋予中立的、合法的性质,且具有威慑力。身处监视网络中的每个人都成了监视他人的目光,而自己也被他人所监视。权力规训的目光就这样弥散在现代社会生活的空间中,比如街道上的陌生人目光可以审视道德,领导者的目光可以规范言行,监控摄像头可以监控犯罪者的行踪。而到了网络社会,这种观看在虚拟空间中变得无处不在。这些目光代表了社会秩序的眼睛,让被观看者时刻处于暴露的、可见的状态。这种权力监控技术生产了新的知识和话语体系,重塑了一个新的社会空间。在福柯看来,空间变成了现代权力话语发挥作用的场所和媒介。②

最后,福柯认为,对空间的监视不是主要目的,其核心是对既定主体形式的规训以及对既定主体形式的生产。正如边沁的全景敞视监狱模型中,对空间的监视不仅是瞭望塔上的监管者拥有观看的权力,每个囚犯同样拥有观看的权力,他们彼此之间可以形成相互监视。在"不知道是不是有人在看着我"的情况下,每个囚犯需要时刻规范自己的行为举止,也因此形成了对自我的监视。这是权力监控的最终目的,即完成对可见空间中的每一个主体的规训,且社会管理成本最低且效率最高。福柯梳理了惩罚机制的发展从收效甚微的血腥暴力景观到精心计算的微观权力渗透,从刑罚机构扩散到整个社会机体。他认为,现代权力最终会达到整个社会范围塑造"驯顺的身体"的目标,也就是从规训主体到生产被规训好了的主体。

如今,大部分手机软件比如社交软件、音乐平台、美颜相机等,几乎都会要求访问手机的定位、储存、电话等私人信息。用户的行动轨迹、作息习惯在新媒体时代的技术监控下被轻松获取,甚至进行信息交易。当用户进入类似卧室的私密空间后,浏览如淘宝、抖音等记录依然避免不了被大数据抓取。人的主体性在新媒体时代的技术监控下逐渐丧失,很难再有不被监视的私密空间。在"全景敞视"的空间中,人面临着被符号化、客体化的危机。

## 三、可见性的生产

"可见性"(visibility)这一概念来源于福柯对临床医学中如何看见疾病的思考,后延伸到文化研究领域指"能否被他人看见、能否获得他人的注意力,当获得的注意力达到了一定规模,即产生了可见性"③。在传统媒体时代,大众媒介掌握生产公共空间可见性的权力,有选择性地生产可见和不可见。随着新媒体时代技术监控的发展,生产可见性的

---

① 党西民.观看的权力:福柯权力观中的监视理论[J].宜宾学院学报,2012,12(9):17-21.
② 刘涛.社会化媒体与空间的社会化生产:福柯"空间规训思想"的当代阐释[J].国际新闻界,2014,36(5):48-63.
③ 孙玮,李梦颖."可见性":社会化媒体与公共领域——以占海特"异地高考"事件为例[J].西北师大学报(社会科学版),2014,51(2):37-44.

权力主体由媒介扩展到每个人。丹尼尔·戴扬(Daniel Dayan)认为,新媒体环境下"这种'可见性'的权利几乎被认为是一种人权,具体包括三种权利:被看见的权利,以自己定义的方式被看见的权利,赋予他人可见性的权利"①。

现代权力监控的前提在于一个透明的、可视的、公共的、敞开的空间,以及在其中主体的"可见"(visible)。因此,这需要消除主体的隐蔽性,使之从一个不可见的区域进入一个可见的区域,进入权力的视野。这种可见性的现代空间生产,在汉娜·阿伦特或哈贝马斯的理论中更多被认为是积极且重要的,是构建公共领域、奠定现代民主政治及公民参与的基础。但是在福柯看来,可见性是现代微观权力施展效力的必要手段。因为只有当主体迫使自身可见,主动暴露在权力的目光下,才能够接受知识话语的规训与塑造,才可能成为一个"合规的"主体。在这种机制下,伴随着公共的、可见的、资本化的空间对隐蔽的、私密的、个人化空间的入侵——正如我们深夜在私密的卧室中刷微博或者观看喧闹的电商直播那样。在当代网络社交媒体环境中,人们已然进入了一个全景敞视的空间。可见性不仅催生了我们之于他人的偷窥欲;同时,我们也乐于在社交平台上不断暴露自己的可见性。

空间的社会化过程建立在空间的可见性基础上,而社会化媒体使得这种可见性变得更自然、更彻底、更具生产性。刘涛认为,新媒体时代的观看体系发生了巨大变化,从全景敞视监狱模型中的少数人看多数人,变成了当今社交媒体中的多数人看多数人。福柯的空间规训思想因此也呈现出新的规训形态和权力生产方式。② 在传统媒体时代,大部分人较少有机会或者并不愿意在公共平台吸引目光、暴露隐私。而当今,智能手机用户们在社交媒体上发布自己日常生活动态、分享内心世界、标注自己所在位置似乎已司空见惯。以在社交媒体发布自拍照为例,自拍照片通常被精心修饰过后发出,希望获得更多或者特定的观看与关注。自拍者首先接受了自我的审视,再经过技术的修饰,最后再将照片置于未知的他者目光下。更多点击与反馈则标记着更多的"显示度"。在新的社会体系中,"看"与"被看"已不再是简单的主体与客体的稳定关系,被看者不仅能动地、主动地渴望自己被观看,同时他们也是可见空间中的观看者。新媒体时代呈现出了独特的空间景观与更复杂且细致的权力规训形式。"即便是'看'的主体也不断地陷入自我定位与被规范的行为中,由监视他人到自我注视、自我惩罚、自我约束,直至拥有'驯良的身体'。"③可见性的空间生产逐渐从公共权力对私人隐蔽性的侵入,到如今成为人们媒介化生活不可或缺的一部分;从被动走进公众,到主动暴露自我,权力进一步实现了低成本、高效率的微观作用。

---

① Dayan D. Conquering visibility,Conferring Visibility:Visibility Seekers&Media Performance[J]. International Journal of Communications,2013(1):2.
② 刘涛.社会化媒体与空间的社会化生产:福柯"空间规训思想"的当代阐释[J].国际新闻界,2014,36(5):48-63.
③ 郑勋.身体空间的"可见性"生产与自我认同危机:基于社交媒体语境的探索[J].长白学刊,2019(5):149-156.

# 第三节 大卫·哈维的后现代空间思想

随着后现代思潮兴起,空间的理论意义也日趋丰满。后现代空间论的起始点常被追溯到列斐伏尔及福柯对社会空间的批判性阐述。而此后诸如大卫·哈维、爱德华·索亚等文化地理学家也对空间研究做出了巨大贡献,并提出了后现代的空间辩证法。

大卫·哈维(David Harvey,1935—)是后现代地理学中的重要人物,同时也是一位马克思主义学者。哈维继承了列斐伏尔的空间生产理论,借鉴了福柯微观权力思想,延续了马克思主义政治经济学的脉络,通过对空间和社会关系的具体研究来批判资本主义的空间暴力,并试图构建和谐"时空关系"下的辩证乌托邦主义社会,其后现代空间辩证法兼具宏观和微观视野。哈维强调,空间地理的生产内嵌于社会历史发展的叙事中。他将空间作为一个积极的因素纳入马克思历史唯物主义的分析框架。对此,他首先在1982年出版的《资本的局限》中提出了"历史-地理唯物主义"(Historical-geographical Materialism)的研究方法,将空间与时间同时纳入对资本主义的考察范畴中。与列斐伏尔强调"空间"本身而一定程度上放弃了历史唯物主义的理论研究不同,哈维的"历史-地理唯物主义"避免了时间与空间的二元对立。其次,他在1986年出版的《资本的城市化》中运用"历史-地理唯物主义"辩证法将城市化发展和资本主义发展相结合,分析资本城市化的形成过程和运作方式。最后,他在《希望的空间》(2000)从城市空间的角度进入对全球化的批判中,反思了资本主义发展中的全球化、城市化与身体空间的问题,认为空间生产的最终的希望或者出路是实现"时空乌托邦"。

## 一、历史-地理唯物主义

在对马克思主义的发展中,哈维指出,经典马克思主义理论更多地从历史和时间的角度对资本主义进行了分析,而忽略了地理和空间的问题。因此,"历史-地理唯物主义"的提出是作为对"历史唯物主义"的一种补充,增强了马克思主义理论在现代社会的生命力。这一理论也成了哈维空间分析的基本框架。

"用时间消灭空间"以及"全世界无产者联合起来"对抗资本主义剥削的理论可以看出马克思、恩格斯对地理空间因素的考量。但哈维在仔细阅读马克思主义相关著作后认为,经典马克思主义对"空间"的理解并不充分。而这对资本的力量存在低估,因为"资本具有粉碎、分割及区分的能力,吸收、改造甚至恶化古老文化差异的能力,制造空间差异、进行地缘政治动员的能力"①。哈维强调，全球化的追溯并不源于地理大发现，而是源于资本主义生产模式在全球范围内迅速地空间扩张和渗透。当今全球化时代下城市化进程迅速，社会生产主要不再是马克思革命时代提出的物质层面，而是时间和空间的生产，资本主义的空间生产和地理重组不仅发挥着实现资本积累的重要职能，也使得当代资本主义社会的阶级斗争状况更加复杂困难。哈维敏锐地发现，全球化时代的资本权力正在以自己的独特方式塑造城市空间景观，因此他在肯定《共产党宣言》中对资本主义认识的基础上，将地理学知识引入对资本主义社会问题的批判中。哈维在《地理学中的解释》（1969）中谈道："当我设法把传统的地理学思想的积极方面和计量化所蕴含的哲学汇合在一起时，我惊奇地观察到地理学的全部哲学变得多么生气勃勃和至关重要。"②他认为，如果不引入空间的维度，历史唯物主义理论是无法对资本主义现实展开有力批判的。

"历史-地理唯物主义"有四个方面的推进：首先，是重新审视文化差异和"他者"，将其看作把握社会辩证法的重要内容。在阶级政治的框架内合理地恢复种族、性别、代际、宗教等其他方面的社会组织的重要性。其次，将形象生产和话语生产作为重要对象来考察，将之作为分析社会文化象征秩序的再生产和组成部分。再次，存在社会行动中的现实地理学和现实与隐喻的权力领域两个维度的空间，在认识到时间与空间存在关系的基础上对上述两种空间辩证对待。最后，历史-地理唯物主义是历史与地理两种知识学科达成共同探究社会进程与矛盾的一种努力。③

哈维的历史-地理唯物主义辩证法把空间元素较为全面地纳入了马克思主义理论体系中，完善了马克思主义关于人类社会发展一般规律的理论，增强了马克思主义理论在现代社会的生命力，为批判资本主义制度和寻求资本主义社会替代方案提供了新的路径。胡大平认为，"在总体上，我们可以这样来概括：一方面，借助马克思主义，哈维把地理学提升为空间政治学；另一方面，借助城市化经验，他把历史唯物主义发展成历史地理唯物主义。"④

## 二、全球化趋势下的城市空间生产

随着战后资本主义生产的肆意扩张，西方城市化发展速度加快，资源的过度开采使得人类生存陷入危机。资本的过度积累催生了全球化空间的形成，也出现诸多社会和空间的不平等问题。大卫·哈维在对马克思主义地理学重建的基础上提出了历史-地理唯物主义的探究方法，并将其运用于全球化时代下资本城市化进程的探究。

---

① 大卫·哈维.希望的空间[M].胡大平,译.南京:南京大学出版社,2006:139.
② 大卫·哈维,蔡运龙.论地理学的历史和现状:一个历史唯物主义宣言[J].地理译报,1990(3):25-31.
③ 大卫·哈维.后现代的状况:对文化变迁之缘起的探究[M].阎嘉,译.北京:商务印书馆,2003:441.
④ 胡大平.从历史唯物主义到历史地理唯物主义:哈维对马克思主义的升级及其理论意义[J].南京大学学报（哲学·人文科学·社会科学版）,2004(5):12-15.

首先是资本的城市化。哈维在《资本的城市化》中给出了"城市"的定义："实际上，大量的资本流向建设环境（built environment，指对基础设施和物质环境的建设）和绝大多数各种各样的社会消费被吸收的地方，这种地方就叫'城市'"。① 哈维认为，当前的空间不再仅仅是马克思主义理论认为的资本的要素，其已然成了被争夺的资本本身。城市化发展的过程也是资本争夺、重组城市空间秩序的过程，其涉及"资本循环的过程；劳动力、商品和货币资本的流动；生产的空间组织和空间关系的转换；信息的流动和基于区域的阶级联盟之间地缘冲突等"。② 并且，"资本主义再生产必须通过城市化才能实现"。③ 因此，城市空间是资本主义社会实践的产物。

其次是资本城市化过程中资本积累和阶级斗争二者的矛盾作用。哈维认为，资本积累和阶级斗争"是同一硬币的两面，是我们观察资本主义整体活动的两扇窗户"。④ 资本过度积累会导致阶级斗争，阶级斗争一定程度上改变资本积累的结构，缓解空间发展不平衡的问题。资本主义生产方式还使得劳动者之间相互竞争，把矛盾的焦点从资本家和工人之间转移到工人和工人之间，破坏工人之间的联合。因此，当代很少出现大规模反抗性的罢工运动。更进一步地说，无产阶级劳动者之间的竞争，其本质是在维系着当下资本主义经济模式的权力结构，这也使得马克思主义所号召的"全世界无产者联合起来"难以实现。

最后是资本的全球化。经典马克思主义理论认为，资本主义社会生产的社会化和生产资料的私人化之间存在着不可调和的矛盾，这将导致资本主义制度的灭亡。但为何当代资本主义社会仍然存在并发展？对此，哈维在全球化趋势下提出了"空间修复"理论。因此哈维认为，资本主义之所以没有灭亡，原因是资本主义国家把过剩的资本转移到了国外，这首先缓解了内部矛盾的爆发，使得资本不再囤积。其次，资本的全球化扩大了资本发展的地理空间，迫使第三世界的国家加入资本生产的链条，形成全球化空间和全球的资本主义空间生产体系。最后，为了缓解经济发展中的生态环境问题，资本主义国家掠夺其他国家的生态资源。在这一过程中，不同地区及社会不平衡地嵌入到资本主义世界的市场化进程，"资本积累的'地域历史地理学'开始向'全球历史地理学'转变，资本的基本矛盾也开始跨越地理和文化的特殊性，并在全球空间带来危机的普遍性。"⑤

可以说，全球化的过程压缩了时间和空间，改变了原本人们对时空的认知，让时间变得紧张，空间变得局促，同时加速了全球地理发展的不平衡。从宏观的全球化空间来看

---

① Harvey D. The Urbanization of Capital: Studies in the History and Theory of Capitalist Urbanization[M]. Baltimore: the John Hopkins University Press, 1985. 14.

② Harvey D. The Urbanization of Capital: Studies in the History and Theory of Capitalist Urbanization[M] Baltimore: the John Hopkins University Press, 1985. xvii.

③ Harvey D. The Urbanization of Capital: Studies in the History and Theory of Capitalist Urbanization[M]. Baltimore: the John Hopkins University Press, 1985. 222.

④ Harvey D. The Urbanization of Capital: Studies in the History and Theory of Capitalist Urbanization[M]. Baltimore: the John Hopkins University Press, 1985. 1.

⑤ 李春敏. 大卫·哈维的"历史-地理唯物主义"及其理论建构[J]. 天津社会科学, 2013, 5(5): 21-28, 43.

资本主义的发展,可以发现,资本主义的空间修复虽然在空间上获得了新的发展动力,但也仅仅缓解了或转移了阶级矛盾的爆发。被扩大的地理空间上的资本依然在持续堆积,并没有根本改变资产阶级对无产阶级的压迫状态。而这些资本积累却以更加隐蔽的方式深入我们的日常生活空间。在关注全球化空间时,哈维将焦点置于城市中,将城市化进程看作阶级斗争和资本积累的过程,形成了一套对于现代城市空间的批判。我们可以反思当代各种"全球大都市"的景观是否越来越趋于同质化:城市原本的文化记忆与历史空间逐渐消失,取而代之的是极其类似的现代摩天大楼、霓虹灯光夜景以及充斥着各种国际化品牌的广告与商品。

### 三、辩证乌托邦主义

20世纪80年代以来,哈维的许多讨论都集中到后现代理论与全球化批评上,在探究了资本主义空间生产的运行机制并提出担忧后,他在2000年出版的《希望的空间》一书中,借助传统的"乌托邦"概念,进一步探索空间生产的最终希望——"辩证时空乌托邦"。"乌托邦"的概念最初由托马斯·莫尔(St. Thomas More)提出,其字面意思是"不存在的地方",也意味着"理想中的美好之地",后来泛指空想和幻想的地方。"乌托邦"是哈维空间理论中一个重要的主题。哈维认为,传统的乌托邦分为"空间形态乌托邦"和"社会过程乌托邦"两类,皆已被资本所控制,并带来了一系列社会矛盾,因此,他提出了同时包含时间和空间生产的"辩证时空乌托邦"的概念。

其一,"空间形态乌托邦"着重对空间的生产而有意压制时间,通过对空间的打造和赋权将资本主义社会下的"商品拜物教"隐藏其中,具有封闭性。历史时间的丰富性和真实性被其排除在外。这一形态乌托邦社会中的问题主要体现在城市发展的同质化、贫富分区化,以及各种诱导人们消费的空间打造,比如大型商圈、迪士尼主题乐园等。其如一座无论内容形式日益僵化且缺乏丰富性及活力的人工孤岛,在这样的人工孤岛中,"空间形态控制了时间"。[①] 可以说,在空间形态乌托邦中,稳定的表面美好磨灭了人们的批判精神和想象空间,从而让资本打造出使人们潜移默化地服从于统治秩序的社会空间。

其二,"社会过程乌托邦"的实质是"新自由主义"思潮下的社会,即主张设置一个无限开放、不被干预的自由市场。但哈维在《新自由主义简史》(2005)一书中认为,"自由"就是这一乌托邦形式最大的谎言和面具,"一方面,新自由主义国家被认为应该只是设置市场运作的舞台而不进行干预;但另一方面,新自由主义国家又被假定要积极创造一个良好的商业环境,并在全球政治中扮演竞争性实体的角色。"[②]但是自由市场并没有达到预期的社会整体利益的最大化,反而资本的垄断导致不平衡的地理发展和贫富差距的拉大,让社会变得冷漠、松散,且大部分普通人无法从中获益。

---

① 李雪阳,郭立.大卫·哈维"辩证的时空乌托邦"思想探析[J].广东社会科学,2020(5):72-78.
② 大卫·哈维.新自由主义简史[M].王钦,译.上海:上海译文出版社,2010:80.

传统乌托邦的片面性和虚幻性使得乌托邦的概念往往被认为是一个意识形态战场，一个空想社会形态。但哈维认为，"无论如何，乌托邦梦想不会完全消失。它们会作为我们欲望的隐蔽所指而无处不在。"①他援引了物理学家爱因斯坦的观点——"时间和空间不能有目的地分开"，②从历史-地理唯物主义出发，构建了一个辩证统一的、兼具时空生产的乌托邦理想，旨在实现人与人、人与环境的和谐共生。对此，哈维提出了三个辩证时空乌托邦可能实现的三个途径。首先，为寻求人类共同利益的最大化，要对个体空间的优化重组。哈维认为，要对于——① 生存竞争和斗争；② 适应生态环境；③ 协作、合作和互助；④ 改造环境；⑤ 安排空间秩序；⑥ 安排时间秩序——这六个人类专有的物种基本能力进行合并、重组，找寻个体的最佳组合并遗传下去。其次，为了实现人与自然的和谐，需要探寻人类社会发展过程中，个体对自然和人类整体的共同责任。不仅要破除资本主义空间中人与自然二元对立关系，也要让工人阶级实现对国家政权领导，解决资本的单一运作，使得每个人获得平等生存的机会。最后要尊重空间生产中的差异性，比如女性主义这类"战斗特殊主义"。我们通过开放交流，在避免社会矛盾的同时能够相互补充与完善。

从哈维提出的辩证乌托邦主义可以看出，他从空间维度积极寻求替代资本主义运行逻辑的新方法，一方面重视人与自然之间的关系，另一方面将人民利益置于重要位置，极大地丰富了空间理论的实际应用。

## 第四节　案例分析：短视频中的乡村空间生产

随着中国 4G 网络的普及，移动社交媒体中"短视频"这一媒介形式应运而生，并于 2017 年呈现井喷式发展。移动短视频以 PUGC 的新生产模式和去中心化、高参与度的新互动秩序填充了人们日常生活中的碎片化时间与空间，打破了传统视频媒介所受的时空限制和互动限制。短视频的用户规模逐年递增，并从城市普及至乡村。根据中国互联网信息中心发布的第 48 次《中国互联网络发展状况统计报告》显示，截至 2021 年 6 月，我国短视频用户规模达 8.88 亿，占网民整体的 87.8%，其中城镇地区互联网普及率为 78.3%；农村地区互联网普及率为 59.2%。城乡地区互联网普及率差异缩小 4.8 个百分点。③ 伴随短视频农村用户量的提升，视频内容生产方式的转变，乡村以短视频的形式进入社交空间，深受用户喜爱，比如李子柒、华农兄弟等，并且一定程度上将乡村这个曾经

---

① 大卫·哈维. 希望的空间[M]. 胡大平，译. 南京：南京大学出版社，2006：190.
② 大卫·哈维. 希望的空间[M]. 胡大平，译. 南京：南京大学出版社，2006：177.
③ 中国互联网络信息中心. 第 48 次《中国互联网络发展状况统计报告》[R/OL]. (2021-08-27)[2022-03-08]. http://www.cnnic.cn/hlwfzyj/hlwxzbg/hlwtjbg/202109/P020210915523670981527.pdf.

被主流媒介所遮蔽的空间经由短视频进入大众视野。

## 一、三农短视频与土味文化

在短视频平台中,乡村空间的呈现多以"三农短视频"为主。有关学者对三农短视频的界定为,"以农民为主的草根创作者,在农村拍摄的以原生态地理风貌、风土人情、美食特产等为主要内容,进而发布在短视频社交平台上,时长5~10分钟左右的短视频。"①在传统媒体中出现的乡村空间大多伴随着"脱贫致富""农村粮食产量""某某下乡"等社会问题,张爱凤认为,"就主流媒体而言,三农题材的新闻不仅数量少,而且面临阅读/收视尴尬、地位逐渐被边缘化的困境"。②虽然短视频的兴起让乡村实现了自我再现,但其中也包含着猎奇、低俗等负面评价。我们可以根据这类文本的多样性来探讨,在新媒体环境下,乡村空间是如何被生产的?

短视频平台中乡村空间的社会化生产过程呈现出两个阶段。第一个阶段是农民创作的搞怪、猎奇甚至内容低俗的短视频,比如"裤裆放鞭炮""铁锅炖自己"等土味、低俗视频。第二阶段是李子柒、华农兄弟等展示慢节奏的乡村生活视频。乡村空间通过短视频的形式,从一个相对黑暗的状态推向可视化的前台,并不断进行社会化生产,这一现象可以被理解为福柯所说的"可见性的生产"。短视频作为展现乡村空间的优势,"与影视剧、电视节目等专业化、精英化的媒体产品单一地从城市流向农村不同,短视频的生产和传播呈现出大众化、草根化的特点,农村用户反映田园生活、风土人情的短视频也从农村流向城市。"③列斐伏尔认为,纯粹自然的空间已经消失了,随着人类实践产生的空间"弥漫着社会关系,它不仅被社会关系支持,也生产社会关系和被社会关系所生产"。④那么,这些三农短视频是如何在当下的语境中来生产与构建乡村生活和乡村空间的?

## 二、乡村景观的符号化与商业化

近年来,三农短视频的商业化发展也引起了不同方面的影响与讨论。一方面,从乡村发展的角度来看,乡村的可见性生产一定程度上带动了乡村经济的发展,短视频行业也变成了乡村地区青年人可选择的一种创业途径。快手CEO宿华认为,农村人是快手的主力用户,快手走的就是"农村包围城市"的策略路线。据快手官方消息,截至2019年

---

① 何安良,农朝幸.三农短视频自媒体创作与运营机制探讨:以"巧妇9妹"为例[J].农村经济与科技,2018,29(21):96-98.
② 张爱凤."底层发声"与新媒体的"农民叙事":以"今日头条"三农短视频为考察对象[J].广州大学学报(社会科学版),2019,18(4):49-57.
③ 张爱凤."底层发声"与新媒体的"农民叙事":以"今日头条"三农短视频为考察对象[J].广州大学学报(社会科学版),2019,18(4):49-57.
④ 包亚明.现代性与空间的生产[M].上海:上海教育出版社,2003:48.

底,有 1900 万人在快手获得收入,惠及 500 多万国家级贫困县区人口。让更多的人了解乡村、看到乡村、热爱乡村,从而振兴乡村经济与文化,这不得不说是三农短视频所促成的正面社会效应。

另一方面,乡村景观的生产也被卷入新的资本逻辑中。正如大卫·哈维认为,空间并不是中立的,被生产出来的空间往往是资本和阶级争斗的焦点。① 短视频平台的一系列引流、推荐等算法规则,以及对乡村的刻板化再现在一定程度上也引起了学者们的反思。刘汉波指出,短视频中的乡村空间建构仍在服务于某种以城市为中心的期待视野。"只有放大那些被媒介印象和都市想象定格化、标签化甚至污名化的乡村印象,不惜以身体表演作为被窥探、被传播、被异化的资本来迎合城市想象和私域流量,收割落后、封闭和边缘这些'他者想象'的红利"。② 也有研究者指出其中的城乡阶层差异:"城市人用美拍追求美感享受,农村人玩快手寻求身体快感,已经成为阶层距离的现实写照。镜像中的无差别身体在表面上掩盖了阶层间的差异,而消费社会中的身体沦为可被精心计算获取流量、赚取收益的资本。"③

## 【思考题】

1. 如何理解短视频对于乡村空间的生产？与大众媒体时代相比,新媒体语境下"乡村"再现的方式,以及"乡村"的文化意义发生了哪些变化？

2. 社交媒体、短视频等对于当代城市形象的建构有哪些新的特点？

3. 新媒体平台中的大众审美取向和资本导向是否会遮蔽更隐秘或更边缘的空间与社会群体？

---

① 大卫·哈维.后现代的状况:对文化变迁之缘起的探究[M].阎嘉,译.北京:商务印书馆,2003:299.
② 刘汉波.从土味实验、空间生产到媒介认同:短视频浪潮中的乡村空间[J].学习与实践,2020(6):116-124.
③ 李京,王雪.乡村的另类"凸显"与阶层流动幻象:短视频与乡村空间生产研究[J].青年记者,2021(8):46-47.

# 第八章　新媒体、全球化与民族文化

本章聚焦于现代民族国家的概念与民族主义的议题，这涉及我们在当代文化中对于国家及民族的身份认同与归属感。从历史的角度来说，"民族国家"的概念是在19世纪末20世纪初伴随着现代性的到来而逐渐形成的，且经历了一个大致由西方到东方的历史进程。欧洲现代"民族国家"的诞生与其资产阶级革命的进程紧密相关；而第三世界国家则更多是在资本主义全球化进程中，伴随着本国社会改革以及外在殖民主义与帝国主义的入侵下所形成的。从文化的角度来看，近代大众传媒与大众文化的兴起对于民族主义话语的传播以及民族国家概念的形成，都起到了不容忽视的作用——尤其是对于"想象的共同体"的建构与推动。换句话说，大众文化也成为人们建构自身国家与民族的认同、表达国家民族情感的重要场所。

在我国，民族主义话语总是与中国在全球语境中的位置联系在一起。事实上，国家与民族身份及相关议题只有在一个差异性的参照系中才会愈加凸显。改革开放为中国同世界其他国家的关系发展提供了强大动力，中国再度进入国际交往领域，与各国开展友好合作。在这一进程中，跨国界、跨文化、跨语言的交流与交往日益频繁，而民族性的问题也变得更为显著。不仅包括由全球政治或重大国际事件所唤起的民族主义话语；在大众文化层面，中国、美国、欧洲、日韩、东南亚等各种文化元素的影响、杂糅、融合与冲突，也不断地唤起我们对自身民族文化身份的再思考。而网络时代的到来进一步加速了全球文化的传播，在这一背景下民族文化自我指认的问题也备受关注。尤其是在当前网络环境下，民族主义话语已不仅是某种宏观政治话语，而更多地与日常商业消费和文化实践结合在一起，例如品牌营销、抵制性消费、粉丝追星等，这需要我们对网络民族主义的发展与演变有更多的理解。

因此，本章首先从"民族""民族主义""民族国家"的概念说起，重点讨论本尼迪克特·安德森对于"想象的共同体"及民族主义起源的论述。其次，本章从萨义德的东方学批评与后殖民主义理论展开，进而讨论世界格局下西方与东方的文化权力问题。再次，立足我国新媒体文化情境，思考中国网络民族主义的文化话语及媒介实践。最后，本章将以我国当代民族文化传播的相关议题为例，包括我国网络文学的跨文化传播、中国动画的民族话语表达等，来对新媒体、全球化与民族文化做具体的分析。

## 第一节 大众传媒与想象的共同体

中文的"民族"一词实际上是一个历史-文化的复合概念，一般认为"民族"有着两层含义：一是体现国家共同体层面的民族，如中华民族；二是指自然、历史形成的种族血缘层面的民族，如汉族与少数民族。① "民族"的两层含义分别对应英文的"nation"和"ethnicity"。本章中所讨论的"民族""民族主义"与"民族国家"都是围绕着"nation"的意义所展开的，即一种在特定历史时期所建构形成的"民族"及其相关理论。费孝通曾总结道，"中华民族作为一个自觉的民族实体，是在近百年来中国和西方列强的对抗中出现的，但作为一个自在的民族实体，则是在几千年的历史过程中形成的"。② 而从"自在"的民族（ethnic group）到"自觉"的民族（nation）这一转变中，最大的区别就在于"自觉"的民族形成了一个共同拥有和一致认同的民族符号或名称，即"中华民族"。③ 这一转变过程也意味着现代意义上的"民族"意识开始在中国诞生，这与现代"民族主义"（nationalism）理论的形成有着无法分割的联系。

许多学者对"民族主义"有过详细论述，但正如美国历史学家汉斯·科恩（Hans Khon）所言，"民族主义在所有国家和整个历史时期是不一样的。它是一个历史现象而且取决于它所植根的不同地区的政治理念和社会结构。"④因此对于"民族主义"进行通约性的定义十分困难。简单来说，四种代表性的民族主义理论范式依次影响着人们对于民族的理解，即原生主义、永存主义、现代主义和族群-象征主义。

首先，"永存主义"与"原生主义"两大范式曾一度占据民族主义讨论的中心。二者强调民族与民族主义的原始性和自然性，以及民族与民族主义的历史久远性。⑤ 其次，从19世纪60年代起，"现代主义"范式开始走向民族主义理论的舞台中心。现代主义的民族主义理论一反"民族"与"民族主义"的本质主义观点，而是从现代性入手，强调这两个概念是近两个世纪以来一系列诸如工业主义、资本主义、城市化、世俗化等现代化转型过程的产物，这从根本上改变了人们认识与理解民族主义的方式。⑥作为"现代主义"范式的代

---

① 于友先. 中国大百科全书[M]. 2版. 北京：中国大百科全书出版社，2009：117.
② 费孝通. 中华民族多元一体格局[M]. 北京：中央民族学院出版社，1989：1.
③ 黄兴涛. 现代"中华民族"观念形成的历史考察：兼论辛亥革命与中华民族认同之关系[J]. 浙江社会科学，2002(1)：129-142.
④ 孙磊. 西方民族主义理论研究述评：基于西方经典作家的文献梳理与回顾[J]. 汉江师范学院学报，2021，41(4)：61-66.
⑤ 吕付华. 民族与民族主义的现代主义阐释：盖尔纳民族主义理论试析[J]. 红河学院学报，2015(13)：26-30，49.
⑥ 吕付华. 民族与民族主义的现代主义阐释：盖尔纳民族主义理论试析[J]. 红河学院学报，2015(13)：26-30，49.

表人物,厄内斯特·盖尔纳(Ernest Geller)在《民族与民族主义》(1983)中重新定义了民族主义。他指出,"国家"作为政治单位掌握着暴力的合法性,而"民族"被认为是一种"统一的、定义明确的、由教育作后盾的,构成人们自愿并往往热情认同的近乎唯一的一种组织单位"。① 值得注意的是,盖尔纳将"民族"理解为"民族主义"诞生后的产物,即"民族主义造就了民族,而不是民族造就了民族主义"。②最后,以安东尼·史密斯(Anthony Smith)为代表的"族群-象征主义"则偏向从历史和文化的角度来分析"民族主义"的起源。他们特别强调主观因素在族群延续、民族形成和民族主义影响中的作用,并给予主观的因素如记忆、情感、神话和象征等以更多的重视,由此寻求进入并理解族群和民族主义的"内在世界"。③

此外,"民族主义"产生后所形成的国家形态即"民族国家"(nation-state)。拥有主权是民族国家的前提条件。④民族国家既有民族的内涵,又有国家的内涵,是二者的有机结合。民族国家建立以后,逐步成为世界国家体系的基本单元。⑤现代民族国家是与前现代"帝国"(empire)的概念相对的。与"帝国"不断向外扩展的本质相比,"民族国家"具备特定的主权、领土与文化的边界。而相较于"帝国"将土地作为认同的前提,民族国家是以抽象的"共同体"及共有身份作为认同的基础。

## 一、"想象的共同体"与民族主义的起源

当代民族主义研究领域举足轻重的理论家本尼迪克特·安德森(Benedict Anderson,1936—2015),出生于战乱年代,从而被迫过着颠沛流离的生活,正因这样的人生经历为他民族主义理论的提出提供了丰富的经验材料。安德森所著的《想象的共同体:民族主义起源与散布》(1983)从历史文化的角度讨论了民族主义的起源与建构过程,对从民族主义的视角讨论大众媒介与文化起到了深远的影响。

安德森试图理解现代社会中的人对于民族国家的集体认同从何而来。他的结论是:民族"是一种想象的政治共同体""一种特殊类型的文化人造物"。⑥ 首先,民族是被想象的。因为"即使是最小的民族成员,也不可能认识他们大部分的同胞",然而他们彼此相互联结的意象却活在每一位成员的心中。⑦ 这种集体间的关联性会出现在素未谋面的成员之中,是依靠想象建立而非真实存在的。因此,民族这一集体意识只有在想象中才有

---

① 厄尔斯特·盖尔纳.民族与民族主义[M].韩红,译.北京:中央编译出版社,2002:73.
② 厄尔斯特·盖尔纳.民族与民族主义[M].韩红,译.北京:中央编译出版社,2002:73.
③ 安东尼·史密斯.民族主义:理论,意识形态,历史[M].叶江,译.上海:上海人民出版社,2006:59.
④ 安东尼·史密斯.民族主义:理论,意识形态,历史[M].叶江,译.上海:上海人民出版社,2006:59.
⑤ 周平.对民族国家的再认识[J].政治学研究,209(4):89-99.
⑥ 本尼迪克特·安德森.想象的共同体:民族主义的起源与散布[M].吴叡人,译.上海:上海人民出版社,2003:4-6.
⑦ 本尼迪克特·安德森.想象的共同体:民族主义的起源与散布[M].吴叡人,译.上海:上海人民出版社,2003:6.

存在的意义。其次,民族被想象为是有限的。安德森强调,"没有任何一个民族会把自己想象为等同于全人类。"①而现代的民族通常与"国家"(state)紧密相连,国家的领土为民族成员提供了"一体化"想象的物质实在,也提供了对世代生活在这片土地上的"自我"与外来"他者"的区分,构建了成员对于民族想象的边界。最后,民族内部成员依靠情感认同而凝聚。安德森指出,尽管在每个民族内部存在着不公与剥削,但民族总是被想象为一种深刻的、平等的同志之爱。最终,这种友爱的情感关系在过去的两个世纪中,"驱使数以百万计的人们甘愿为民族——这个有限的想象——去屠杀或从容赴死。"②正如近代中国在面临外敌入侵时,各族人民在"中华民族"这一共同体的呼唤下团结一致抵抗外侮,并涌现出无数为挽救民族而牺牲的英雄们。由此可见,安德森认为的民族想象不是凭空捏造的"臆想",而是一种社会和文化的建构过程,一种现代性的产物。通过想象,集体中的人可以将民族从物质层面上升为精神层面,从而构建出民族的"永恒性"。

那么,"民族"这一概念如何在近代世界历史的进程中出现?安德森认为,这与"民族主义"思潮的兴起有关。同样的,安德森也强调先有"民族主义",在民族主义的话语浪潮下建构出了"民族"的意义。他指出,"民族主义"在世界近代史中经历了四波浪潮。第一波是 18 世纪末、19 世纪初发生在美洲的殖民地独立运动;第二波是 19 世纪前期发生在欧洲的语言民族主义;第三波是 19 世纪后期发生于欧洲王朝,其目的是缓解"民族"与"王朝"之间矛盾引发的自上而下的官方民族主义;第四波是 20 世纪前半叶发生在亚非殖民地的民族主义。③ 这些民族主义运动发生的社会根源是近代以来,政治、经济、文化生活的变迁——中世纪宗教共同体和王朝的衰落以及资本主义印刷业的兴起。

"民族"的形成伴随着社会意识在三个方面的转变。首先,是新的空间观的形成。各国对欧洲以外的世界进行的殖民探险让人们产生了"相对化"和"领土化"的观念。西方意识到,基督教不再是存在于世界的唯一真理,而欧洲也不再是整个世界的文化中心,人们拥有了全新的空间概念。其次是语言、印刷技术和大众传媒的发展。多元化方言的存在使拉丁文作为原本"神圣语言"的地位衰微。拉丁文的衰落让被古老的神圣语言整合起来的共同体走向分裂,也使得资本主义印刷业抓住人们对信息获取的渴望,将文字传播大众化,让报纸与小说以方言的形式广泛传播。传播媒介的普及除了能够实现日常交流之外,还可以将方言作为民族身份的一种识别方式。印刷业的发展使得记录、传承民族文化成为易事,不仅可以塑造出民族历史源远流长的古老形象,还让本民族人民的想象投射于物质实体中,形成民族共同体的历史记忆。最后,时间观也发生了转变。印刷业的发展改变了原本人们对时间的理解。传统基督教中对于"过去""现在"和"未来"的

---

① 本尼迪克特·安德森.想象的共同体:民族主义的起源与散布[M].吴叡人,译.上海:上海人民出版社,2003:6-7.
② 本尼迪克特·安德森.想象的共同体:民族主义的起源与散布[M].吴叡人,译.上海:上海人民出版社,2003:7.
③ 本尼迪克特·安德森.想象的共同体:民族主义的起源与散布[M].吴叡人,译.上海:上海人民出版社,2003:9.

描述并非一种线性的时间观,而是随时可能发生的或循环、或交错的并进关系。但是小说和报纸的出现让人们对于时间的理解从并进关系转变为线性关系。这种线性时间观与共同体的空间观相结合,形成了不同空间共享着同一线性时间的概念,使得自己与"民族"中的其他人加强了关联,从而强化了"民族"的想象。

因此,"民族文化"不是后来附加于"民族"之上的,它先于"民族"共同体而产生,并赋予了"民族"身份等共同体中的概念以现实的、物质的意义,并引发了人们对于民族共同体有限且永恒的想象。总结而言,民族通过一种新的时间感(一种线性的"历史"而不是循环的时间感)和一种新的空间感(世界被划分成边界明确的"领土"),代替了更宽泛的、"垂直"有序的宗教和王朝的社会组织形式,筑起了一座能抵御某些现代性的不安全感的堤坝,从而为现代世界中的人们提供了一种身份意识和安全感。①

## 二、大众传媒的力量

20世纪以来,随着报纸的普遍大众化,电报、广播、电视等电子媒介技术逐渐成熟,世界范围内民族主义思潮经历了前所未有的发展和传播。西方学者普遍认为,现代意义上民族主义的产生往往被认为与工业社会机械化的"媒介化"进程紧密相关。英国学者安东尼·史密斯(Anthony Smith)分析指出,这一阶段民族主义意识形态从欧洲内部扩散到东北欧、再扩散到亚非拉地区的传播过程,有赖于大众传播媒介以其大范围、远距离跨地域的传播能力与文化建构力。②在前文讨论的《想象的共同体》中,传播技术——资本主义印刷术,同样被安德森置于现代民族主义诞生的关键位置。这也就意味着大众传媒在民族主义意识形态的建构和传播过程中扮演着不可忽视的力量。

印刷时代是罗杰·菲德勒(Roger Fidler)提出的第二次媒介形态大变化中的重要一环:从单一的口语转化为口语兼书面的形态。印刷文本的大量出现造成了大众文化与公共知识的兴起。印刷技术是促进某一群体超越"面对面"共同体想象的基础,也是形成基于陌生群体的共同体想象的关键因素。新型印刷机大量生产报纸、小说,围绕着特定方言,人们唤起或挪用集体记忆,用复数的名词,建构起群体身份的想象。以报纸为例,报纸上的日期营造了不同时空下的同时性时间,当报纸达到一定量的发行、拥有了一定量的阅读群体后,阅读报纸便成了群体中的一种仪式行为。因此,阅读者建立了个人身份与群体之间的关联,并在无意识中加入了群体的仪式化行为,增强了群体凝聚力。

此外,麦克卢汉是最早将传播技术与"民族主义"联系起来的学者,他认为印刷物既易于扩散,同时其同一性与可重复性又易造成整齐划一的性质,地方口语成为大众媒介,使不同的地区逐渐实现同质化,最后导致血亲家族被经过训练的个体组成的群体代替。③

---

① 阿雷恩·鲍尔德温.文化研究导论[M].陶东风,译.北京:高等教育出版社,2004:163.
② 安东尼·史密斯.民族主义:理论,意识形态,历史[M].叶江,译.上海:上海人民出版社,2006:13.
③ 麦克卢汉.理解媒介:论人的延伸[M].何道宽,译.上海:商务印书馆,2000:35.

正如民族的成员不能够认识每一个人一样,他们也不能很清楚地知道他们民族所有的这些空间、地点和景观。然而,他们能够通过表征来感受他们,而这些表征通过各种传播技术被大规模再生产并在想象的共同体中广泛传播。①因此,大众传媒的发展为"民族主义"的发展带来两个方面的力量:一是信息得以更大范围、更加迅速地传播,民族主义的动员群体逐渐庞大;二是在广播、电视以及手机等媒介的帮助下,民族成员接触信息的速度变快、体量变大,使得成员对于共同体的想象日趋坚定与丰满。

20世纪以来,数字语言的出现使得电子传播媒介尤其是网络传播成为大众传媒的主要平台。人们从网络中接收大量碎片化的信息,个人身份与集体关联变弱,同时搜索引擎的出现和短暂的互联网记忆似乎使得印刷媒体时代的民族历史记忆不再神圣。可以说,在新媒体之下,民族主义话语的发展与演变又出现了新的变化,也由此诞生了对于当代"网络民族主义"的考察。这部分将在第三节继续展开。

## 第二节 东方学与后殖民批判

在了解民族与民族主义相关的理论之外,本节将视角聚焦在全球视野下,来考察现代民族国家建立的进程中,西方与东方的权力关系又是如何被形构的。尤其是,当我们试图向他者去再现本民族文化的同时,既有的文化再现体系是怎样的?对民族文化的表达如何不会陷入到一种本质化的、或者是他者化的框架中去?而这些问题将指向后殖民理论的批判视野。

### 一、后殖民时代的到来

从20世纪70年代末到90年代初,后殖民主义作为一种具有强烈的政治性和文化批判色彩的学术思潮而兴起,它主要是一种着眼于宗主国和前殖民地之间关系的话语。随着亚、非、拉各洲的殖民地相继获得独立,帝国体制纷纷瓦解。但是,殖民主义在文化上并没有彻底瓦解,它仍然在新兴的民族国家中发挥着话语效力。②而如何看待西方文化和被殖民国家二者的关系,成了当时文化讨论的焦点,后殖民主义就是在这种激烈的讨论中诞生的。"后殖民"的意义大致分为三种:第一,指曾经沦为殖民地,现在已经独立的民族和人民,如后殖民国家以及知识分子;第二,是西方文化历史中关于殖民化的研究、批判,如后殖民理论;第三,是指当殖民时代结束后,世界格局、经济的变革,如后殖民世

---

① 阿雷恩・鲍尔德温. 文化研究导论[M]. 陶东风,译. 北京:高等教育出版社,2004:167.
② 生安锋. 论新历史主义及后殖民主义对世界文学的重写[J]. 中国比较文学,2019(1):13.

界。① 后殖民主义思潮下,涌现了弗朗茨·法农(Frantz Omar Fanon)、爱德华·萨义德(Edward Said)、佳亚特里·斯皮瓦克(Gayatri C. Spivak)、霍米·巴巴(Homi K. Bhabha)等重要的文化批评学者。这些理论家的显著特点便是他们都来自第三世界,并在第一世界的文化领域开展过研究。他们更多地站在西方世界之外的文化立场上,对西方国家的"认识论暴力"以及殖民话语逻辑进行了挑战。

"后殖民主义理论"不同于"后殖民主义"。后殖民主义理论是对后殖民主义的研究和批判,它是对欧洲帝国主义政治、文化以及历史与旧殖民地差别的理论研究。② 后殖民主义理论关注的是第一世界和第三世界关系的转变,非殖民国家之间的文化关系以及国家内种族之间的关系等,并涉及文学、文化学、哲学、社会学、政治学、传播学等各个领域。后殖民理论经历了两个阶段的发展。首先,20 世纪中期,弗朗茨·法农的《黑皮肤白面具》(1965)等著作对后殖民批判的兴起有重要的开创作用。法农关注殖民地文化如何使被殖民者丧失精神和意识的自我,也就是"后殖民主体"的构成。③ 他从种族的视角讨论了殖民主义对于被殖民者的内在心理的建构。例如,他强调,黑人必须去除由白人所灌输的自卑感;去自卑是一种自我存在意识的解放。④ 其次,20 世纪后期,在后殖民理论的形成和发展期,萨义德以及来自印度的学者斯皮瓦克和霍米·巴巴三位学者作出了重要的贡献。其中,后殖民理论的成熟是以萨义德《东方学》(1978)出版为标志,而后二者则在此基础上对理论进行了进一步发展。

## 二、萨义德的东方学批判

作为后殖民理论(post-colonialism)的代表学者,爱德华·萨义德在《东方学》(1978)一书中致力于讨论西方对于东方的文化想象与表征。他不仅质疑了某种"地域本质主义"(geographical essentialism),即将权力与地理空间相结合,认为西方和东方具有固有的、永恒的、不可改变的地域文化属性;同时也揭示了西方的文化霸权,批判了西方对于"东方"的歪曲、抑制与排斥。⑤

爱德华·萨义德(Edward Said,1935—2003)出生于耶路撒冷的阿拉伯基督教家庭,童年大部分时间在埃及开罗度过。在东方世界生活的他从小接受的是西式教育。1953 年他进入美国普林斯顿大学学习,后在哈佛大学获得硕士和博士学位,毕业后曾在美国诸多知名高校任教。萨义德擅长多种语言,并在文学与文化批评理论方面有着重要的学术贡献,而其中最著名的便是他对"东方主义"(orientalism)的讨论,成为后殖民论述中

---

① 西奥·德汉,汤轶丽.世界化的比较文学:超越后殖民主义[J].学术论坛,2019,42(1):7.
② 万雪飞.后殖民主义:历史与理论[J].湖南师范大学社会科学学报,2014,43(1):8.
③ 陈永国.纪念法农:自我、心理和殖民状况[J].外国文学,1999(1):8.
④ 徐贲.后殖民文化研究中的经典法农[J].中国比较文学,2006(3):15-37.
⑤ 萨义德认为,地域本质主义就是"把一套单一的意义绝对地固定到世界的一个部分和它的人民身上。"参见:爱德华·W.萨义德.东方学[M].王宇根,译.北京:生活·读书·新知三联书店,1999:174.

不可忽视的理论基础。

### (一) 西方对"东方"的权力建构

在《东方学》中,萨义德对作为一个学科的"东方学"发展史进行了描述,试图揭示在西方对"东方"的构建中,权力话语是如何运作的。首先,萨义德指明"东方学"的三方面含义:在西方,东方学是一门学术研究学科,是一种思维方式,也是一种权力话语方式。"东方学"不是欧洲对"东方"的纯粹虚构或奇想,而是一套被人为创造出来的理论和实践体系。作为一种研究学科,"东方学"发源于18世纪的英法,随着两国的海外殖民扩张而发展,是欧洲从殖民者立场出发对于"东方"及其当代命运的表述。其次,东方(the orient)是与西方(the occident)相对而言的,"东方学"正是以这种二元化的区分为基础。换句话说,西方在这个二元划分中占据了主体的位置,是言说者和观看者;而东方则被置于客体的位置上,成为了被表述、被观看的对象。因此,萨义德强调"东方学"就是根据"东方"在西方经验中的位置而处置"东方"的方式,是西方对"东方"进行描述、再现、殖民、统治的一种权力话语机制。① 最后,进入现代社会,尤其是在全球化的进程中,西方对于"东方"的构建并非再是以殖民主义时期的暴力化手段为主,而更多地是以一种知识话语的生产运作来展开的。萨义德将"东方学"视为一种规范化的写作方式、想象方式和研究方式,"东方"通过各种具体的方式被教学、被研究、被管理和被评判。

与此同时,萨义德区分了"隐伏的东方学"和"显在的东方学"。前者作为一种文化无意识层面的建构,是内在的、无法感触的、根深蒂固的对于东方的观念和意识;而后者则是一种被明确表述的知识生产与文本建构——即"对东方社会、语言、文学、历史等所做的明确陈述"。② "隐伏的东方学"体现在对于东方与西方二元区分下所产生的"信条"的默认。这些"信条"包括:其一,西方被假定为是理性、发达、人道、高级的,而东方则是离经叛道、不发达、低级的,二者之间存在着绝对的、系统性的差异。其二,西方对东方的抽象概括,总是比来自现代东方社会的直接经验更具有效力。其三,"东方"是永恒如一、始终不变的,它没有能力界定自己;"东方"要么给西方带来威胁,要么是为西方所控制。这些东西方二元论所带来的文化偏见一直在世界范围内持续发挥着影响。用萨义德的话来说,在隐伏的与显在的两种东方学之下,西方否定东方和东方人有发展、转化、运动的可能;并将东方作为一种已知的、且一成不变或没有创造性的存在,逐渐赋予其一种消极的永恒性。③

### (二) 对福柯与葛兰西理论的发展

在《东方学》中,萨义德将文化与政治两个知识领域联系起来,并对福柯的"话语理

---

① 爱德华·W. 萨义德. 东方学[M]. 王宇根,译. 北京:生活·读书·新知三联书店,1999:2-4.
② 爱德华·W. 萨义德. 东方学[M]. 王宇根,译. 北京:生活·读书·新知三联书店,1999:263.
③ 爱德华·W. 萨义德. 东方学[M]. 王宇根,译. 北京:生活·读书·新知三联书店,1999:264.

论"和葛兰西的"领导权理论"进行了创造性的运用。正如福柯认为,权力制造知识,权力和知识相互生产,相辅相成。而萨义德也强调,东方学首要是一种话语,其发展与演变在某种程度上也受制于它与政治权力、学术权力、文化权力、道德权力之间的交换。他认为,西方关于东方的学问,反映的正是以西方为中心的历史取代东方历史并使后者成为"无历史"的历史,是西方作为主体企图征服东方这个客体的产物。① 它以知识的形式适应和支持西方殖民扩张的需要,制造出西方全面优于东方的神话,为西方的文化霸权提供了理论根据,使之披上了一件合理化、正义化的外衣。实际上,西方在认识东方、形成东方学的同时,就把西方包含价值观、思维方式和检验标准于其中的学科形式扩展到了东方。而东方主义是使西方全球扩张合理化的知识论证明,它背后包含着的正是西方的文化理想和权力运作。② 基于这种权力的不平等,不管在学术著作中或是文艺作品里,西方会根据自身的期待视野对东方进行"他者化"再现。这种他者化表现在两个方面:一方面,东方世界经常被丑化、弱化、野蛮化,从而来指认一个文明、强大、理性的西方世界;另一方面,东方又往往会被女性化、异国情调化、甚至浪漫化,作为西方主体凝视下欲望的对象。

  同时,葛兰西的文化领导权理论也对萨义德产生了一定的影响。萨义德从葛兰西的理论出发,将东方对西方的抵抗分为两个部分:暴力的物质革命与思想意识的革命。萨义德认为,东方的民族解放运动是一场反对西方殖民主义的物质暴力革命,而抵制西方霸权文化是一场思想仪式的革命。当前的东方主义是殖民体系崩溃后西方殖民和文化殖民的另一种形式。对于现代东方的民族国家来说,一个反霸权的、非暴力的、意识独立的、具有平等言论权的文化领域的革命,才能真正实现完全的独立和平等。萨义德将葛兰西对于无产阶级如何获得并巩固文化领导权的论述用于东方民族国家如何夺回他们的文化领导权。③ 在后殖民的语境中,西方已经以东方学的话语方式存在于东方的想象视野之中了。在东方学影响下,东方人想象的"西方"被塑造为一个"月亮更圆"的乌托邦,一个美好的虚构空间,而不再回到东方自身的历史与社会现实中,因为东方学中的"东方"是悬置的东方。④ 如果说东方学是西方人对于东方的主观想象和有意建构,它是有目的的、在对一个他者的建构中来肯定自身的文化,最终指向建构自身的可行性未来。那么反过来,受东方学话语影响的东方对西方的想象却抛弃了自身的可行性未来——东方主义下的东方或认同西方的主体与价值,抛弃自身历史文化的差异性;或接受他者化的位置,进而自我"东方化",来回应西方的主体欲望与期待视野。

  综上所述,萨义德在《东方学》中挑战的是一种禁锢于西方东方二元权力结构中的静态的、同质化的"东方"观念。这需要我们将"东方"的意义重新还原到东方世界自身的文

---

① 爱德华·W.萨义德. 东方学[M]. 王宇根,译. 北京:生活·读书·新知三联书店,1999:196.
② 陈瑛. "东方主义"与"西方"话语权力:对萨义德"东方主义"的反思[J]. 求是学刊,2003(4):29-33.
③ 爱德华·W.萨义德. 东方学[M]. 王宇根,译. 北京:生活·读书·新知三联书店,1999:9.
④ 胡亚敏,肖祥. "他者"的多副面孔[J]. 文艺理论研究,2013(4):168-174.

化历史语境中去,进而打开多样的、差异化的国家、地域与文化论述。在其后的著作《文化与帝国主义》(1993)中,萨义德在东方学批判的基础上提出了混杂化的文化批评视角。在其中,他认为东方正是由于丧失了文化话语权,才使得族群文化处于边缘化地位。而东方对于西方文化霸权的抵抗需要话语权的革命,获得话语独立与自由,恢复民族文化的合理地位。东西方文化在漫长的交往之后二者之间的界限早已模糊,西方文化在其历史发展与文化交流进程中必然潜移默化地吸纳了东方文化的因素,因而并没有一种所谓纯粹的"西方文化"或"东方文化"的存在。这种破除东方与西方本质化的论述,也使得西方文化所标榜的优越性与先进性失去了话语基石。因此,在全球化的进程中,如何在真正意义上尊重各个国家和民族的文化差异性变得至关重要。

## 二、"庶民"与"文化混杂性"

《东方学》被视为后殖民主义理论史上里程碑式的论著,也打开了后殖民论述中对于第三世界国家民族文化发展的新的论述空间。在萨义德之后,印度学者佳亚特里·斯皮瓦克与霍米·巴巴分别发展了萨义德关于东方世界的"他者"及文化差异的讨论。

斯皮瓦克的庶民研究(subaltern studies)或称"底层人研究",将性别、种族、权力等概念引入后殖民主义批判中。[①] 在《庶民研究》(1985)中,她首先用"庶民"一词来形容被压迫者,并注重挖掘殖民地人民受压迫的历史,并尤其关注少数族裔和弱势群体在其中的角色。斯皮瓦克认为,庶民是历史的创造者,也是历史变化的主要原因。此外,庶民阶层不是固定不变的,庶民意识也并不是天生就有的,而是在后来的社会生活中建构的。[②] 斯皮瓦克还注意到,对底层人民的描写不能仅通过"他者"的单一视角,这一视角忽视了其中不同边缘群体的异质性发声。其次,斯皮瓦克不仅为底层人民发声,还为第三世界的女性开辟了新的话语空间。她强调第三世界的女性被殖民者和本土男性双重镇压,是殖民者和男性的"他者"。[③] 她从阶级以及经济立场来维护庶民女性的权利,重构其自我价值。因此,斯皮瓦克在萨义德理论的基础上,重新完善了"他者"的含义,从而把后殖民主义批评带入了新的阶段。让各种被压抑的"他者"登上政治、经济、文化的舞台,并重新塑造自我认知,以打开开放、对话、延展的权力话语模式。

另一方面,霍米·巴巴则在20世纪90年代提出了"混杂性"(hybridity)与"第三空间"等概念,来强调后殖民语境下文化差异的重要意义。首先,"混杂"即杂交、杂糅,它并不指两种异质事物的简单叠加,而是在其相互影响作用下,产生一种兼具两种事物特性

---

① 王宁.解构、女权主义和后殖民批评:斯皮瓦克的学术思想探幽[J].北京大学学报(哲学社会科学版),1998(1):109-117,158.
② 张伟伟.斯皮瓦克的庶民研究与女性主义翻译理论[J].山东行政学院学报,2014(3):3.
③ 郝琳.翻译"他者中的他者":一种策略上的本质主义——透视斯皮瓦克的后殖民翻译诗学[J].中国比较文学,2009(1):14.

又不属于两种事物的新事物。① 在后殖民主义批评中,霍米·巴巴全面建构了混杂性文化观,提出文化差异性的重要。他指出,文化差异强调我们对"文化象征和符号的同质化影响"的意识,也强调要对"总体的文化合成的权威"抱持一种质疑的态度。② 简单来说,文化生成并非一个静态过程,而是在历史叙述中由多种话语所交织、融合、冲突等作用下动态建构的。③ 文化的生成与文化身份的建构正是在这种动态的混杂化(hybridization)过程中实现的。因此,霍米·巴巴拒绝任何一种原生的、稳固不变的民族文化身份,认为文化主体时时刻刻表现为主动或被动地接受文化差异的、极具混杂性甚至矛盾性的文化身份。其次,霍米·巴巴在萨义德和斯皮瓦克的基础上,从新的角度消解了西方/东方的二元权力模式,建立了一种动态思维空间。东西方二元的权力结构把人们禁锢在一个固定的空间中,非此即彼,对此的肯定就是对彼的否定,二者必居其一。他认为,我们需要有一种新的思维空间,一种你中有我、我中有你的包容性空间,即"第三空间"。而"他者"在第三空间中不再遭到排斥,而是作为一种新的异质文化主体的存在。通过对第三空间的论述,霍米·巴巴使静态与僵化的殖民结构从其封闭性走向开放与冲突的新局面。④

## 第三节 网络民族主义的发展与影响

进入新媒体时代,互联网将全球文化更为紧密地联系在一起。在全球视野下,东西方文化的交流与碰撞以及民族主义话语的演变也借助媒介技术的发展而呈现出新的变化。"网络民族主义"(cyber nationalism)正是用来指称民族主义思潮在互联网时代所呈现出的新发展与新形态。这一概念脱胎于传统意义上的"民族主义",但其内涵则是一个中国本土化的产物。罗迪认为,"网络民族主义"概念的提出是在2003年《国际先驱导报》(中国)的报道中。⑤ 在这篇报道里,当时就读于北京大学的博士生李颖写到,"以此看来,目前中国民族主义尤其是网络民族主义的局限性之一就在于:也许标榜民族认同但却无实际行动捍卫民族利益。由于网络的虚拟性,可以宣泄口号而无责任约束,可以口惠而实不至,甚至可以言行不一。"⑥这被认为是"网络民族主义"第一次出现在正式报道中。随后,这一概念逐渐被学界所关注,最终成为一个学术概念。

---

① 胡洁娜. 后殖民主义视域中的混杂性理论[J]. 文艺争鸣,2013(5):3.
② 生安锋. 霍米·巴巴的后殖民理论研究[M]. 北京:北京大学出版社,2011:77.
③ 胡洁娜. 后殖民主义视域中的混杂性理论[J]. 文艺争鸣,2013(5):3.
④ 康孝云. 霍米·巴巴对殖民主义二元对立模式的解构及其意义[J]. 国外理论动态,2014(10):11.
⑤ 罗迪,毛玉西. 争论中的"网络民族主义"[J]. 中国青年研究,2006(5):47-51.
⑥ 李颖. 观察篇:中国需要什么样的民族主义[N]. 国际先驱导报,2003-8-2.

## 一、网络民族主义的基本特点

网络民族主义的诞生离不开互联网技术的发展,互联网创造了民族主义思想观念交流的新场域。① 从影像时代进一步发展到网络时代,民族主义传播的媒介环境再度发生了质的变化,互联网为民族主义的生产与再生产、广泛传播、发挥影响提供了全新的传播场域和媒介载体。② 同时,民族主义话语也借助互联网这一载体极大地提升了自己的影响力。张化冰将中国的网络民族主义作为一种文化现象进行解读,他认为:首先,中国网络民族主义的产生是东西方文化融合与冲突的体现,国人对于传统文化的关注和对文化全球化的警惕催生了民族主义思想的诞生;其次,中国网络民族主义反映了身份建构与文化认同的需要;并且传统媒体与互联网合力建构起了对于民族"共同体"的想象。③

与传统的以政府主导的爱国主义、以知识分子为主体的精英民族主义相比,网络民族主义并非简单的"网络+民族主义",它以大众化的网民为主体,以互联网为场域,呈现为一种自下而上的表达形式,自上而下的精英叙事受到了冲击,大众获得了表达自我诉求与民族情感的可能,民族主义逐渐转变为包含着自我诉求、抗争性表达、民族情感等复杂因素相互作用的修辞实践。④

网络民族主义的积极作用在于以跨媒介的形式形塑起国人的民族认同。例如,有学者通过对B站《中国历代疆域变化》弹幕的研究发现,用户通过观看视频并参与弹幕视频互动的过程,实质上也是建构中华民族认同的自觉过程。民族、国家这些抽象的概念被修辞社群成员运用在"时间和空间的现实"中,他们在进行修辞行动的过程中,不仅获得了对"中华民族"的新认识,而且基于过往的理念、新的认识与自我认知生产着"今日中国"的符号,在幻想的共享中形成民族自觉。

但是由于网络空间的匿名性、虚拟性等特点,网络民族主义在很多时候也会呈现出非理性的一面。首先,部分网民在面对民族关系以及国际问题时缺乏冷静思考,情绪化严重。其次,对国家政策或者涉外事务缺乏长远眼光,更多地着眼于表层以及短期的利益。最后,则是对国际关系、族际关系的看法和要求缺乏合理的妥协、让步,甚至执着于某些极端的、不切实际的要求。因此,在一定程度上,非理性的网络民族主义会严重损害国内民族关系和民族团结,掣肘国家外交政策,损害国家长远利益。并且,也会破坏网络言论的表达秩序,加剧网络暴力,损害社会团结与稳定。⑤

在互联网的催生下,网络民族主义与消费文化、娱乐文化结合后诞生了许多不同的

---

① 张化冰. 延伸的"想象":网络民族主义的特征及本质[J]. 现代传播:中国传媒大学学报,2014(12):2.
② 刘培功. 网络非理性民族主义的特征、危害与价值引导[J]. 河南社会科学,2021,29(6):9.
③ 张化冰. 延伸的"想象":网络民族主义的特征及本质[J]. 现代传播:中国传媒大学学报,2014(12):2.
④ 董天策,杨龙梦珏. 国族的想象:作为修辞实践的网络民族主义——对B站《中国历代疆域变化》弹幕的幻想主题分析[J]. 国际新闻界,2021,43(4):24.
⑤ 刘培功. 网络非理性民族主义的特征、危害与价值引导[J]. 河南社会科学,2021,29(6):9.

形式,例如消费民族主义、粉丝民族主义、二次元民族主义以及短视频民族主义等。消费民族主义指的是个人在消费过程中激起的民族意识,从而以此喜欢或者拒绝别的国家的产品。因此购买国货或者普遍意识上拒绝外国产品都可以算作消费民族主义的一部分。① 粉丝民族主义则是将饭圈文化与民族主义情感结合起来,所衍生出的网络民族主义表达方式。② 二次元民族主义则是网络民族主义与青年人所喜爱的二次元文化结合后的新形势。其典型案例就是人气火爆的国产动漫《那年那兔那些事儿》(2011),其第一季半年点击量就超过5亿,观众的集体观看活动形成了网络民族主义者新的呈现面孔。③ 短视频民族主义则伴随着抖音等短视频自媒体在商业上的兴起应运而生。民族主义的相关内容作为大众关注的热点,通过短视频平台获得了广泛的传播。但是短视频制作者为了吸引眼球,相关民族主义的表述被高度碎片化,呈现出情绪化、去语境化的特征。

## 二、我国网络民族主义的发展历程

我国"网络民族主义"的演变按照网络文化的发展以及网民的代际,大致可分为三次浪潮:一是1998年至2005年,在刚刚兴起的互联网催生下,以"七零后"网民为主体的第一次浪潮。二是2008年至2010年,以"八零后"网民为主体的第二次浪潮。三是2010年至今以"九零后"及"零零后"为代表的第三次浪潮。④ 以下分别介绍三次浪潮中的特点。

首先,作为一种政治现象,网络民族主义早在20世纪90年代末伴随着互联网进入中国时就已经出现。第一次浪潮的出现与互联网的普及几乎是同步进行的。例如,在1998年5月印度尼西亚发生排华骚乱后,中国网民在一些中文站点、讨论组中抗议排华暴行,形成了强大的舆论影响力,表达华人社会的愤怒与民族主义情感。⑤ 而1999年北约轰炸中国驻南联盟使馆的事件直接催生了"强国论坛"的成立,这也被认为是中国网络民族主义活动固定化的重要标志。到2003年,伴随着一系列国内外事件,民族主义话语在网络中广为流行,因此这一年也被称为网络民族主义的"元年"。"70后"一代的大学生网民作为这一时期的主要参与者,在民族主义的线上活动中表现出了对于公共政治参与的强烈热情,并主要围绕着国际政治、军事等议题展开民族主义活动。王洪喆等学者指出,这一时期的网络民族主义"具有强烈的社会介入性和公共性、同时又带有批判现实的面向"。⑥

---

① 李红梅.如何理解中国的民族主义?帝吧出征事件分析[J].国际新闻界,2016,38(11):91-113.
② 吕婉琴.粉丝民族主义与中韩关系的嬗变:以中国K-pop粉丝群体的身份演变为主线[J].外交评论(外交学院学报),2021(1):32.
③ 刘培功.网络非理性民族主义的特征、危害与价值引导[J].河南社会科学,2021,29(6):9.
④ 王洪喆,李思闽,吴靖.从"迷妹"到"小粉红":新媒介商业文化环境下的国族身份生产和动员机制研究[J].国际新闻界,2016,38(11):33-53.
⑤ 彭兰.中国网络媒体的第一个十年[M].北京:清华大学出版社,2005:67.
⑥ 王洪喆,李思闽,吴靖.从"迷妹"到"小粉红":新媒介商业文化环境下的国族身份生产和动员机制研究[J].国际新闻界,2016,38(11):33-53.

其次，自2008年至2010年，随着网络的发展，网络民族主义第二波浪潮的出现伴随着现实社会中诸多具有标志性的民族主义事件的发生。例如，2008年，北京奥运会火炬在法国的传递活动遭到了不法分子的阻挠，而法国警方对于此事的应对十分消极。对此，从线上到线下，中国网民开展了对法国"家乐福"的抵制。网民话语突破了官方和商业化媒体的议程设置，呈现出多元化的舆论趋势。与此同时，这一时期还涌现出一批八零后大学生网民，他们以"爱国者"的形象打开了网络对于国家大事的讨论空间：如清华大学的学生饶瑾创办了"AC-四月网"；同济大学的学生任冲昊与他人合著文集《大目标：我们与这个世界的政治协商》（2012）；复旦大学博士生唐杰创办了独立视频网站"独家网"等。相较于七零后网民更为严肃的、政治化的公共参与，八零后网民作为第二波浪潮中互联网舆论生态的主流，则体现出了"知情者"（informed nationalist）和"玩家"（player）的双重属性。一方面他们部分地继承了七零后批判现实主义的"家国"情怀；另一方面他们又是恶搞文化、动漫文化等网络青年亚文化的第一代参与者，有着更趋近后现代商业文化消费者的行为特征。可以说，在第二波浪潮中已然开始了商业娱乐与公共政治之间的互动与相互建构。

最后，第三次浪潮则是以2016年的"帝吧出征"事件为标志，在九零后乃至零零后的网民——包括"迷妹""小粉红"等群体的主导下，中国的网络民族主义迎来了新的时期。所谓的"帝吧出征"事件指的是2016年年初，以中国台湾的"周子瑜事件"为导火索，在中国大陆网民中有着"帝吧"之称的"李毅贴吧"的网民们发起组织和动员，号召网友"出征"Facebook社交平台。网友们通过"表情包大战"的形式来表达爱国主义情绪以及对两岸统一的期盼。与早期网络民族主义运动的严肃性相比，在"帝吧出征"事件中，新一代网民所表现出的行动体现出了一种"原生于互联网媒介环境下的文化政治"，其民族主义的形成和表达与网络娱乐消费文化和全球化时代的跨界流动有着密切的关系。其中，表情包等语言形式，则构成了"想象的共同体"在网络时代对于民族主义情感与认同的符号表达体系。可以说，对于作为互联网原住民的年轻一代来说，"民族主义"已不再限于一种集体的、公共且严肃的政治性事件，而成为同追星、游戏等娱乐活动相似的身份认同表达的方式。① 这也展现了网络后现代语境下政治的娱乐化，以及娱乐的政治化倾向，从而演化出所谓"粉丝民族主义"的形式。

综上所述，在我国网络社会发展的进程中，网络民族主义已经成为一种不可忽视的叙事表达方式。这种叙事从公共政治的范畴延伸到社会和文化参与的各个方面。② 同时民族主义的话语表达也走过了一个从"精英"到"草根"、从"公共"到"多元"，并逐步"社群

---

① 刘海龙.像爱护爱豆一样爱国：新媒体与"粉丝民族主义"的诞生[J].现代传播（中国传媒大学学报），2017，39(4)：27-36.
② 李红梅.如何理解中国的民族主义？帝吧出征事件分析[J].国际新闻界，2016，38(11)：91-113.

化"及"泛娱乐化"的发展历程。①

## 三、网络民族主义的新形式：粉丝民族主义

对于以新一代年轻网民为主体的民族主义者来说，民族主义话语与网络娱乐消费文化之间相互渗透融合的趋势，不断改变网络民族主义的基本特征。学者刘海龙将这种新型的网络民族主义命名为"粉丝民族主义"(fandom nationalism)，用通俗的话来表述，即"像爱护爱豆(idol)一样爱国"。② 与早期的网络民族主义者不同，"粉丝民族主义"的参与者将"国家"看待为"偶像"并以追星的方式来爱国："他们认为自己拥有国家，他们投入情感，自认为有责任让国家在与其他国家的竞争中，成为最优秀的那个，在国家遭受不公正对待时，会主动向竞争对手宣战。他们平视、参与而不是仰视崇拜，将国家个人化。"③

在这一转变过程中，媒介技术的发展起到了关键作用。社交媒体的兴起为"粉丝民族主义"的产生提供了最佳土壤。例如，在"帝吧出征"的案例中，"出征者"们有着非常严密的组织。他们通过贴吧、QQ群、微博等社交媒体招募成员，随后在QQ群内进行分工。这一行动模式与传统的政治运动截然不同，反而类似于网络游戏玩家社群或者粉丝团体等组织的模式。出征者们虽在现实生活中素不相识，在网络上却表现出"非常自然且坚固的集体认同"。④ 粉丝民族主义参与者中也出现了"小粉红"这一新兴成员。"小粉红"以粉丝追星的形式，自发性地参与到网络民族主义运动中。她（他）们不仅表现出粉丝团的特征，同时还呈现出"消费民族主义"的特点。在日常偶像追星过程中，"小粉红"们也会将国家民族身份与跨国的文化娱乐消费联系到一起，继而表现出相应的购买、品牌维护或抵制行为。而这类粉丝民族主义也会在网络的助推下被扩散。例如，在2019年8月新浪微博的"饭圈女孩出征"事件中，有学者指出，所谓的"饭圈女孩出征"仅仅是粉丝群体自发生成的、低组织化的网络行动，粉丝在整个事件中只起到了"讨论酶"的作用，真正起到关键扩散作用的是主流媒体的网络账号。同时，娱乐营销号与媒体类机构微博协同发力，共同促进了该事件在新浪微博社区的大规模扩散。⑤

刘海龙对于"粉丝民族主义"的特点作出了多个方面的总结：其一，以 Web 2.0 技术为依托，尤其是以社交媒体为组织、动员与行动的平台。其二，参与主体为平时远离政治

---

① 邹军.媒介变迁视野中的网络民族主义：兴起、演进及反思[J].南京师大学报（社会科学版），2021(3)：131-139.
② 刘海龙.像爱护爱豆一样爱国：新媒体与"粉丝民族主义"的诞生[J].现代传播（中国传媒大学学报），2017，39(4)：27-36.
③ 刘海龙.像爱护爱豆一样爱国：新媒体与"粉丝民族主义"的诞生[J].现代传播（中国传媒大学学报），2017，39(4)：27-36.
④ 王洪喆，李思闽，吴靖.从"迷妹"到"小粉红"：新媒介商业文化环境下的国族身份生产和动员机制研究[J].国际新闻界，2016，38(11)：33-53.
⑤ 崔凯.破圈：粉丝群体爱国主义网络行动的扩散历程：基于对新浪微博"饭圈女孩出征"的探讨[J].国际新闻界，2020(12)：26-49.

的青少年网民,包括一些以女性粉丝为主的"小粉红"群体。其三,表达方式带有极强的网络亚文化风格,其中的情感不是传统民族主义表达中常见的仇恨与愤怒,而是反讽、愤世嫉俗甚至正向感情。其四,对国家的情感带有粉丝对偶像的特征,正如像追星一样地爱国。其五,以网络游戏和粉丝群的动员和组织方式进行联合行动。其六,不是消极地接受精英的宣传,而是积极参与对国家意义的建构与生产,将自己的想象投射到国家上。其七,具有青年亚文化特有的反叛性,目的是获得特有的身份及社会承认。"爱国"被行动者想象成与主流的功利主义和犬儒主义文化相对的理想主义和英雄主义行为。其八,在全球文化的影响下,网络民族主义的参与者并不全是思维狭窄的民族主义者,相当一部分是对西方文化有一定了解的、学历较高的青少年,有一些还是在西方学习的留学生。① 因此,可以说作为"粉丝"的民族主义者将"国家"作为某种"过渡客体"投射了自身的想象,将"国家"建构为一种强大、独立、包容的理想状态。

## 第四节　案例分析:网络文学及动画的文化传播

依托大众媒体的普及,世界各国间的文化交流日益频繁,中国必须以一种更加积极的姿态面对全球化进程中多元文化的冲击。在民族文化"出海"的过程中,势必将面临文化间的融合与冲突:如何让不同文化语境下的受众了解中国文化? 如何在新媒介语境下实现传统文化的创造性发展与创新性转化? 以及在这一过程中如何避免重新掉入"东方主义"的权力框架? 本节将以中国的网络文学与动画电影作为案例,思考网络文学的跨文化传播现象以及动画电影中的民族性表达问题。

### 一、中国网络文学的海外传播

网络文学作为依托互联网而产生的文学新形态形成了巨大影响力。在短短十几年间,我国网络文学已成功走出国门。据《2020 网络文学出海发展白皮书》显示,截至 2019 年,国内向海外输出网文作品 10000 余部,其中 2019 年翻译网文作品 3000 余部,海外用户数量达到了 3193.5 万。② 网络文学的海外传播逐渐"形成了以中国大陆为圆心,以泛中华儒家文化圈为核心圈层,向周边乃至更广范围扩散的辐射状传播路径,成为对外传

---

① 刘海龙.像爱护爱豆一样爱国:新媒体与"粉丝民族主义"的诞生[J].现代传播(中国传媒大学学报),2017,39(4):27-36.
② 光明网.2020 首届上海国际网络文学周[EB/OL].(2020-11-17)[2022-05-14]. https://m.gmw.cn/baijia/2020-11/17/1301807640.html.

播中华文化和中国声音的新途径。"①

中国网络文学的"出海"当前主要以东南亚和北美为目的地。在深受中国儒家文化影响的东南亚地区,中国网络文学作品受到了读者们的极大欢迎:"2010年后东南亚图书出版商每年从中国大陆文学网站直接购买版权的小说约百部以上"。② 而在北美等英语地区也出现了 Wuxia World、Novel Translations、SPCNet 等热门中文网文翻译网站。其中美籍华人赖静平于2014年建立的 Wuxia World 被认为是中国网络文学在英语世界传播的开端。这一网站起初是因为翻译"我吃西红柿"的网络小说《盘龙》(Coiling Dragon)而创立,随后逐渐发展壮大为目前全球最大的中文网络小说翻译网站。据2016年年末统计,该网站日均访问量上百万人次,读者来自美国、菲律宾、加拿大、印尼和英国等上百个国家和地区,同时 Wuxia World 在2016年年底与起点中文网签订了为期十年的翻译授权与电子出版许可。③

而决定中国网络文学作品能否成功"出海"的关键一环就是"翻译",翻译质量的好坏在一定程度上决定了文学作品能够被海外读者所接受。尤其是面对文学作品中的一些中国特有的词汇或者概念,例如"道""气"等,如何正确翻译并符合海外读者的阅读习惯是一个非常重要的问题。④ 有趣的是,中国网络玄幻小说的翻译主体基本上是一批对中国文化(尤其是武侠文化)感兴趣、崇拜金庸和古龙的英文母语人士。⑤ 但是这些翻译工作大部分出于译者自身的兴趣,这也使得翻译并不稳定,容易出现更新滞后、供给不足的情况。

网络文学的海外传播将逐渐成为中国国家形象建构的重要一环,通过文学作品中青年化的自我世界来辐射民族的价值品德、传递中国社会的价值观,来填补海外民众对于中国形象的空白。⑥

## 二、中国动画的民族话语表达

作为流行文本的另一形式,中国动画电影是民族文化表达的重要载体,其民族文化特色更是其历史发展的重要传统。以万氏兄弟的《大闹画室》(1926)为标志,中国动画电影到如今已经走过了长达百年的荆棘之路。20世纪50年代,以上海美术电影制片厂为代表的中国动画人在"探民族形式之路,敲喜剧风格之门"这一口号的指导下开始了"民族化"的探索。一方面,中国动画积极从传统神话传奇与民间故事中取材,如改编自《西

---

① 董子铭,刘肖. 对外传播中国文化的新途径:我国网络文学海外输出现状与思考[J]. 编辑之友,2017(8):17-20.
② 邵燕君,吉云飞,肖映萱. 媒介革命视野下的中国网络文学海外传播[J]. 文艺理论与批评,2018(2):119-129.
③ 邵燕君,吉云飞,肖映萱. 媒介革命视野下的中国网络文学海外传播[J]. 文艺理论与批评,2018(2):119-129.
④ 刘明东,何晓斓. 翻译对跨文化传播的影响[J]. 外语学刊,2011(2):120-123.
⑤ 路艳霞. 追看玄幻仙侠,老外也痴迷[N]. 北京日报,2016-12-26.
⑥ 邓祯. 网络文学的海外传播与中国文化形象构建[J]. 中国编辑,2019(3):8-13.

游记》的《大闹天宫》(上、下)(1961—1964)等。另一方面,在动画形式上融合中国传统艺术的风格审美,如水墨动画《小蝌蚪找妈妈》(1961)等。①这一时期一系列经典动画作品在国际各大电影节上斩获了诸多奖项。②这些动画电影的成功也造就了"中国学派"这一动画风格的产生。

近年来中国的动画产业方兴未艾,诸多优秀的作品不断涌现。例如《大圣归来》(2015)、《大鱼海棠》(2016)、《白蛇:缘起》(2019)、《哪吒之魔童降世》(2019)、《姜子牙》(2020)等动画电影在票房与口碑上都获得了不俗的成绩。但是,在目前中国动画市场崛起的背后,中国动画在民族文化的表达形式上仍处于上下求索的过程之中。尽管在动画技术上已取得长足的进步,中国动画电影在叙事体系及美学表现方面仍需要在借鉴好莱坞模式之外探索自己的道路。

在民族话语表达的过程中,文化再现的问题无法被忽视。例如,2021年上映的动画电影《雄狮少年》就因为电影中主角的"眯眯眼"造型引起了巨大争议。《雄狮少年》以岭南地区的"舞狮"习俗为背景,讲述了三位留守少年追逐舞狮梦想的励志故事。电影中充斥着诸多岭南文化元素,同时"舞狮"作为电影的主线,也向观众传达着永不放弃的"醒狮精神"。但是电影中主角的形象则是以眯眯眼、吊眼角、宽眼距、塌鼻子的样貌呈现。因此,部分网友批评其涉嫌"刻意丑化中国人形象"。因为长期以来在东方主义的影响下,所谓"眯眯眼"被认为是西方社会对于华人的刻板印象,标记着西方之于东方的审美霸权。而对于争议,该动画的监制张苗则表示:"为什么大家对'眯眯眼'有这么大的反应,恰恰说明我们对动画表达的审美观已经被同质化,没有了审美自信。毕竟大家受美漫、日漫影响多年,形成了统一的审美习惯。"③

## 【思考题】

1. 试举例思考:在新媒体语境下我国民族文化如何走出国门,打开交流与对话的空间,实现有效的跨文化传播?

2. 结合我国当代动画或影视文本,谈谈对"民族性"的表征如何突破既有的西方观看/东方被看的权力结构?

3. 以某一媒介事件为例,说明网络民族主义话语的传播有哪些特点?产生了何种影响?

---

① 刘磊,孙天晨.近年来国产动画电影的民族化探索与重思(2014—2019)[J].电影文学,2021(1):43-48.
② 如《小蝌蚪找妈妈》(1961)获1961年瑞士第十四届洛迦诺国际电影节短片银帆奖,《大闹天宫》(上、下)(1961—1964)获1978年第二十二届伦敦国际电影节最佳影片奖,《三个和尚》(1982)获得1982年第三十二届柏林国际电影节银熊奖等。
③ 周慧晓婉.动画脸同质化,《雄狮少年》"眯眯眼"要展现审美自信[EB/OL].(2021-12-17)[2022-01-17]. https://baijiahao.baidu.com/s?id=1719358768803340461&wfr=spider&for=pc.

# 第九章　新媒体文化的身体研究

新媒体文化的大众化与草根化的传播特点，带来的是一种以非理性的、感官的文化审美倾向。这些非理性、感官化的倾向往往与"身体"的概念联系在一起。在西方过去的文化哲学思潮中，身体一直是一个被贬低的概念，作为理性思考的对立面被理解。例如，身体被认为是物质的、有限的、会腐朽的，是动物性的、感官的、不可靠的。相反，精英文化推崇的是精神的、形而上的、超越性的意义。而随着大众文化的兴起，精英与普罗大众之间的文化边界逐渐消解，"身体"的意义在现代文化中日趋显著。在大众媒介时期，报纸、杂志广告以及影视剧中都开始将身体作为一种视觉奇观再现之物；同时，各种感官化的快感不断在消费文化中被强调。社会权力的控制形式也发生了转变，逐渐将大众文化中的身体作为各种细致复杂的媒介话语所作用的对象。权力话语通过塑造一个个符合文化标准的身体来建构我们内在的"灵魂"。

到了新媒体时代，身体与技术的进一步结合使人们对身体的认识发生了新的变化。一方面，得益于人工智能、虚拟现实和移动互联网的迅速发展，人们进入了一个"发现身体""重返身体传播的世界"；另一方面，与身体相关的文化话语与文化再现变得更为丰富。例如，人们会在网络直播中观看各种主播的身体展演，如吃播博主的美食品尝、美妆博主的化妆打扮。人们也会戴上智能手表，或通过某个 App，来检测自己身体的健康水平和运动状态。此外，粉丝们喜欢的虚拟人物会通过一个虚拟化身体呈现在眼前。刘海龙认为，新媒体时代带来了身体在传播中的空虚感，使得身体问题得以引起关注。[①] 可以说，从身体的角度出发，是思考新媒体文化的一个必要的切入点。它提醒我们重新进入围绕着身体议题所展开的文化批评脉络。基于此，这一章主要探讨关于身体的问题是如何从被遮蔽的状态而逐渐显现的；进而，思考身体在新媒体文化中的规训、抵抗与表达、表演与控制；最后，聚焦后人类主义下关于赛博格的讨论及技术的发展又会将身体带往何方。

---

① 刘海龙.传播中的身体问题与传播研究的未来[J].国际新闻界,2018(2):37-46.

# 第一节 文化理论的"身体"转向

本节所探讨的是"身体"这一概念以及与之相关的问题是如何在大众文化中显现的。首先追溯对于"身体"的论述在西方哲学思潮中的转变,简要考察从古典时期到近代、现代以及后现代思想中"身体"的地位是如何逐渐提升至一个被关切的议题。其次,关注大众文化中的身体,特别是当代时尚审美、医学健康、广告消费等各种文化话语不断地教导人们将目光置于对自己"身体"的关注之上。"身体"在新媒介的加持下变得越来越视觉化、技术化与消费化,这也使得关于"身体"的思考变得愈加重要。

## 一、"身体"在西方哲学传统中的浮现

自古希腊开始,西方哲学就已建立了心灵和身体的对立。古典时期的哲学家们认为身体是欲望和罪恶的滋生之地,以及灵魂通达真理的绊脚石。身体被理解为下等的、应该摆脱和超越的,且不能作为认识的主体;真正有效的认识主体只能是心灵和意识。[①] 古希腊哲学家柏拉图通过对身体的蔑视和抨击,开启了一个二元论的意识哲学传统,它包含两个相互关联的方面:一方面是身心分离,即身体(肉体、欲望、冲动、物质、感性等)与心灵(灵魂、理智、意识、精神、理性等)是两个相互对立、独立自存的实体。另一方面是扬心抑身,即意识和心灵具有优先性和决定性,它不仅高于和优于身体,而且统摄和主宰着身体。[②] 随着柏拉图身心二元论观念的发展,中世纪的基督教神学家圣·奥古斯丁以柏拉图主义为参照,认为肉体是原罪的栖居之所、欲望的滋生之地,唯有禁欲节制、弃绝尘世,不与灵魂相争执,才能获得上帝的恩典,与至善相融合。[③]

如果说身体在柏拉图那里是遭受心灵的排斥,在基督教神学那里是遭受上帝的压制,那么,到了17世纪启蒙主义哲学家勒内·笛卡尔这里,身体则遭遇了理性知识的诘难。笛卡尔将"我思故我在"作为其哲学的第一条原理。他通过"我思"所确认的这个"我",即"我的灵魂",是完全、真正跟肉体有分别的;"即使肉体不存在,灵魂也不失其为灵魂"。[④] 笛卡尔之后的西方近代哲学几乎都未超出身心二分、扬心抑身的意识哲学传统,在哲学家将目光专注于"心灵""理性"的时候,身体则基本陷入了被遗忘、被遮蔽的黑暗中。

---

① 邓庄.身体:传播技术演化的重要维度[J].青年记者,2020(33).29-30.
② 韦拴喜.身体转向与美学的改造:舒斯特曼身体美学思想论纲[M].北京:中国社会科学出版社,2016:39.
③ 韦拴喜.身体转向与美学的改造:舒斯特曼身体美学思想论纲[M].北京:中国社会科学出版社,2016:39.
④ 勒内·笛卡尔.第一哲学沉思集[M].庞景仁,译.北京:商务印书馆,1986:208.

一直到了现代,"身体"的问题才得以受到重视。到19世纪末,德国哲学家尼采以"一切从身体出发""以身体为准绳"等名言来为身体正名。可以说,20世纪整个西方的现代哲学几乎都在强调"身体"的重要性,特别是二战之后伴随着大众文化而兴起的对于身体问题的关注。其中值得注意的是法国哲学家莫里斯·梅洛-庞蒂(Maurice Merleau-Ponty)对于身心二元论观念的拆解与批判。梅洛-庞蒂重新思考了身体与心灵的关系,并用"肉身化的主体"取代了意识主体。他认为身体意味的是一种含混的领域,它既不是作为客观生理性存在的"身体",也不是主观的自我意识或心灵,而是主观与客观相融的统一体。①

最后,在后现代思潮下,对于身体问题又有了新的转变。许多理论家力图通过对传统身心二元论格局的解构和超越,来强化现象学传统对身体的关注。梅洛-庞蒂之后,米歇尔·福柯继承和发展了尼采的道德谱系学,以身体作为书写历史的载体,并将身体与知识、道德、权力、性联系起来,分析不同的话语实践对身体的塑造过程,力图展示"一个完全为历史打满烙印的身体,和摧毁了身体的历史。"②同时,福柯也将身体纳入他的权力-话语理论中,将身体视为话语规训的首要对象。也就是说,权力话语的作用是持续不断地对身体进行塑造、监管、规训和惩罚,将身体驯服和锻造为依其旨意行动的身体。福柯对于身体的讨论为媒介文化研究中的身体问题打开了重要的思路。其后,许多研究者从福柯的身体观出发,来思考不同文化话语对于身体的规训与塑造,以及身体自身的抵抗性与话语生产力。与福柯同时期的吉尔·德勒兹(Gilles Deleuze)也沿袭了尼采的观点,认为身体的存在才是根本性的,同时身体又是可变的、生成的、不稳定的以及无规则的,是"无政府主义的身体"或"无器官的身体"。③ 简单来说,身体就是一台欲望机器,这个欲望机器直接投入社会来生产现实。

## 二、"身体"在大众文化中的凸显

根据上述脉络,人们对"身体"意义的重视与现代文化的到来是密切相关的。自20世纪以来,伴随着大众文化的发展,休闲娱乐和感官体验逐渐成为社会主导需求,人们对身体的关注和追捧超越了以往任何时代。布莱恩·特纳(Bryan S. Turner)称我们已迎来"身体社会的崛起","这个社会里,我们所有重要的政治和精神事宜都要通过身体的渠道来阐述"。④ 同时,身体成为文化社会发展的最强大推动力,各种意识形态的、规范性的、科学医学的、时尚消费的话语也围绕着身体在文化场域不断生产。可以说,身体问题

---

① 莫里斯·梅洛庞蒂.知觉现象[M].姜志辉,译.北京:商务印书馆,2001:125.
② 米歇尔·福柯.尼采、谱系学、历史[M]//收录尼采的幽灵:西方后现代语境中的尼采.汪民安,陈永国,编;苏力,译.北京:中国社会科学出版社,2001:123.
③ 陈治国.论西方哲学中身体意识的觉醒及其推进[J].复旦学报,2007(2):91.
④ 肖恩·斯威尼,伊恩·霍德.身体[M].贾俐,译.北京:华夏出版社,2006:4.

在大众文化中越来越显著的趋势主要来自以下三个层面。

首先是身体与消费社会的关系。消费社会的诞生是社会经济文化交替的一个重要阶段,从以"生产商品"为主的社会迈向了"制造消费"为主的社会。让·鲍德里亚最先明确地提出了"消费社会"的概念,同时也是身体消费理论的提出者。在消费社会,人们痴迷于物的占有和符号的消费,将符号化的身体拖入了商业化的市场逻辑中。进入21世纪,各个领域之间的商品界限被打破,生活结构、社会形态以及意识形态发生了剧烈的变化,消费时代和消费文化已然到来。在鲍德里亚看来,"消费并不是普罗米修斯式的,而是享乐主义的、倒退的。它的过程不再是劳动和超越的过程,而是吸收符号及被符号吸收的过程。"①人们在消费物品时,就是在消费符号,同时在这个过程中界定自身,人们在日常生活的消费行为中不断展现自己。例如,在时尚生产中,身体消费日益成为一种符号游戏,身体消费行为本身也成为一种时尚的生活方式和生活艺术,成为一种新的文化现象。

其次是身体与视觉文化的关系。现代视觉文化重构了传统的观看方式,从"心读"变为"眼看",视觉性和视觉效果成为主导性信息接收和观看方式。身体、话语与视觉在视觉文化形态中不断互动,突破了长久以来理性与意识的压迫,扭转了身体的"失语"状态。在当下发达的视觉体系中,身体借助摄影、摄像、网络等成为了一种诱人的符码式景观存在。视觉文化时代的到来使得身体作为符号表征的价值越发凸显,身体转向也构成了视觉转向的最重要内容之一。

最后是身体与媒介技术发展的关系。麦克卢汉曾谈到"媒介是人体的延伸","延伸意味着截除",意思是当使用机器时,机器就成为你身体的一部分,替代了原来的器官。麦克卢汉以身体的尺度去想象、隐喻媒体,他理论的核心是身体的感觉。② 不同于麦克卢汉,唐·伊德(Don Ihde)等人认为技术并非人类身体器官的延伸,而是技术嵌入物质身体的感官与知觉延伸。③ 随着互联网技术的发展以及人工智能应用的普及,身体与媒介技术呈现出互联互通的一面。曾经我们通过自己的身体来使用媒介技术,而如今身体则转变为媒介技术的一部分。身体与媒介技术从最初的外接模式逐渐演变成相融模式。

## 第二节 身体规训与身体抗争

进入现代社会,身体成了现代权力所关注及运作的首要对象。同时,与前现代相比,权力施加于身体的形式也发生了诸多改变。例如,封建时代对于犯罪者的身体通常采用

---

① [法]让·鲍德里亚.消费社会[M].刘成富,等译.南京:南京大学出版社,2001:225.
② 刘海龙.传播中的身体问题与传播研究的未来[J].国际新闻界,2018(2):41.
③ 唐·伊德.技术与生活世界:从伊甸园到尘世[M].韩连庆,译.北京:北京大学出版社,2012:77.

暴力酷刑的方式来充满激情地展示皇权的权威与力量；而到了现代，惩罚的形式则变成了理性的、按规行事地将犯罪者的身体禁锢在一个特定的空间中，并严格限定其行动。在这方面，福柯在《惩罚与规训》(1977)中对现代权力对于身体的管控给出了有力的解释。福柯的学说影响深远，此后，许多女性主义学者在此基础上指出男性权力是如何通过生产性别化的文化话语来规训女性身体的。另一方面，当代文化话语的多元性与复杂性也使得身体不单单为某一种权力所铭刻或管控，身体能够在差异性的话语中进行协商，诉求主体能动性，并反抗某种规范性的话语力量。本节主要通过福柯的理论观点来探究权力对身体的规训，并从不同的身份立场来分析身体在文化中的展演以及抗争。

## 一、福柯的身体规训理论

福柯将权力规训视为一种针对身体的权力"物理学"或权力"解剖学"，规范化训练是其核心。[①] 第二章曾谈及福柯的权力-话语理论，这里可以将福柯的微观权力与身体的规训联系起来，尤其是规范性的知识话语所构成的微观权力最终是如何作用于身体的。

### （一）解构内在性

福柯认为，我们的身体被权力-话语所铭刻，而权力本身则是隐藏的，并不以一个外在于身体的权威代理者所呈现，而是通过身体来建构内在的"灵魂"，使主体主动自愿进入到规范性的话语中。[②] 从传统意义上，人们会认为，身体的某种表现是由于身体内在的意志或灵魂所决定的。但是福柯逆转了这种因果关系。事实上，并没有某种所谓意志或灵魂先在于身体，相反，权力话语正是通过对于身体的模塑、规范与诱导，才建构起那个所谓的内在"灵魂"。例如，当一位学生在教室上课时，她/他会自觉地遵守学校的空间规则，端正地坐在课桌前听讲。她/他不会忽然大声说话，也不会乱动，是因为知道无形中自己正处在周围同学和老师的目光下。此刻学生的身体就是被各种规则所规训好了的一个合格的身体。之所以遵守规则，并不是因为其"内在"如此，而是相反，只有当她/他这么做的时候，才能被认为是一位合格的好学生。她/他内化了规则，实现了对自己身体的管控。再比如，一位年轻女性在社交媒体上接受到各种"美丽的"身体和美容健身知识，于是她在不知不觉中感受到身材的焦虑，也开始走进健身房、下载健身软件、购买相关产品并按照营养指导来饮食。在这一过程中，各种审美的、技术的、消费的、医学的话语在不断建构、管理着她的身体，使其符合某种主流的标准。同时，她会通过社交媒体去展示她的身体变化，让身体被看到，被外界目光认可为一个拥有积极、自律、有自我管控能力等"内在品质"的主体。这些日常生活中的例子都与"身体规训"有关。

---

[①] 赵方杜. 规训权力演绎中的身体境遇：论福柯的现代性诊断[J]. 理论月刊,2012(10):155-159.
[②] 米歇尔·福柯. 规训与惩罚：监狱的诞生[M]. 刘北成,杨远婴,译. 北京：生活·读书·新知三联书店,1999: 28-30.

### (二) 身体规训的形式

"规训"一词是福柯在《规训与惩罚》中提出的概念。在英语中,discipline 既可以作名词也可以作动词,如学科、学术领域、课程、纪律、训练、规范、约束等。在福柯看来,对身体的规训由来已久。在任何社会里,身体都受到权力的控制,那些权力强加给它各种压力、限制或义务。① 但在现代规训社会里,权力对身体的规训作了进一步改善,使之更为精巧。现代权力借助心理学家、精神病学家、刑法学家、监狱管理人员和教育学家等"技术人员大军",采用更隐蔽、似乎也更人道的方法对每个人的身体进行了无所不在的控制。

首先是控制的范围。权力不再把身体当作不可分割的整体来对待,而是"零敲碎打"地分别处理,对它施以微妙的控制。例如,时尚消费话语中对于身体的要求是通过各种细分来实施的,锁定各个部位并生产相关的标准。对于女性,不单单是苗条的身材,还需要有天鹅颈、天鹅臂、A4腰、蜜桃臀、女团腿等细分标准。其次是控制的对象。简单来说就是控制的对象不再指向这种看得见、听得见的直接命令(如宣判书和禁令等),而是看不见的、具体存在的机制和做事情的内在行为塑形结构。例如,学生在学校中必须遵循听铃声上下课的规则,或者上午在听到操场音乐响起就需要马上跑去做操等日常形式。最后是控制的模式。现代社会对身体的控制是一种不间断的、持续性的、自主性的模式。这种控制方法倡导人们关注自己的身体,对身体进行精心管理,不断地征服身体的各种力量,使身体成为符合社会主流规范的"驯顺的身体"。②

可见,福柯所言的规训是指一种特殊的权力技术:既是权力干预身体的训练和监视技术,又是制造知识的手段。③ 而身体也成了权力规训下的产物。简言之,规训在这里不仅仅包含对身体的压抑、控制等含义,也指一整套规范、训练、使用身体的积极有效的知识、技术、手段等。④ 对身体的规训指的就是主导的权力话语对身体的组织动员、管理控制、改造和使用的过程,从而创造出符合现代社会文化要求的"驯服而有用"的身体。

### (三) 全景敞视下的身体

福柯理论中最能体现规训权力的是全景敞视主义(panopticism)的规训机制。即通过对人的身体、行为等进行普遍化监视,再逐渐控制内在意识,训练出符合规范的身体。第七章关于空间的讨论已详细论述过福柯对于圆形监狱模型来作为现代权力监视与控制的一种隐喻。事实上,身体正是在这个空间中被时刻观看的对象。在福柯看来,诸如

---

① 胡颖峰. 规训权力及规训社会:福柯权力理论初探[J]. 浙江社会科学,2013(1):114-115.
② 米歇尔·福柯. 规训与惩罚:监狱的诞生[M]. 刘北成,杨远婴,译. 北京:生活·读书·新知三联书店,1999:156.
③ 赵方杜. 规训权力演绎中的身体境遇:论福柯的现代性诊断[J]. 理论月刊,2012(10):155-159.
④ 赵方杜. 规训权力演绎中的身体境遇:论福柯的现代性诊断[J]. 理论月刊,2012(10):155-159.

圆形监狱那样的全景敞视建筑是一个自动化的权力支配机器。全景敞视中的监禁,主要不是通过沉重的铁镣,而恰恰通过隔离的开放性和可见性让规训式的征服发生在肉体本身。[①] 现代社会,针对身体的空间规范与视觉监视向着整个社会各领域渗透,包括学校、医院、兵营、工厂、机关等各个角落。而互联网时代又将身体的可见性推向了一个高峰。

放眼至现代社会,随着摄像头设备和人脸识别技术的成熟应用,每个商业空间、公共空间和半私人空间都被安装了监控设备,公共空间与私人空间的界限不再清晰,技术对于城市空间和生活的侵入更加智能,也更加隐蔽。曾经在圆形监狱的模型中,犯人还能够感受到位于圆形建筑中心那个不可见的权力者的目光,而到了网络时代,那个权力的"中心"也消失了,权力目光变得愈加不可见。身体必须暴露在可见的空间之下才能生产意义。与此同时,我们也开始主动地曝光身体形象,例如随时随地的自拍或生活播客,抑或通过视频平台和直播镜头来接受到未知者的凝视。人们会根据这种日常身体展示来进行印象修饰,根据各种知识性的话语标准对自己的身体进行控制和管理,如自我的形象管理、表情管理、身材管理等。

## 二、女性主义的身体批判

事实上,身体一直是女性主义批评所关注的对象。在西方前现代的身心二元论体系中,不仅身体被精神/灵魂所压抑与贬低,与此相对应的,女性也在这套二元体系中被等同于身体的位置。也就是说,在传统的性别本质论中,女性气质往往被归纳为是身体化的、情感的、依赖的、无法超越的;而男性气质则与精神的、理性的、独立的、超越性的特质相勾连。[②] 女性主义学者在此问题上,一方面是破除性别化身体的本质主义倾向以及本质主义背后的权力不平等;另一方面,在福柯学说的影响下,许多女性主义批评也将焦点转移到女性气质与女性身体的话语建构上。这些身体批判关注的是大众文化话语是如何塑造各种理想化的女性气质标准,而女性又是如何在文化实践中使自身主动地符合既有的性别规范的。

### (一) 消费文化对于女性身体的规训

美国女性主义学者苏珊·波尔多(Susan Bordo)在大众文化对于女性身体建构方面提供了许多重要的观点。首先,波尔多认为身体是一种"文化文本",她致力于揭示各种社会力量对女性身体的塑形。在《不可承受之重:女性主义、西方文化和身体》(1993)中,波尔多观察到现代女性追求苗条纤细的形象,控制饥饿,使饮食失调现象变得越来越普

---

① 米歇尔·福柯. 规训与惩罚:监狱的诞生[M]. 刘北成,杨远婴,译. 北京:生活·读书·新知三联书店,1999:233.
② 李银河. 女权主义围绕性别气质问题的论争[M]//荒林,王红旗. 收录中国女性文化:2. 北京:中国文联出版社,2001(20):20.

遍。无论是节食,还是厌食症,甚至是贪食症,受害者的身体都深深地铭刻着时代的女性气质建构。波尔多对现代美国一系列广告进行解读时,发现20世纪80年代之后"将苗条等同于美丽和成功的做法日益普遍,这让文化多样性中的对抗性声音越来越微弱"①。在《身体与女性气质的再造》(1993)一文中,她进一步论述到,文化价值对身体的想象都镌刻在我们的身体上,所以,身体不是文化的自然起源,身体本身是被文化所塑造的。②受福柯影响,波尔多认为身体的形塑是通过人们日常生活中时空与运动的组织调节而实现的。身体被规训、塑形然后打上文化烙印。文化渗透了女性的饮食、化妆以及服饰。女性需要花更多的时间和精力来打理和"改善"身体,使之符合"标准化"的女性美。③

其次,波尔多强调对某种身体"自主权"的反思。比如,通过自主地节食、美容、塑形等文化实践,将身体"掌握在"自己手中。她认为,当女性完全认同了父权制对其身体的客体化时,她也是在将自己的身体作为一个对象,按父权文化的要求进行规训与完善,并梦想成为身体的主人。因此,女性这种通过对自己身体的支配与强迫所获得的独立自主的感觉,不仅不利于改变既有的性别秩序,而且容易使其沦为这一秩序的服务者与共谋人,从而阻碍了自身多样的身体实践。④ 这种通过强迫自律的身体实践来获得自由感的做法,其结果也容易导向波尔多在《身体与女性特质的再造》中所描述的身体失调,即,以身体真实的痛苦"宣布主体的彻底投降,屈服于紧缩的女性世界"⑤。

最后,波尔多指出,技术的介入正深刻影响并改变着现代女性的身体观。她谈到,"经过过滤、抹平、润色、软化、锐化、重置的形象转瞬即逝,它是数字产品,视觉电子人,教我们对血肉之躯应该有怎样的期待;训练我们认识什么是有缺陷的,什么是正常的。"⑥例如,不少女性陶醉在数字图像处理技术所塑造的种种"身体镜像"里,并把这种完美镜像当成一种真实,从而利用各种整形外科技术对身体的诸多"缺陷"实施重构。现代女性遵从着一定的"前台化规则",这些规则蕴含在影视、广告、时尚杂志及社交网络上种种"完美无瑕"的媒体意象里。在其中,女性身体的审美一方面呈现出均质化特点,即凝脂的肌肤、精致立体的五官及无一丝赘肉的"S"曲线身材;另一方面则呈现出碎片化趋向,如额头要饱满、鼻子要小巧挺拔、下巴要瘦削等。这些所谓标准化的"身体意象"具有模型的功能,自我会不断根据这些模型去权衡、判断、规训和纠正自己。⑦ 女性对身体的自我检

---

① 苏珊·波尔多. 不能承受之重:女性主义、西方文化与身体[M]. 綦亮,赵育春,译. 南京:江苏人民出版社,2009:117.
② 麦吉·麦克拉肯. 女权主义理论读本[M]. 艾晓明,何倩婷,译. 桂林:广西师范大学出版社,2007:153.
③ 麦吉·麦克拉肯. 女权主义理论读本[M]. 艾晓明,何倩婷,译. 桂林:广西师范大学出版社,2007:153.
④ 苏珊·波尔多. 不能承受之重:女性主义、西方文化与身体[M]. 綦亮,赵育春,译. 南京:江苏人民出版社,2009:37.
⑤ 苏珊·波尔多. 不能承受之重:女性主义、西方文化与身体[M]. 綦亮,赵育春,译. 南京:江苏人民出版社,2009:203.
⑥ 苏珊·波尔多. 不能承受之重:女性主义、西方文化与身体[M]. 綦亮,赵育春,译. 南京:江苏人民出版社,2009:7.
⑦ 苏珊·波尔多. 不能承受之重:女性主义、西方文化与身体[M]. 綦亮,赵育春,译. 南京:江苏人民出版社,2009:30.

视因此变得愈发苛刻,她们愈发无法接受真实身体的种种不足、缺陷和自然衰老,对其感到焦虑、失望甚至恐惧,渴望通过各种方式对身体进行维护和改造。

### (二)身体的性别气质操演

美国理论家朱迪斯·巴特勒同样将身体放在性别研究的中心位置,建立了生理性别/社会性别/身体的三维分析框架。[①] 在《性别麻烦》(1990)中,巴特勒援引福柯的系谱学方法,破除身体的生物本质主义神话,强调身体的可变性。巴特勒指出,恰恰是身体的持续行动与变化形成了"性别化的身体"。通常人们会认为生理性别是身体的、天生具有的;社会性别则是社会文化所建构的,是从生理性别出发所导致的社会建构的结果。于是,借助社会性别的概念,生理性别反而可以将自身打造为一种自然的、不可改变的事实,并持续在父权文化中发挥效力。因此,在生理性别与社会性别的二元划分中,身体仍然是作为一个先在于文化的、本质的存在。巴特勒强调,生理性别与社会性别一样,同样是文化话语建构的结果。就像婴儿出生时,每位母亲都会问护士,孩子的生理性别是男是女。正是这些仪式化的语言建构了婴儿"性别化的身体"。因此,在巴特勒看来,没有某种内在的、固定的性别身份,性别是在特定的文化规范中身体操演的结果。[②] 也因此,巴特勒强调诸如反串表演那样的身体戏仿对于既有性别规范的颠覆性。在《身体之重》(1993)中,巴特勒注重探讨身体是如何被社会规范所形塑的。她把身体看作权力动态作用的效果。身体无法逃离社会建构的影响,因为权力的作用铭刻于身体之上,社会规范管控着身体的物质性。比如,有关"性别"的规范性话语会传唤、建构主体,让主体以"合规"的方式去行动,而不合乎主流性别规范的身体则会遭到漠视、偏见乃至暴力。[③]

## 三、身体作为抵抗的媒介

虽然身体为规范性的权力话语所建构,但这并不意味着身体是全然被动、消极的。福柯、女性主义和后殖民主义也同样将身体看作抵抗的来源与场所。在文化中,话语本身充满竞争性,并非铁板一块,因此身体既受制于某种主导的规范性权力,同时,它又可以打破这些规范,将之作为另类话语的表征,从而生产出新的风格与意义。例如,伯明翰学派在对20世纪六七十年代的英国工人阶级青少年亚文化的研究中,认为"光头仔的风格代表着一种通过野性青年形象来重新塑造工人阶级社群传统的努力"。[④] 工人阶级青少年离经叛道的亚文化风格表征了对资产阶级的抵抗。由于他们所处的弱势地位,他们

---

[①] 柯倩婷.身体与性别研究:从波伏娃与巴特勒对身体的论述谈起[J].妇女研究论丛,2010(1):73.
[②] 朱迪斯·巴特勒.性别麻烦:女性主义与身体的颠覆[M].宋素凤,译.上海:上海三联书店,2009:51.
[③] 柯倩婷.身体与性别研究:从波伏娃与巴特勒对身体的论述谈起[J].妇女研究论丛,2010(1):74.
[④] 弗雷德里克·詹姆逊.论"文化研究"[M]//王逢振.收录詹姆逊文集:第3卷:文化研究和政治意识.谢少波,译.北京:中国人民大学出版社,2004:39.

所能拥有的唯一的抵抗媒介就是自己的身体,在此意义上,身体便成了他们的反击点。通过风格化的形象来主动标记出与主流规范化身体的差异。在许多文化抗争中,身体起着类似的作用。

当代中国,许多抗争性的身体表演将身体作为媒介推向了公共视域。身体不仅成为一个可以承受公共目光审视的观看对象,同时还成为各种权力开展意义赋值的表征符号。一方面,在许多媒介事件中,许多弱势群体将表演式抗争作为一种底层行动方案和政治实践,通过制造某种戏剧化的、消费性的、参与性的表演行为,来传递并表达抗争诉求。① 区别于底层群体对身体的抗争即让渡自身权利,将自己置入"被观看"状态下显示弱者悲情,取得"观念"上的胜利。② 另一方面,在公共空间的表演艺术中,许多艺术家也会以自己的身体行动来生产反思性与抵抗性的话语,传达身体的能动力量。

## 第三节 后人类、赛博格与技术化的身体

随着媒介技术的不断发展,身体的意义逐渐摆脱肉身的局限,转向为一种数字化的虚拟身体。网络的发展形成新的交互环境,影像、声音、触觉以及身体各种感官的联结,形成了全方位的、真实的身体反应。虽然真实的身体在新媒体传播中似乎被逐渐边缘化,但它并没有彻底消失,而是嵌入了传播界面中。技术可以遮蔽身体,却无法彻底赶走身体。在可穿戴设备、全息影像、虚拟现实等沉浸式媒介技术下,人们浸润在由技术环境包裹起来的日常生活中。③ 这将对身体的讨论带至一个新的维度:当传统人文主义的"身体"被技术所入侵时,在后人类主义的情境中,身体又意味着什么?

"后人类"(post-human)一词最早是由19世纪末期俄国神智学创始人海伦娜·布拉瓦茨基(Helena Blavatsky)在她的《秘密教义》(1888)中所提出的。她将"后人类"视为自然演化的某种哺乳类动物,是人类物种的一种延续。④ 1995年,英国学者罗伯特·佩普勒尔(Robert Pepperell)在《后人类状况:意识超越大脑》一书的末章发表了一个影响深远的"后人类宣言"。他宣称,"后人类是技术世界延伸的一种存在形态"。⑤ "后人类"并不意味着人类的终结,而是理论家们用来描述人类当前生存境遇的一种指称。同年,凯瑟琳·海勒(Katherine Hayles)在《我们何以成为后人类:文学、信息科学和控制论中的虚拟身体》一书中明确指出:"后人类尽管还是一个不成熟的新概念,却已经非常复杂,牵

---

① 刘涛. 身体抗争:表演式抗争的剧场政治与身体叙事[J]. 现代传播,2017(1):62.
② 王雪晔. 裸身抗争:农民工表演式抗争的图像构建与文化内涵[J]. 新闻界,2017(12):2-10.
③ 曹钺,骆正林,王飏檬."身体在场":沉浸传播时代的技术与感官之思[J]. 新闻界,2018(7):18-24.
④ 王亚芹. 后人类主义与身体范式的美学思考[J]. 山东社会科学,2020(5):98.
⑤ Pepperell R. The Posthuman Condition: Consciousness Beyond the Brain[M]. Bristol: Intellect Books,2003:187.

涉到一系列文化的和技术的领域,包括纳米技术、微生物学、虚拟现实、人工生命、神经生理学、人工智能、认知科学以及其他学科。"①

对于"后人类主义"的论述目前可以分为两种类型。一种是将其视为对"人类中心主义"或者"人文主义"的批判,可以称之为"批判性的后人类主义"。② 由于"人类中心主义"在某种意义上是以人类的意识、精神或"理性"为中心的,其他一切都处于客体的对象性地位,"身体"也不例外。从这个意义上讲,"批判性的后人类主义"是对二元对立和本质论的纠偏,是为"身体"争取合法地位的。另一种主要是将后人类主义视为由技术发展所导致的人类生存状况的新图景,主要涉及技术与身体研究,可以称之为"身体性的后人类主义"。它是对人类生存状态的思考,对人类生命形态的技术化研究,或者说,是技术化的身体研究。③

## 一、赛博格与技术化的身体

"赛博格"的概念很好地为"后人类的身体"提供了理论依据。赛博格(cyborg)一词起源于20世纪60年代。1960年,美国航天医学空军学校的两位科学家曼弗雷德·克林斯和内森·克兰从cybernetic(控制论的)和organism(有机体)两个词中各取前三个字母构造了一个新词"cyborg"。④ "赛博格"后来被定义为人的身体性能经由机械拓展进而超越人体的限制的新身体,也有人将其译为"电子人"。美国学者唐娜·哈拉维(Donna Haraway)称"赛博格"为"一个控制生物体,一种机器和生物体的混合,一种社会现实的生物,也是一种科幻小说的人物"。⑤ 哈拉维在1985年发表的《赛博格宣言:二十世纪晚期的科学技术和社会主义的女性主义》一文指出,赛博格意味着人类与动物、有机体(人类与动物)与机器、身体与非身体之间的界限的模糊,赛博格打破了自我/他者、心智/身体、文化/自然、男性/女性、创造者/被创造者等传统思维中的二元对立模式。⑥ 在其论述中,赛博格隐喻着范畴的模糊化,隐喻着各种过去在辩证法中对立的两极走向了消融。

事实上,这种生物身体与技术身体相互融合的现象早已成为我们的日常生活与文化实践。在互联网时期,新媒介与身体相互嵌入,难以分割。当下如若离开手机,人就像被斩断了某个感知器官,被剥离出媒介化的生活之外。技术全面介入人的身体,人们的日常生活变得"赛博格化"(cyborgization),人变成了"赛博人"。凯瑟琳·海勒也指出,当今的主体有两个身体,"表现的身体"与"再现的身体"。前者以血肉之躯出现在电脑屏幕

---

① 凯瑟琳·海勒. 我们何以成为后人类:文学、信息科学和控制论中的虚拟身体[M]. 刘宇清,译. 北京:北京大学出版社,2017:332.
② 王亚芹. 后人类主义与身体范式的美学思考[J]. 山东社会科学,2020(5):99.
③ 王亚芹. 后人类主义与身体范式的美学思考[J]. 山东社会科学,2020(5):100.
④ 冉聃,蔡仲. 赛博与后人类主义[J]. 自然辩证法研究,2012(10):72.
⑤ 唐娜·哈拉维. 类人猿、赛博格和女人:自然的重塑[M]. 陈静,译. 开封:河南大学出版社,2016:314.
⑥ 唐娜·哈拉维. 类人猿、赛博格和女人:自然的重塑[M]. 陈静,译. 开封:河南大学出版社,2016:319-324.

的一侧,而后者则通过语言和符号学的标记在电子环境中,二者相互重叠。媒介技术渗透在其中,已不再可能与完整意义上的人类主体分离开来。① 由此总结,媒介不再是外在于人的一个工具或者机构,而是转为身体本身——身体成为一个界面。②

当下以及不远的未来,人工智能(AI)、虚拟现实(VR)、增强现实(AR)等技术的发展将人们卷入一个沉浸式媒介时代。沉浸式媒介的产生是以人的身体为基础的,不断对人的身体进行仿真和再造。在沉浸式媒介中,可穿戴设备是最具代表性的身体化的沉浸式媒介。可穿戴设备极大地缩短了人和媒介之间的距离。人与电视媒介的距离在3~5米,人与电脑和手机的距离是0.2~0.5米,而人与可穿戴智能设备的距离接近于零。可穿戴智能设备改变了人与媒介之间的空间距离,将身体与媒介融合为一体,形成一种共生关系。③ 借助虚拟现实技术,可以实现对人的身体感知觉系统的沉浸。相比传统媒介方式中,眼睛用来阅读、看电视,耳朵用来听广播、听音乐,不同感官之间是被分离的。而在沉浸式媒介中,人的感官知觉被垄断,听觉、视觉和触觉等都被整合在了一起,拥有了身临其境的现场感。虚拟世界和现实世界借由身体体验发生了融合,传播媒介的中介角色被弱化。

最后,技术化的身体也带来了两个方面的效果。一是人们开始了对身体的自由改造。不仅是通过整容、化妆、健身等外在手段,还可以借助基因技术、生物技术对人的身体进行重构,甚至改变人的生育与生存方式,这也带来了新的技术伦理问题。二是人的身体意识与感知逐渐被技术所控制,且感受不到技术的存在。④ 尤其在沉浸式传播技术的推动下,人被技术所营造的环境笼罩,人生活在技术所构造的虚拟世界或"元宇宙"之中,而这也将带来新的文化形态与文化批判。

## 二、"离身性"与"具身性"

唐·伊德(Don Ihde)在《技术中的身体》(2002)中提出了对于理解身体的三种不同路径。一是物质的、现世的身体,它是一种现象学意义上的身体,同时也是人们肉体存在的证据。二是一种社会文化和政治所建构的身体,这种身体的物质性被"强加于身体之上的心理的、政治的、文化的铭写和重构"所遮蔽。三是存在一种与技术产生相互作用的第三类身体,更为明确地说,这种身体在技术中得以具体化。⑤ 唐·伊德的"三种身体"引发了对于赛博空间内虚拟身体的思考。在赛博空间里,人被认为不仅是身体处在物质空

---

① 凯瑟琳·海勒. 我们何以成为后人类:文学、信息科学和控制论中的虚拟身体[M]. 刘宇清,译. 北京:北京大学出版社,2017:5-6.
② 孙玮. 赛博人:后人类时代的媒介融合[J]. 新闻记者,2018(6):4-11.
③ 杜丹. 共生、转译与交互:探索媒介物的中介化[J]. 国际新闻界,2020(5):18-34.
④ 彭兰. 智能时代人的数字化生存:可分离的"虚拟实体""数字化元件"与不会消失的"具身性"[J]. 新闻记者,2019(12):4-12.
⑤ 冉聃. 赛博空间、离身性与具身性[J]. 哲学动态,2013(6):86.

间,同时在精神上与物质上相互作用,这就证明了身体可能同时处在两种现实,并且身体的内外部活动被两种现实所经历。①

虚拟的身体通常在两种不同路径中加以讨论:一种路径是将虚拟身体视为赛博空间里人类"心灵"的离身性本质。这种离身性的话语强调心灵可以摆脱身体束缚,虚拟身体由此被认为是一种心灵创造的实质。另一种路径主要将虚拟身体理解为一种对传统身体边界的跨越,即跨越人文主义框架下的身体定义后所生成的一种新的身体。这表现在哈拉维《谨慎的见证者》(1997)中论述的各种跨越边界的赛博形象如致癌鼠、保鲜番茄等转基因生物。她强调赛博格的身体不是特定的,而是差异化的、破碎的、可变的。② 这两种路径也联系到关于技术化身体的两个概念,即"离身性"与"具身性"。

## (一) 离身性

离身认知(disembodied cognition)是第一代认知科学的主导思潮,也是人工智能的理论来源,着重强调认知在功能上是能够脱离人的身体而独立存在的。③ 离身认知的思想渊源可以追溯至古已有之的身心二元论。从以往学者对于"身体"的观点看,身体不仅仅是"肉身",也包括人的意识以及它背后的个人经验及社会、文化、技术等因素或长期或即时的影响。互联网进入人们的视野时,一开始是被视为赛博空间,虚拟性被视为其核心特征,因此在互联网发展早期,人们更多关注的是"虚拟身体"的"离身性",将虚拟身体视为赛博空间里人类心灵的离身性本质。但这也引起很多学者的担忧,因为虚拟性取代物质性的途径不仅忽视了人类身体在社会交往模式中的基础作用,同时技术异化也导致了身体的消失,这将会把人的主体性、物质性、社会性和实践性带向前所未有的困境。④ 正如在传媒行业中,人工智能新闻主播试图通过不断更迭的计算机技术及算法程序来构建形象、模拟行为、复制功能等。机器人写作、算法推荐以及分发技术也在不断完善并在行业中崭露头角。但人工智能新闻主播基本上还是依靠真人线性配音,尚未实现如今可以离身重组的智能语音播报,也未实现如今可以离身重组的智能视频或音频播报。同时,机器人写作所引发的技术伦理问题以及新闻从业者职业焦虑问题也深深困扰着媒体行业。

## (二) 具身性

另一种取向则从一种跨越了原有身体边界的新身体角度来研究"具身性"。"具身"一词来自英文词汇"embodiment",在海勒的《我们何以成为后人类》一书中,译者将其翻译成"具形/体塑"或"化身"。"具身"可以被这样理解:在投入某种活动时,人的身、心、物

---

① Balsamo S. The Virtual Body in Cyberspace[M]. London: Routledge, 2000: 489.
② 冉聪. 赛博空间、离身性与具身性[J]. 哲学动态, 2013(6): 87.
③ 於春. 传播中的离身与具身:人工智能新闻主播的认知交互[J]. 国际新闻界, 2020(5): 27-39.
④ 冉聪. 赛博空间、离身性与具身性[J]. 哲学动态, 2013(6): 88.

以及环境无分别地、自然而然地融为一体,以致力于该活动的操持。具身既是我们的身体向周围世界的"外化",也是周围世界向我们身体的"内化",但无论如何,它总是与身体相关并最终体现在我们身上的。① 就比如当"我"在电脑上敲下这行字的时候,"我"的意识和身体都聚焦于文本,"我"忽略了图书馆温暖安静的环境,也忽略了手指在飞快地敲击键盘,这一切都致力于文本创作活动,"我"与周围世界呈现出物我一体的融合状态,这就是具身。具身不是简单的技术或情感加诸于身体,当然也不是一般意义上的移情,而是人在某一活动中达到一种与周围环境相融的物我合一。② 技术具身从某种意义上说是对上述物我两忘境界的强化。

具身性强调身体在认知和心智中的基础性和运作方式,并重新确立身体在认知中的重要地位。如果说离身的认知科学伴随笛卡尔的身心二元论将心智功能视作独立于人的身体之外,那么具身的认知科学则是以精神与身体、思维与行为、理性与感觉之间紧密的交互作用为特征,其中尤为重视"身体"本身的重要地位。在具身性思想发展中,梅洛-庞蒂的身体理论扮演了重要的角色,他提出"具身的主体性"的概念。这个概念"既不把人视为离身的心智,也不把人看作复杂的机器,而是视人为活生生的、积极的创造物,其主体性是通过身体与世界的物质性互动而实现的。"③梅洛-庞蒂不仅把身体置入世界的背景中,并同时认为"身体是所有表达的基础","人对身体的每一次运用都是最初的表达。"④他认为如果没有"肉身"(the flesh)的存在,那么事物对观察者来说就是完全透明;也就是说,"肉身"的缺席不仅意味着取消了事物的存在,也取消了观察者作为一个身体的存在。⑤

由此,虚拟世界里的身体虽然不一定总是体现为现实世界里的肉身,但作为肉身与意识一体的身体、作为"知觉和理解活动的主体"的身体仍是存在的。即使某些时候人被虚拟化,或者人与机器形成了共生关系,但人的身体在认知中的独特作用与意义并不会完全消退。即使是肉身,也并没有在虚拟空间的探索中完全消失。人们进入虚拟空间,首先依赖人与机器的交互,这包括与硬件的交互、与设计界面及软件的交互等,而人的身体动作仍是交互的基础。人对机器的反应模式,仍然会沿袭具身认知的一些模式。⑥ 从这个角度来看,未来的技术仍是具身化的,如人工智能技术是对人的模仿的进一步深化,技术是"人化""身体化"的技术。⑦

---

① 芮必峰,孙爽. 从离身到具身:媒介技术的生存论转向[J]. 国际新闻界,2020(5):10.
② 芮必峰,孙爽. 从离身到具身:媒介技术的生存论转向[J]. 国际新闻界,2020(5):11.
③ Fusar-Poli P, Stanghellini G. Merleau-Ponty and the "Embodied Subjectivity" [J]. Medical Anthropology Quarterly,2009,23(2):91-93.
④ Shusterman R. Body Consciousness[M]. Cambridge:Cambridge University Press,2008:49.
⑤ 冉聃,蔡仲. 赛博与后人类主义[J]. 自然辩证法研究,2012(10):74.
⑥ 彭兰. 智能时代人的数字化生存:可分离的"虚拟实体""数字化元件"与不会消失的"具身性"[J]. 新闻记者,2019(12):04-12.
⑦ 谢新洲,何雨蔚. 重启感官与再造真实:社会机器人智媒体的主体、具身及其关系[J]. 新闻爱好者,2020(11):15-20.

## 第四节 案例分析:网络社交平台的身体表演

身体仍是新媒体文化研究的重要议题之一。当代社会中短视频与直播行业的崛起更是带起了各种身体的奇观。以下从两个文化案例中来分析网络空间中的身体规训,以及技术化的身体展演。

### 一、美妆博主的女性气质生产

在社交媒体及短视频平台中,我们经常能够看到不少美妆博主在时尚、美容、穿搭方面的教程。例如"如何穿出高级感""寻找你的穿衣风格""圆脸女孩适合怎样的刘海""如何画出野生眉"等,或是有关影视剧角色和某位明星人物的仿妆。在其中,博主们也会推荐或推销一些服装品牌或化妆用品等。从福柯的理论来看,这些美妆博主及其观众在新媒体平台共同生产并建构着一系列关于时尚与审美的话语。美妆博主不仅是在分享自身的日常生活,同时也是在教导、传播关于穿衣打扮的"知识技能"。这些时尚知识似乎是无穷尽的,可以从任何一个历史时代或者某一种文化场景中挪用话语资源,整合到当下的风格中。同时,美妆视频中也充斥着对身体的精密细分:一张脸的每一个部位对应着相应的化妆方式;不同的肤色会被重新命名、编号,比如黄一白、黄二白;苹果形身材与梨形身材需要不同的穿衣技巧;等等。此外,身体的细分之下又会衍生出无数变化类型:例如不同嘴唇的大小形状可对应着不同口红的涂抹法,且每一种口红的颜色都会被赋予名称、意义、想象中的场景。而擅长化妆打扮且掌握了相应知识的女性被认为是有魅力的、"精致的"、认真生活的、自律的、有着较强自我管理能力的。新媒体更加推动了"看脸"时代的到来,人们似乎更习惯于从外在身体表面来判断内在"灵魂"。

与此同时,受众也在通过观看这些视频文本,以及点赞、评论、留言等互动行为参与其中。短视频受众们一方面认可博主——尤其是那些作为关键意见领袖的头部博主的知识权威;另一方面,他们学习和接受这些围绕着女性身体所展开的知识技能,并将其融入自身的日常生活实践中,从而建构身体与自我。当然,这些时尚话语背后是各种互联网平台、时尚产业、广告营销公司等资本的支撑,消费主义作为一种意识形态或规范性权力隐秘其中。美妆博主不会在短视频中直接告诉你她/他是为了提升流量和关注度或是推销产品,相反,这些短视频更多地以一种好友分享的姿态来呈现,给予受众自主选择观看的权力,并在内容上"帮助"受众找到适合自己的变美方式,建构美好的幻想或传达某种积极的理念。而当我们感知不到权力所在时,正是权力发挥其效力的时刻。在我们选择穿衣打扮时,或者打开购物软件时,会通过无意识的身体行动来实践这些话语,身体也在这种潜移默化的媒介建构中被形塑为更符合主流女性气质的、"合格的"身体。

根据苏珊·波尔多的观点,女性身体的形塑正是通过女性日常媒介化生活中所经验的各种话语实践所实现的。埃弗拉特·策隆(Efrat Tseëlon)在有关美丽的悖论中就提到,身体外表对于女性而言似乎要比对于男性更为重要:魅力对女性而言比对男性更关系到别人是如何看待她们以及她们如何看待自身。① 同时在消费市场的推动下,新媒体平台中的时尚话语对于男性身体的自我管理要求也比以往任何一个时期更多。一方面,随着身体的可见性在新媒介中被不断放大,审美与消费话语所规训的对象已逐渐超越性别界线;另一方面,这些话语对于女性身体与女性气质的塑造却也变得愈加丰富,性别化的规范性话语仍在其中发挥作用。许多短视频看起来总是在强调审美的个性化与差异化,但实际上它们反复强调的个性与差异又标记出了社会大众对于女性气质的同质化审美标准。"少女冻龄妆""纯欲妆""清纯伪素颜妆""绿茶妆"等名词都在提示着女性身体青春貌美的文化价值,建构并强化着一种欲望化的或从属性的女性气质。但同时,美妆博主也会在其他短视频中告诉我们,还有更适合独立女性的"甜酷妆""清冷妆""霸气女王妆""中性妆"等"多元化"的选择。这些选择尽管看起来与众不同,但事实上仍然是社会所接纳的对于女性气质的既定审美;更进一步说,这些"多元"话语背后对应着相同的资本运作。一个显著的例子是,当下宣扬女性身体自主以及审美多元化的美妆短视频及其相关的话语如此之多,但是女性的容貌和身材焦虑不仅没有因此消失,反而越来越多。或许应当反思,在新媒体语境下,加诸在我们身体之上的话语规训是否变得更加复杂、多变、细致且无孔不入? 以及,这些对于女性气质的规范性话语及知识生产,对女性的身体自主而言是否会形成某些压迫性的、排他性的力量?

## 二、虚拟偶像的身体表演

从技术视角来看,虚拟偶像是数字技术发展到一定阶段的产物。计算机图形技术的进步推动虚拟偶像更加立体化、生动化。以"初音未来"为代表的虚拟歌姬背后的核心技术是语音合成技术,即只需输入音调和歌词就可以生产由电脑合成的类似真人演唱的歌声。更重要的是,虚拟偶像能承载的平台也更多,她们活跃于短视频或直播平台,轻松入驻粉丝的手机屏幕,实现实时互动。

仿照日本的虚拟歌姬"初音未来","洛天依"由中国禾念信息科技有限公司打造推广,是以 VOCALOID 3 语音合成引擎为基础制作的全世界第一款 VOCALOID 中文声库和虚拟形象。她灰发、绿瞳,发饰碧玉、腰坠中国结,是温柔敏感的典型中华少女形象,设计符合大多数国内受众的审美。"洛天依"的年龄设定为 15 岁,不仅永远青春,还可以通过技术的发展不断提升其皮肤和毛发的质感,而不会"显露出岁月流逝、经历、年龄或

---

① 阿雷恩·鲍尔德温. 等. 文化研究导论[M]. 陶东风,等译. 北京:高等教育出版社,2004:7.

深刻思想的痕迹"。① "洛天依"自 2012 年 7 月 12 日正式出道以来,在二次元和大众人群中拥有大量粉丝和极高人气。通过虚拟现实等技术,"洛天依"已经成功跨越"次元壁",和现实歌手同台演出。全息投影在虚拟歌姬演唱会上的应用赋予了"洛天依们"人类"身体"的展现,而广大受众群体在"洛天依"身上投射的大量自我想象,使得他们陷入一种"集体无意识"状态,通过演唱会现场的"确定在场"来彼此见证,在屏幕前观看直播的粉丝则通过将自己的身体在场投射在弹幕上,实现了线上与线下的联动。② 通过逼真的虚拟现实、增强现实等技术,受众与虚拟偶像之间的"隔空喊话"式互动注入了"眼见为实"的信服因素。媒介技术的发展使偶像生产者退居幕后,受众借由这个虚拟身体与赛博空间形成全方位的联结。互联网时代下,新媒介与身体的相互嵌入,使得日常生活变得"赛博格化"。

"洛天依"的诞生和成长与"赛博空间"有密切联系。"洛天依"的走红不仅得益于"赛博空间"的一系列技术进步,更重要的是她本身和她的制作方对"赛博空间"特点的利用。迎合了游走在"赛博空间"与现实世界的人们的需要。③ 在后现代拟像社会中,缺席表现为存在,想象表现为真实,媒介营造出由被操控的符码组成的"超真实"世界。随着偶像工业与粉丝文化的拟象化不断强化,虚拟偶像在数字化社会中的出现与兴起理所当然。在媒介化社会,借助现代传媒的强大力量,经过全方位的商业包装,文化工业制造出虚拟偶像,与真人偶像类似。他们迎合大众在特定时期对某种特定形象的需求,满足人们的期待和幻想。具体来说,媒介根据粉丝的喜好为虚拟偶像打造标签化身份,如给"洛天依""吃货大人、世界第一吃货殿下"的称号,以及软萌可爱、温柔天然呆、细腻敏感的性格等,将虚拟偶像作为文化消费符号塑造出来。虚拟偶像作为一套完整的意义系统发挥着微型数据库的功用,粉丝从虚拟偶像身上获取"幻想素材"。同时,互联网的新型信息流动结构塑造了一种新型的准社会交往方式,在互联网空间中,虚拟偶像与粉丝展开"在场"般的互动,虚拟偶像得体地回应粉丝想象中的交往,粉丝获得"远程亲密感"。虽然虚拟偶像在现实情景下依然是"肉体缺席",然而依托社交媒介建构的个人场域,虚拟偶像与粉丝之间的情感以关怀、信任、理解、互动和承诺为特征的亲密关系方向发展,形成建立在网络空间的想象的亲密关系。④

在后人类社会中,真假虚实无需分辨,粉丝已经对其渴望观看的真人明星/虚拟偶像形成一定的期许,甚至已经对其可能观看的表演具备一定的知识,于是粉丝将这些内容建构为真实,其他的则被自动地屏蔽了。如"洛天依"的粉丝明确知道她是一个虚拟形象,并欣然分享她其实是一种后身体现象的共识。即使是虚拟偶像也能获得成千上万的

---

① 麦吉·麦克拉肯.女权主义理论读本[M].艾晓明,何倩婷,译.桂林:广西师范大学出版社,2007:296.
② 王毅,黄文虎.论"二次元虚拟偶像"的后人类呈现[J].未来传播,2021(4):28.
③ 朱钊.浅析虚拟偶像"初音未来"与赛博空间[J].现代交际,2010(9):59-60.
④ 喻国明,耿晓梦.试论人工智能时代虚拟偶像的技术赋能与拟象解构[J].上海交通大学学报(哲学社会科学版),2020(1):23-30.

粉丝及其真情实意的拥戴。因为在虚拟偶像的粉丝看来,他们追捧的对象与真人明星毫无差别,或言之,他们无须辨别真伪,甚至从未想过诉求"真实"。对于在数字环境中成长的"数码原住民"而言,关于"真实"的经验原本就是为高度虚拟的世界所建构的。①

## 【思考题】

1. 为何在网络社交平台兴起后,"容貌焦虑"或"身材焦虑"的情绪较之以往似乎更为突出了?

2. 结合个人经验,谈谈如何看待日常生活中手机软件、电子手表、可穿戴式设备等对于身体的数据化。

3. 如何理解赛博空间中的"身体"实践?你认为在虚拟现实中,人的身体是缺席的,还是在场的?

---

① 张弛.后身体境况:从"赛博格演员"到虚拟偶像[J].电影艺术,2020(1):94-99.

# 第十章　新媒体文化的视觉性

本章考察媒介技术变革下视觉文化的发展，尤其是将视觉性（visuality）作为关照媒介文化的切入点。"视觉文化"一词最早是由匈牙利电影理论家贝拉·巴拉兹（Béla Balázs）于1913年在《电影美学》一书中提出的。在其中，巴拉兹指出，"电影摄影机的出现改变了以印刷术为基础的概念文化形态，恢复了视觉文化的地位"。[1] 一般意义上，"视觉文化"就是指以视觉形象为载体并诉诸视觉观看所形成的文化。[2] 作为文化研究脉络中的一个"重要的增补"，吴琼在《视觉性与视觉文化》（2005）一文中将"视觉文化研究"表述为："针对现代和后现代时期的文化表征，以后结构主义和精神分析为主导框架，对现代世界的主体建构、文化表征的运作以及视觉实践之间的关系进行分析，从而揭示视觉文化中看与被看的辩证法，揭示这一辩证法与现代主体种种身份认同之间的纠葛。"[3]在西方思潮中，对于感官等级制度的建立确立了"视觉中心主义"的地位，并发挥着持续的影响力。一方面，相较于其他感官，视觉建立在空间距离之上，往往与主体的求知欲、客观理性的标准联系在一起；另一方面，看与被看、可见与不可见，形构了整个社会中关于视觉的权力秩序。概括来说，视觉文化涉及三个方面的议题：一是视觉对象的生产，也就是可见性的生产。即在既有的再现体系中，什么是可见的，什么是不可见的；何种权力结构决定了这种可见性。这在本书第七章空间理论中已有所提及。二是视觉表征的建构，也就是在大众媒介中各种视觉文本的符号与表意实践以及它们所生产的文化意义。三是主体视觉经验的问题，即我们在视觉文化中的观看及被看以及主体如何通过观看来形构自身。

视觉文化随着技术的发展而变迁。互联网时代，人们进入了一个目光交错的可见性空间中，单一角度的视觉对于主体的铭刻已被多重视线的交织所颠覆。同时，机器视觉对人眼自然视觉的入侵与日俱增。尤其是随着自动化视觉（automatic vision）、虚拟现实、增强现实等视觉技术的发展，后人类视野下的技术构想正在成为日常现实。[4] 在这个语境下，技术如何记录、分析、限制、过滤人们的自然视野？网络媒介中，哪些事物变得愈

---

[1] 巴拉兹·贝拉. 电影美学[M]. 何力，译. 北京：中国电影出版社，2003：23.
[2] 方刚. 视觉文化转向的三种理路[J]. 中州学刊，2019(10)：137-140.
[3] 吴琼. 视觉性与视觉文化：视觉文化研究的谱系[M]//吴琼. 凝视的快感：电影文本的精神分析. 北京：中国人民大学出版社，2005：2.
[4] 施畅. 赛博格的眼睛：后人类视界及其视觉政治[J]. 文艺研究，2019(8)：114-126.

加可见,而哪些事物更为不可见?人们在网络空间的视觉观看中投入了何种幻想、欲望与认同?在以数字化图像及视频为主导的视觉性中又存在怎样的权力关系?

本章首先进入历史,回顾现代性论述中"图像时代"的到来以及消费文化下的景观社会与媒体奇观。其次,结合精神分析学的路径,来思考主体观看时欲望与认同的问题,尤其是拉康的"镜像阶段"对自我认同与影像快感的建构,和这一论述对于电影装置理论及观众观看的影响。再次,本章也将着眼于技术发展下视觉性的变革,通过鲍德里亚对拟像与超真实的论述,来考察后现代视觉中真实与虚拟的问题。最后,以当下新媒体文化中的视觉文本经验为例,思考技术带来的视觉性变革。

## 第一节 图像转向、景观社会与媒体奇观

现代性的到来依赖视觉化的表达,大众文化也通过各种杂志、广告、照片、电影、电视等视觉表征来建构现代日常生活。出现在街道、商店、地铁站、餐厅、电影院等公共空间里的各种图像,不断地重塑着现代人与人、人与物的关联。本节简要梳理图像时代到来所带来的文化变革,进而介绍法国理论家居伊·德波的"景观社会"理论,以及美国媒介文化研究学者道格拉斯·凯尔纳对后现代"媒体奇观"的论述。

### 一、图像时代的到来与图像转向

图像的发展演变与人类社会的发展具有同样漫长的历史。尤其在进入西方工业革命之后,技术的发展使得图像的大规模生产、复制与传播成为现代文化的重要特征。首先是视觉技术的进步。1839 年,法国的路易·达盖尔(Louis Daguerre)发明了"银版摄影法",同年,英国的威廉·塔伯特(William Talbot)发明"卡罗式摄影法",摄影技术至此诞生了。可以说,照片的发明是现代图像产生的标志性事件。[①] 很快,英国摄影师埃德温·迈布里奇(Eadweard J. Muybridge)以及美国发明家托马斯·爱迪生(Thomas Edison)和威廉·迪克森(William Dickson)等进一步推进了摄影技术。直到 1894 年,法国卢米埃尔兄弟(Auguste Lumière, Louis Lumière)发明了世界上第一架手提式"活动电影机",并在次年展示了一系列他们制作的电影短片。1895 年 12 月 28 日,人们聚集在巴黎卡普辛大街 14 号的咖啡馆观看《火车进站》,在看到从远到近徐徐驶来的火车动态画面时,在场观众被吓得四散而逃,这构成了现代影像到来之际的一次令人震惊的视觉经验。其次是传播技术的发展。随着报纸、杂志和电影的流行,图像也很快进入大众文化领域,构成

---

① 朱敏,李兵."图像时代"背景下的道德困境与反思[J].辽宁大学学报(哲学社会科学版),2020,48(5):8-14.

了现代人们的日常生活体验。沃尔特·本雅明在《机械复制时代的艺术作品》(1935)一文中谈到,在19世纪前后,机械复制不仅能复制一切传世的艺术品,而且它还在艺术处理方式中为自己获得了一席之地。①

在这一背景下,德国哲学家马丁·海德格尔(Martin Heidegger)在20世纪30年代指出,现代人已进入一个"世界图像时代",或者说,现代世界已走向了图像化。他论述道:"从本质上看来,世界图像并非意指一幅关于世界的图像,而是指世界被把握为图像了"。② 海德格尔将世界的图像化作为一种对于现代技术统治困境的批判。在他看来,图像制作技术赋予图像全新的存在方式;人们已不再是观看图像,而是通过图像来观看,图像从根本上塑造并规制着人们的生存和感知。③ 一方面,图像在大众传媒与大众文化中逐渐确立了自身的主导性地位。我们可以看到,各种图片、视频似乎以不计其数的碎片充斥在生活中,此外在文化表意体系中,图像取代文字的地位,成为人们认识事物、解读事物的主要途径。另一方面,人、物与图像的关系也发生了转变。现代图像的生产既脱离了对自然之物的反映,又脱离了人主观意志的表达。在大众媒介中,图像俨然实现了自我复制、增衍与再生产,因而能够反过来影响人、建构人,甚至控制人。

当图像改变了人的生存方式,人与人之间的关系被转化为表象与表象之间的关系时,图像便已超越传统意义上的再现路径,与现代生活中的资本主义逻辑结合在一起。"图像拜物教"(image fetishism)的出现标志着图像时代的确立。④ 张贴在商店、地铁站、餐厅、电影院等公共空间里的海报与广告牌等,都在源源不断地生产着人们的需求和欲望,左右人们对商品消费的认知。也就是说,购物的快感不再单纯地来自对商品的拥有,更重要的是它依赖于过程中的种种视觉愉悦和心理满足。⑤ 人们在图像和影像中确立自我身份的认同,这种魔力便是图像神秘化的过程。在这一过程中,神秘化了的图像附着在商品之上,人们对商品的想象借助图像而展开,因此对商品的礼拜也就转化为对图像的膜拜。例如,在美容整形广告中,总是不乏面容姣好、身姿曼妙的模特图像,这使得观看者产生对自我身体外表的欲求,将自己想象为一个被图像化了的理想自我的表征,这便是先于商品而产生的图像崇拜。

面对图像时代的到来,美国艺术理论家、图像学家W.J.T.米歇尔(William John Thomas Mitchell)于20世纪90年代在《图像理论》(1994)一书中提出了"图像转向"(pictorial turn),主张从图像本身和视觉经验来展开对文化的批判性思考。他认为"图像转向"发生在20世纪后半叶,这一理论不是对摹仿和再现理论的简单延续,而是对图像的一种后语言学的、后符号学的重新发现,是一种视觉、机器、制度、话语、身体和比喻之

---

① 瓦尔特·本雅明.机械复制时代的艺术作品[M].王才勇,译.北京:中国城市出版社,2002:7.
② 马丁·海德格尔.林中路[M].孙周兴,译.上海:上海译文出版社,2004:91.
③ 谭旭然,郭晓光.图像时代的艺术思考[J].文艺争鸣,2021(4):185-190.
④ 朱敏,李兵."图像时代"背景下的道德困境与反思[J].辽宁大学学报(哲学社会科学版),2020,48(5):8-14.
⑤ 周宪.视觉文化的转向[M].北京:北京大学出版社,2008:111.

间的复杂互动,也是一种对于图像研究的方法论改造和认识论转向。[①]

对"图像转向"的理解可分为三个层面:首先,米歇尔强调,"图像转向"指向的是现代社会所弥漫的基本视觉经验。20世纪后半叶随着消费主义和图像繁殖时代的到来,人们面临的是视觉符号的堆积与弥散,在创造图像的同时也不得不感知着随之而来的对视觉形象的恐惧与无意识抵制。在此基础上,需要重新定位我们对图像的认知,尤其是图像与语言的关系。其次,米歇尔指出,在我们的感知结构中,图像性因素与话语性因素所占据的地位至少已相对持平。因此,"图像转向"是对"语言学转向"的接续,它标志着后现代社会一种基本的思维范式和文化认知,而不再局限于语言理解的框架中。最后,"图像转向"理论不是单纯的视觉经验分析领域,而是指向更广泛的现代大众文化。在米歇尔看来,图像凝聚为横跨在现代社会政治、经济、艺术等各领域之上的一种总体化的思想意象,它能够成为透视和反思现代社会的基点。[②] 简言之,"图像转向"注重视觉事实和视觉经验,关注图像的实践价值;它提供了一条立足于视觉性来思考世界的路径。

## 二、从景观社会到媒体奇观

随着消费社会与后现代文化的发展,文化的视觉化程度进一步加深了。图像超越传统意义上的再现路径,与消费社会的逻辑结合在一起,构成了各种媒介中的视觉奇观。法国学者居伊·德波提出"景观社会"理论,描摹出一幅堆聚了商品视觉影像的景观图景。而千禧年之后,景观的密集堆积进一步遮蔽了真实世界,文化"奇观"层出不穷。美国学者道格拉斯·凯尔纳进而对"媒体奇观"展开了论述,他的研究在某种程度上是对德波理论在新的媒介生态下的发展,二者的理论既有关联又有区别。

### (一)居伊·德波的"景观社会"

在对图像的讨论之外,法国左派理论家、情境国际主义组织的领袖居伊·德波(Guy Debord)将现代的视觉化转向引入他对资本主义社会向着"景观社会"转变的思考中。20世纪60年代以来,电影电视技术不断崛起,新的文化生活和消费方式席卷西方社会,形形色色的图片和影像充斥在商场、街巷、大众媒介等目光可及之处。对此,德波提出了"景观"(spectacle)的概念,并认为西方社会已进入到以影像生产与影像消费为主的景观社会中。在《景观社会》(1967)一书中,他指出,"在现代生产条件无所不在的社会,生活本身展现为景观的庞大堆聚。直接存在的一切全部转化为一个表象。"[③]

德波以巴黎为分析对象,他沿着马克思的"异化"概念和商品拜物教的批判路径,探讨了都市景观幻象,揭露背后的资产阶级意识形态操纵,并主张以革命性姿态来抵抗"景

---

① 李烨鑫."图像转向"之辨[J]. 中南民族大学学报(人文社会科学版),2012,32(3):162-165.
② 谭旭然,郭晓光.图像时代的艺术思考[J]. 文艺争鸣,2021(4):185-190.
③ 居伊·德波.景观社会[M].王昭风,译.南京:南京大学出版社,2006:3.

观社会"的压迫。首先,德波指出,原本的商品社会颠倒为"景观"的总体存在,真实的世界沦为了纯粹的图像,而图像却升格为看似真实的存在。① 这一颠倒还带来了人与人、人与自我之间的分离。由景观构建的伪场景不仅隔离了个体的联系,还刺激人们生成了伪欲望。其次,景观不断挤占时间和拓殖空间。人们用大量的时间去过五花八门的现代节日,沉浸于商场购物和长时段的影视消费,殊不知这都是资本蓄意生产和作用的领域。同时,景观在自然空间、视觉空间的扩张中催生了更多的商机,例如旅游、休闲、广告等。最后,德波重点批判了景观意识形态,指出"景观"在本质上已上升为一套控制日常生活的政治意识形态,它具有主导性、麻醉性等特征,并成为维护资本主义政治的牢固"支座"。②

德波宣称,费尔巴哈所说的"符号胜于物体,副本胜于原本,幻想胜于现实"的判断已被景观社会的到来所证实。③ 掌握了技术和资本的少数人制造着景观,这些影像、广告、话语等潜在地、自发地渗透进人们的日常生活之中,实施隐性控制,使得人们在娱乐性景观中追逐欲望,丧失批判性和创造性,最终沦为景观的奴隶。④ 可以说,德波从"景观"的视角对视觉文化、媒介工业展开了独特的文化批判。

### (二)凯尔纳的"媒体奇观"

道格拉斯·凯尔纳(Douglas Kellner)是美国当代著名的媒介文化理论家,在代表作《媒体奇观——当代美国社会文化透视》(2003)一书中,凯尔纳在对德波的"景观"的发展基础上,提出了"媒体奇观"(media spectacle)这一概念。"媒体奇观"主要是指"那些能体现当代社会基本价值观、引导个人适应现代生活方式、并将当代社会中的冲突和解决方式戏剧化的媒体文化现象,它包括媒体制造的各种豪华场面、体育比赛、政治事件。"⑤ 可以看出,尽管"奇观"与"景观"在英文中都是"spectacle"一词,但是凯尔纳所说的"奇观"更接近各种奇特的媒介文化现象,包括令人炫目的电影效果、层出不穷的电视节目、广泛流传的音乐文化以及政治、体育、国际突发事件等。此外,凯尔纳的"奇观"还带有鲜明的主体,它由媒体所打造,其背后是各种政治、商业势力的操纵。⑥ 例如,凯尔纳在对肯尼迪以来近四十年的美国总统政治叙事的分析中指出,媒体在"奇观政治"中往往扮演着重要的角色。在媒体的聚光灯下,政治被简化为各种形象和故事,总统的行为举止、言论政见、日常生活等通过各类新闻媒体以娱乐化、影像化的方式呈现在观众眼前。在2004年

---

① 居伊·德波.景观社会[M].王昭凤,译.南京:南京大学出版社,2006:6.
② 刘莉.居伊·德波对"景观"幻象的批判路径及其当代价值[J].华南师范大学学报(社会科学版),2017(2):40-45.
③ 居伊·德波.景观社会[M].王昭凤,译.南京:南京大学出版社,2006:6.
④ 程鹏,高斯扬.当代资本主义社会控制与媒介技术批判:基于德波景观社会理论的考察[J].科学社会主义,2021(2):123-128.
⑤ 道格拉斯·凯尔纳.媒体奇观:当代美国社会文化透视[M].史安斌,译.北京:清华大学出版社,2003:2.
⑥ 胡翼青,吴欣慰."奇观"之于"景观":论凯尔纳对德波的跨文化解读[J].新闻与传播研究,2013,20(11):56-67,127.

的总统选举中,布什政府和大型财团通过对主流媒体的控制,使自身多以正面形象出现在荧幕和出版物中,负面内容则得以被掩盖。

凯尔纳指出,媒体奇观不仅入侵经济、文化、日常生活、政治战争等人类生活的各个领域,还将进一步入侵虚拟空间,制造出属于未来世界的多媒体奇观和网络化的信息娱乐社会。① 值得注意的是,凯尔纳是在后现代的语境中展开了对媒体奇观的阐释。后现代犹如一个去中心化、混乱无序的巨大漩涡,其中萌发和激荡着各种新兴的话语。正是在这样的讨论背景下,凯尔纳以一种更加包容开放的态度对美国社会的文化奇观现象展开论述,也讨论了这些奇观本身形象的模糊多变性、意义的不固定性、边缘群体的反抗等后现代特征。② 尽管凯尔纳的批判力度尚有不足,但其所采取的微观具体的、综合性的、多维视角的分析方法正贴合后现代多元异质的情况,因而无疑是具有建设性的。

### (三) 两种理论的比较

凯尔纳的"媒体奇观"是在德波"景观社会"理论的基础上提出来的,他们关注的都是媒介文化在当代所产生的现象和影响,但同时,它们也有着以下四个方面的差异。

第一,德波和凯尔纳所生活年代的不同致使他们的理论分析各有侧重。德波"景观社会"理论提出是在信息技术刚刚诞生的 20 世纪 60 年代,由电视、电影等视觉媒介引起的奇观内爆尚不严重,各种视觉形象呈现为景观式的堆积,因此德波重在研究社会的"表象化"问题;而对生活在新世纪的凯尔纳来说,数字化的新媒介技术愈发影响到人们的视觉经验和日常生活,媒介的内爆使其组织、介入、干预了人们的生活,因而凯尔纳的"媒体奇观"主要强调媒介的决定性作用。③

第二,德波和凯尔纳各自的理论立场有所不同。德波所持的是法国激进知识分子的立场,并以新马克思主义的视角进行批判;而凯尔纳则持美国公共知识分子的立场,从阶级、种族、性别等具体的、多学科的视角展开研究。④ 德波着力于批判资本主义制度本身,带有鲜明的革命性,而凯尔纳则立足于美国社会文化,通过对具体奇观现象"诊断式的批评"来揭示美国以及全球社会的文化特征和发展趋势,他转而采用相对折中的立场。

第三,理论的分析方法不同。德波对景观的批判带有整体论的色彩,他的"景观社会"是总体化、单一化的概念,体现出高度的哲学意味;而凯尔纳的"媒体奇观"则关注具体的、微观的个案,例如,他所分析的麦当劳消费奇观、克林顿性丑闻和弹劾案的政治奇观等,以文本分析方法从文化现象的内部来透视其中所蕴含的文化意义。⑤

第四,对景观力量和前途的看法不同。在德波看来,景观社会是统治性的,是无往而

---

① 道格拉斯·凯尔纳.媒体奇观:当代美国社会文化透视[M].史安斌,译.北京:清华大学出版社,2003:viii.
② 周才庶.后现代语境下的媒体奇观:凯尔纳对媒体现象的阐释与反思[J].四川大学学报(哲学社会科学版),2012(2):77-82.
③ 王颖吉.当代学术话语中的"奇观家族":领域与范式差异[J].贵州社会科学,2010(4):19-23.
④ 陈龙.媒介文化通论[M].南京:江苏教育出版社,2011:115.
⑤ 王颖吉.当代学术话语中的"奇观家族":领域与范式差异[J].贵州社会科学,2010(4):19-23.

不胜的,人们总是会屈服于景观的诱惑和力量,而凯尔纳侧重分析媒体奇观中的矛盾和逆转现象。① 在对麦当劳文化的分析中,一方面,凯尔纳指出麦当劳的商业化扩张是以美国模式为主导的全球资本主义的成功范例,另一方面,针对麦当劳的抗议运动也在全球各地出现。这些文化场域中渗透着不同的意识形态力量和话语霸权,使得凯尔纳关注景观的不同侧面。

总而言之,不管是海德格尔的"世界图像时代",还是米歇尔的"图像转向",抑或德波的"景观社会"、或者凯尔纳的"媒体奇观",这些学者关注的焦点都证实了现代世界中"主流话语是视觉","当代文化已渐渐成为视觉文化"。② 在对20世纪60年代以后西方社会及其文化构成的各种描述中,诸如"晚期资本主义""后现代主义""消费社会""图像时代"等,这些概念彼此交叉重叠,而这交叉的领域便是作为一种新思潮的视觉文化研究的出现,它是对当代图像转向下文化现实的回应。

## 第二节 观看中的欲望与认同

在视觉文化的理论发展中,精神分析学占了不容忽视的地位。它为人们在大众文化中的影像观看提供了一系列关于无意识快感、欲望与认同的阐释。在20世纪50年代到80年代的电影批评中,许多学者结合精神分析学与符号学、意识形态批评等理论,来考察以好莱坞为代表的商业类型电影的意识形态功能,以及电影如何运用特定的观看装置及叙事模式来建构观众的观看方式(spectatorship)。在这个脉络中,法国精神分析学家雅克·拉康的镜像阶段理论为这些论述提供了理论基础。拉康通过婴儿照镜子的理论模型,论证了个体在视觉观看中是如何形成对自我的指认/误认,以及对镜像/影像的迷恋。此后,法国的让-路易·鲍德里(Jean Louis Baudry)与克里斯蒂安·麦茨(Christian Metz)等学者将之运用于"电影装置理论"(Cinematographic Apparatus),来解释人在电影院与电影放映时的做梦机制以及其中对于偷窥欲的满足。1975年,女性主义电影理论家劳拉·穆尔维(Laura Mulvey)则在电影的看与被看中提出了男性凝视与女性形象的问题以及女性观众在观看中所处的位置。到20世纪80年代,随着电视等大众媒体的普及与发展,精神分析学对于观众观看的结构主义式论述已暴露出局限性。此后,对于观众位置以及他们在大众文化文本中欲望与认同的讨论逐渐走向精神分析学与文化研究民族志的结合,这也将更多元化的观看方式纳入到视觉文化中。

---

① 道格拉斯·凯尔纳.媒体奇观:当代美国社会文化透视[M].史安斌,译.北京:清华大学出版社,2003:iv.
② 丹尼尔·贝尔.资本主义文化矛盾[M].严蓓雯,译.南京:江苏人民出版社,2007:109-111.

## 一、镜像阶段

在精神分析学中,观看往往和主体的欲望与认同联系在一起。在《论自恋》(1914)一文中,西格蒙德·弗洛伊德(Sigmund Freud)引用古希腊神话中那喀索斯的故事来讨论自我认知与自恋的形成问题。河神的儿子那喀索斯因为在池水中看到自己的脸庞而爱上了这个倒影,从此便无法从池塘边离开,最终憔悴而死。弗洛伊德指出,人对自我的认识是通过自己的外在影像反作用于内心而实现的;对自我的指认是一种自恋的仪式化重复。在此基础上,法国精神分析学家雅克·拉康(Jacques Lacan)提出了"镜像阶段",将自我的形成、对自我影像的迷恋以及观看联系在一起。早在1936年,拉康就首次提出了这一概念。到1949年,他在第十六届国际精神分析学大会上发表了报告——《助成"我"的功能形成的镜像阶段——精神分析经验所揭示的一个阶段》,详细阐述了镜像阶段理论,这成为拉康学说的起点,也是形成其主体理论的一个关键环节。

所谓"镜像阶段"是指,当婴儿处于6至18个月大时,即弗洛伊德所说的"自恋阶段"时,他们会因为能够辨认出镜子中的完整形象而兴奋不已,并会以一连串的动作和姿态作为回应,从而产生"这就是我"的想法。这一过程描述的是婴儿形成关于"自我"功能的内在心理机制,而非限于一种实际经验。"镜子"可以隐喻任何反射性的表面,比如母亲的眼睛。婴儿通过观看镜像,从而意识到:首先,他/她的身体是一个完整的整体。这使得他逐渐摆脱与母亲之间难舍难分、相互依存的状态,开始建立自我的边界。其次,他/她可以通过自身的运动来控制镜像的运动,从而获得快感。镜像的完整性和可掌控性,与婴儿自身支离破碎的身体经验形成了对比——当他/她只能通过感知局部来感受身体,或者受身体所限制时,镜像给他/她提供了一种全知全能的幻觉。镜像中的"自我"必然在目光中是更加完美的。最后,婴儿开始认同(identify)这一镜像,即关于自己的影像。简言之,当婴儿在一个外在于他/她的表面看到自己的整体形象时,完成的是对自我的指认与观看影像的快感。也就是说,自我认同与自恋欲望同时浮现并交织在婴儿对影像的目光投射中。①

拉康把主体关于"自我"的形成放置在一个复杂的观看机制中。在他的论述里,"自我"的形成必定同时伴随着对自我镜像的疏离(alienation)和迷恋(fascination)。一方面,"疏离"意味着在镜像阶段建构的"我"必然是分裂的两个"我":一个照镜子的"我"和一个镜子中的"我"。这对婴儿的自我意识形成了困扰:在不是"我"的地方看到了我自己。镜像占据了自我的位置。因此,在主体形成关于统一自我意识时,必须将这个"自我"同时视为一个"他者",即照镜的我(主体)与镜中的我(他者)共同成了"我"。另一方面,对镜像的迷恋也意味着对一种虚幻的、理想化的自我影像的欲求。由于"自我"建立

---

① 拉康. 拉康选集[M]. 储孝泉,译. 上海:上海三联出版社,2001:93.

在对一个虚假的、全知全能的影像的"误认"之上,因而"自我"的功能就是不断去确保这种完整性和有控制力的幻象,同时也意味着拒绝接受关于自我真相中的碎片化和不完美。①

因此,在拉康的论述中,"自我"是一种视觉化的影像效应;而自我的功能是一种对影像的误认(mis-recognition)。在其中,自我和镜像、主体与他者、认同与欲望的边界也是流动的。自我在观看他者影像的同时也在观看自我。"自我"和"他者"相应而生,正如日本学者福原泰平的阐释,要想成为自己,主体必须经过在他者介入之下与外部的镜像认同的过程,就好比婴儿需要通过在微笑着欢迎自己镜像的成人目光中进行确认,才能够接受它。②

## 二、镜像、银幕与观众的凝视

"镜像阶段"作为拉康最早被翻译为英文的理论,很快对西方的视觉文化研究——尤其是20世纪70年代以来的电影研究带来了广泛影响。其中,法国电影理论家让-路易·鲍德利在1970年发表的《基本电影装置的意识形态效果》是将拉康的精神分析用于电影研究的代表之一,鲍德利在此基础上提出了"电影装置"理论。这一理论将之前电影批评的焦点从关注电影内容本身转移到讨论电影与观众之间的关系上,即,观众是如何观看电影,观众的欲望与主体认同在电影文本中是如何被建构的。简单来说,鲍德利认为,"电影装置"通过电影的空间设置与运动影像的投射建构了观众的位置(spectatorship)。

"电影装置"即电影观看的一系列视觉机制,它包括:其一,由摄影机、灯光、底片和放映机等设备所制造的技术效果;其二,灯光暗淡的影院、固定的座椅、明亮的银幕等构成的观影环境;其三,以各种技巧再现的虚构故事;最后,适应观影者的意识和潜意识活动、使观影者变成欲望主体的影片主体。在这个"电影装置"中,一切营造出一种入梦的状态,使观影者的能动性退化,认知变成幻觉,这就是电影意识形态的虚构效应。③

进而,鲍德利将拉康的想象界和镜像阶段理论运用到"电影装置",来解释电影的意识形态功能如何作用于观众,建构观众的认同与欲望模式。正如婴儿照镜子那样,鲍德利将电影银幕作为镜像的影像展示,进而观众宛如面对镜像般进入对电影影像的迷恋以及在其中诉求自我的认同。他认为,"电影装置"用一种无意识的方式引导着观众的凝视,让观众将一系列运动影像在自己的脑海中建构为意义。这种连续性的重要意义不在于电影情节本身,而在于电影与观众之间的关系。鲍德利提出了电影"认同"的两个环节:首先是观众对电影影像的认同,这是一种次要的、显在的认同。比如在看好莱坞西部

---

① Homer S. Jacques Lacan[M]. London and New York:Routledge,2005:21-26.
② 福原泰平. 拉康:镜像阶段[M]. 王小峰、李濯凡,译. 石家庄:河北教育出版社,2002:49.
③ 让-路易·鲍德利. 基本电影机器的意识形态效果[M]//吴琼. 凝视的快感:电影文本的精神分析. 北京:中国人民大学出版社,2005:18-32.

片时,绝大部分观众都会认同电影叙事中的主角,一个男性英雄形象。其次,则是观众对摄影机视角的认同,而相比前者,这是更为原初的、且隐蔽的认同。即摄影机的"眼睛"在一个不在场的空间中引导着观众的视线。而电影装置通过这种双重认同机制将意识形态"灌输"到观众的内在心理。

对于鲍德利的电影装置理论,另一位法国电影符号学家克里斯蒂安·麦茨则做了更深入的补充。在《想象的能指》(1982)中,麦茨首先补充了鲍德利的双重认同论。他将观众和摄影机的认同称为"基本认同";而观众和银幕所描述世界的认同——主要表现为观众和人物的认同,称为"二次重叠"。他指出,观众的基本认同不是认同被看到的东西(something that is seen),而是认同一个正在观看的东西(something seeing),即一个纯粹的、全观式的、不可见的观看主体。其次,麦茨指出了"电影装置"中视觉快感的偷窥欲(Voyeurism)本质:投射在银幕上的影像作为客体,并不会意识到它本身在被看,因此这建构了一种电影具有主体窥视性的本质。也就是说,观众被建构为一群偷窥者,但并不会意识到他们是在偷窥。最后,麦茨总结:电影是一种"缺席的在场"。电影时空与现实时空的断裂,使得影像背后的真实对象"缺席",而作为影像符号"在场","在场"指涉了"缺席"。电影中没有真实、确定的对象,所有对象都是可以被替换的。因此,电影象征性地挑起观众无限的视觉欲望——对缺席之物的无限追求,建构了观众的偷窥欲。可以说,电影非常具体地揭示了观影者的欲望和真实对象的分离。观众越是被指涉缺席的幻象所吸引,就越迷恋影像。①

另一位英国电影理论家劳拉·穆尔维,则从女性主义与精神分析的视角指出了电影装置理论中的性别盲点。在《视觉快感与叙事电影》(1975)中,穆尔维认为在五六十年代的好莱坞叙事电影的意识形态中,摄影机、电影的男主角以及男性观众共同构成了电影的"男性凝视"(male gaze);而女性通常是凝视的对象,是男性欲望的投射。穆尔维认为,这些电影为男性观众提供了自恋式的认同。影片中男主角的观看特权与男性观众主动的视觉欲望建构为一致,为其带来全知全能的满足与理想自我的投射。而女性观众则或"跨性别认同"电影中的男性主体,或只能认同消极的女性形象。② 可以说,穆尔维在20世纪70年代的论述中排除了女性观众主体性的观看位置,这也引起之后许多电影与文化研究学者的批评,以及他们对于女性观众位置(female spectatorship)问题的进一步讨论与发展。穆尔维在1981年的反思中也补充到,女性观众在视觉文本中的认同位置应当是流动的,暗示着一个多元认同空间的出现。③

---

① 克里斯蒂安·麦茨,吉尔·德勒兹. 凝视的快感:电影文本的精神分析[M]. 北京:中国人民大学出版社,2005:6.
② 劳拉·穆尔维. 视觉快感与叙事电影[J]. 殷曼楟译,Screen,1975(16):6-18.
③ Mulvey L. After thoughts on 'Visual Pleasure and Narrative Cinema' Inspired by King Vidor's Duel in the Sun (1946)[M]//. Visual and Other Pleasures. London:Macmillan,1989:29-38.

### 三、从文本观众到经验观众

到 20 世纪 80 年代,为了补充穆尔维框架中女性观众主体位置的缺失,一些电影批评学者在精神分析幻想理论上进一步讨论了观众在电影及大众文化中流动的且多元化的观看位置。彼时电影批评中一个重要变化,即是从对女性观众积极认同的怀疑,转变为幻想理论中对观众主体位置游动性的认可。在这方面的代表包括伊丽莎白·考依(Elizabeth Cowie)、康斯坦斯·彭丽(Constance Penley)、芭芭拉·柯丽德(Barbara Creed)等。她们各自的研究都将电影比作精神分析学中的幻想——如原初幻想(primal fantasy)、无意识幻想与白日梦等,这些幻想提供了让欲望上演的场景(setting),而非欲望的客体。并且,幻想容许女性观众同时保有认同与欲望,因为在其中,身份认同的位置是非固定的。也就是说,观众可以游移在场景中的任何一个位置,她既可以认同男性角色而欲望着女主角,又可以认同女性角色来欲望男主角,与此同时,产生虚幻快感的主体并非要以生理性别为划分依据。这些方法解构了 Mulvey 模式中的二元性别差异,从而将观众认同带入一个更流动的空间中。这也可以拿来解释大众文化中诸多亚文化现象,如彭丽的研究即来自对《星际迷航》中作为同人粉丝的女性观众的考察。① 但是,幻想理论也受到了许多批评,它的开放反而忽略了观看当中根深蒂固的权力结构问题。

到这里为止,沿着精神分析的路线探索观众观看位置的方法渐渐暴露出一个死胡同,这主要是因为精神分析的批评方法重视视觉文本分析,并将观众视为一个视觉机制中的固定位置。例如,在电影装置理论中,麦茨所预设的那个静态的、全观式的观看主体,它局限了观众观看时欲望和认同的丰富多样性。观众在精神分析方法中是一个被预设的模型,是被电影一同建构起来的文本观众(textual spectator),这与实际坐在电影院中的"经验观众"(empirical spectator)似乎存在着一个巨大的断裂。观众变成了一个概念,而非具体的人。在精神分析所设立的模式被动摇后,对于观众观看的研究需脱开这一抽象框架,而放在经验的、历史文化的背景中讨论。真实的观众在文化中积极参与、抗拒与协商着意义的生产,统治意识形态并不是总能成功地达到其目的。在这方面,英国伯明翰学派的文化研究已有相当多的经验。值得一提的是,伯明翰文化研究开创了一种跨学科方法论,将文本分析和对历史社会环境的强调相结合。与传统的电影理论相比,文化研究也关注大众文化和媒体中那些被忽视的材料,比如电视剧、通俗小说、广告等,并强调文本是开放的、多义的,观众的观看也是多元的。观看的问题因而被纳入受众接受的问题中,被理解为意义竞争、文本协商的过程。对此,英国学者杰西·史黛西(Jackie Stacy)在《明星凝视》(1994)一书中,将这种文本与经验的二分法描述为精神分析电影批评与文化研究视野下观众研究之间的差异:

---

① Penley C. Feminism, Psychoanalysis, and the Study of Popular Culture[M]// Lawrence Grossberg and Cary Nelson Cultural Studies. New York and London: Routledge, 1992: 479-500.

精神分析：观众位置，文本分析，意义生产，消极观看者，无意识，悲观的。

文化研究：受众阅读，民族志，意义消费，积极观看者，意识，乐观的。①

此后，在考察大众文化中观众观看的欲望与认同问题时，精神分析学的解释与伯明翰文化研究的民族志方法走向结合。研究者们注重社会读者和社会文本之间的相互作用，尝试将文本、受众、研究者与语境综合考察。这一方面超越了精神分析学中文本观众的模型与文本决定论框架，另一方面也为受众研究中一直以来对无意识问题的忽视做出了弥补。

## 第三节 拟像与超真实

视觉技术的发展不仅意味着人们的生活被影像所包围，更意味着人的生活本身及所感知的世界逐渐由一个个符码搭建而成。② 曾经的观众观看与电影装置理论建立在胶片电影的时代语境中。彼时，影像的生产背后对应着一个真实之物的存在，而胶片的物质性标志着将真实自然对象的影像化复制的中介属性。而随着影像技术的转变，不仅数字影像替代了传统胶片，影像背后的真实之物也逐渐消失。影像符号可以完全由数字技术所模拟再造，即参照某个表征制造出另一个表征，而不需要真实之物的参与。影像实现了自动化的生产。这在互联网时代尤为显著。有关这方面的理论论述，可以联系到20世纪70年代末至80年代，法国哲学家、后现代理论家让·鲍德里亚（Jean Baudrillard，1929—2007）在面对后现代媒体的符号生产所构建的批判体系。本书第二章曾谈到，鲍德里亚早期关注符号学与马克思主义政治经济学的结合，并形成自身独特的后马克思主义社会批判，以《物体系》（1968）、《消费社会》（1970）、《符号政治学批判》（1972）这三部著作奠定了他前期的学术成就。而到70年代中后期，鲍德里亚从对消费社会的反思转向了对伴随着媒介技术发展而来的后现代问题的关注，通过论述模拟（simulations）和拟像、媒介和信息、科学和新技术、内爆和超现实寓言了一个后现代世界的到来，尤其以《象征交换与死亡》（1976）和《仿真与拟像》（1981）为代表。从某种程度上来说，鲍德里亚的理论直指网络电子时代人们所面对的生存处境。"拟像世界"意味着一个虚拟视觉化的世界。当世界通过视觉技术变成了纯粹的表征时，意味着这个世界里不再有本质与现象、真实与表象的区分，表象本身就是真实，甚至是一种比真实更加真的"超真实"，而这

---

① Stacy J. Star Gazing: Hollywood Cinema and Female Spectatorship[M]. London and New York: Routledge, 1994: 24.

② 毛湛文，丁稚花. 符号拼接与界限消失："内爆"视角下可视化新闻报道的视觉批判[J]. 青年记者，2021(10): 26-29.

正是鲍德里亚关切的后现代困境。①

## 一、仿真与拟像

"拟像"(simulacra)这一概念最早可追溯到古希腊哲学家柏拉图的"理念论",它处于"理念-摹本-拟像"这三层级中的最底层。简单来说,"拟像"就是对模仿的模仿,是"表征"的表征。它并不是单一的模仿、临摹、复制,其背后并没有对应的真实之物,也没有一个"原型"。我们可以用模拟技术合成的影像来理解拟像,也就是说,拟像脱离了具体的现实指涉,是完全由技术打造而成并且能够自主生产意义的虚拟的仿像。②鲍德里亚谈到,符号或者图像经过了四个发展阶段:其一,它是基本现实的反映;其二,它遮蔽或颠倒了基本现实;其三,它掩盖了基本事实的缺席;其四,它无论与什么样的现实都没有任何关系,它本身就是纯粹的拟像。可见,拟像就是在第四阶段进入仿真序列,实现自主性的生产逻辑的表征符号。它可以自我复制和自主生产,不与现实或真实发生直接联系,从而完全成为了一种符号化的行为。③

在鲍德里亚的论述中,"仿真"与"拟像"是一组互文概念。他为后现代文化设立了一个坐标系来考察"仿真"的历史谱系,仿真与仿造、社会物质资料生产一起构成了三个历史阶段,即"拟像的三序列"。首先,最早的仿造阶段是从文艺复兴到工业革命时期,人们遵循"自然规律",符号主要是模拟、复制和反映自然,它是一种具有象征性的仿像,因此仿造物与自然一同出现,是新兴阶级意欲推翻神权统治、实现民主的一种意义表达。其次,随着工业时代来临,社会生产力水平大大提高,机械复制与社会化大生产在第二阶段中成为主导模式。这一时期资本主义社会遵循"市场价值规律",大量的复制产品出现,以谋求市场利润。此时的仿造物已经可以脱离自然,开始对已出现的仿造物进行再仿造。这也正是本雅明所提到的机械复制时代艺术品"灵韵"的丧失,即"原作"的本真性与独一无二性的消失,取而代之的则是标准化的复制品生产。第三阶段则是仿真阶段,是一个被代码所主导的时代,遵循的则是"结构价值规律"。在这一阶段,拟像构造的"真实"不仅是那个得以再现的东西,而且是那个永远已经再现的东西,即"超真实"。④可以说,从文艺复兴的仿造,到工业社会中的生产,再到数字时代的"仿真",世界关于"真实"的边界被一步步消解,走向一个逐渐符号化及虚拟化的过程。

鲍德里亚借用麦克卢汉在1964年提出的"内爆"(implosion)来解释媒介的发展以及拟像世界的到来。首先,"内爆"强调大众媒介中意义的过剩。在鲍德里亚看来,"内爆"

---

① 让·波德里亚. 象征交换与死亡[M]. 车槿山,译. 南京:译林出版社,2006:105.
② 赵立敏. 像:从图像、拟像到仿真[J]. 新闻知识,2012(11):54-55.
③ 赵静蓉. "真"的真实与"假"的真实:论现代社会中"本真"与"仿真"的差异[J]. 文艺理论研究,2009(5):111-116.
④ 让·波德里亚. 象征交换与死亡[M]. 车槿山,译. 南京:译林出版社,2006:107.

是社会力趋于疲惫的过程,后现代社会中的媒体造成了各种界限的崩溃,包括意义内爆于媒体。① 其次,在"内爆"中,信息实现了自我的消耗。可以说,伴随着信息的过载,信息在交流行为中消耗自身,不是在生产意义,而是在消解意义。再次,"内爆"意味着信息符号的一种全自动运作。大众传播已并非出自其内容、其传播模式、其明确的目的,也不是出自其容量或其真正的受众,而是出自其自主化媒介的逻辑本身。在这种全自动再生产中,一个符号参照另一个符号,一件物品参照另一件物品,一个消费者参照另一个消费者。② 最后,在这些情况下,媒介构成了"超真实"。也就是说,大众媒介成了引发"内爆"的场所,使"超真实"成为可能。

## 二、超真实

鲍德里亚在《象征交换与死亡》中指出,人类社会已经进入由代码和仿真统治的超真实形态。③ "超真实"(hyper-reality)也被翻译为"超现实",它是指电子媒介为大众所构建的虚拟和幻象的世界。④ 在这一世界中符号不需要任何参照,它可以以自身为仿像进行复制,生成一个个"真实"的幻象。简单来说,超真实是对"真实"的过度拟仿,是比真实更加真实的超级真实。"超真实"的到来意味着,拟像与真实之间的界限已经"内爆"。拟像不再是对某个领域、某种指涉对象或某种实体的模拟。它无需原物或者实体,而是通过模型来生产真实。因此,当代社会则是由大众媒介营造的一个仿真社会。正如鲍德里亚所说,"拟象和仿真的东西因为大规模的类型化而取代了真实和原初的东西,世界因而变得拟象化了"。⑤

在《仿真与拟像》中,鲍德里亚对超真实作了更为具体的阐述。他认为,超真实体验的出现主要是由于现代科学技术的快速发展。⑥ 电子信息、数字影像、移动互联网等技术不断拓展着人们的生活世界。原先由真实物所构成的传统物质社会被打破,而能够自我复制的符号逐渐为人们延展出一个"超真实"的社会空间。身临其境的3D影像、追求实感的高保真音响等视听文本不断刺激着人们的感官神经。人们寄居在由技术和数据所打造和包围的空间之中,一切看起来都是确定的、可掌控的,然而主体在其中已失去对存在本身的认知和体验,所感受到的真实仅仅是数字的确定性。鲍德里亚认为,我们通过大众媒体所看到的世界,并不是一个真实的世界。甚至因为人们只能通过大众媒体来认识世界,真正的真实已经消失了。我们所看见的是媒体所营造的由被操控的符码组成的

---

① 石义彬.单向度、超真实、内爆:批判视野中的当代西方传播思想研究[M].武汉:武汉大学出版社,2003:265.
② 让·鲍德里亚.消费社会[M].刘成富,全志钢,译.南京:南京大学出版社,2001:134-135.
③ 周玥,唐正东.鲍德里亚拟真理论中资本逻辑的抽象建构[J].南京社会科学,2021(03):47-53.
④ 徐竞涵.被强化的"洞穴幻像":当代高科技电影中的"超真实"、意向性与符号拜物教[J].当代电影,2020(6):159-163.
⑤ 让·鲍德里亚.仿真与拟象[M]//汪民安.后现代性的哲学话语.杭州:浙江人民出版社,2000:329.
⑥ 周玥,唐正东.鲍德里亚拟真理论中资本逻辑的抽象建构[J].南京社会科学,2021(03):47-53.

"超真实"世界。① 既然一切都在媒介中存在,一切都在媒介中被感知,超真实以拟像符号取代了真实,那么现实世界将是一个由拟像符号决定了的世界。现实与符号的对应关系已经不复存在,存在的只是没有原型的拟像符号,符号本身就是现实。换句话说,虚拟与真实不再是对立的关系,虚拟侵占、吞并、建构了真实。在拟像社会中,我们不是在现实之外寻求幻想,而是在幻想之中寻找现实。

美国电影《黑客帝国》(1999)在某种程度上可被视为鲍德里亚的拟像与超真实理论的一个科幻隐喻。电影所揭示的就是一个由数字代码所建立的超真实世界。在影片中,机器为了控制人类的精神意志,通过数字代码为人类建构了一个矩阵/母体(Matrix),并与人类的大脑相连。在这个计算机矩阵之中,人类仍然可以拥有多样身份和体验各种生活,所有的一切似乎都是令人满意和再日常真实不过的。但事实上这只是机器技术为人类被困住的精神所打造的一个虚拟空间,所见所感之物皆是幻象。人类的真实身体则在矩阵/母体之外为其提供能量,成为计算机的"养料"。而革命的起点则发生在对由拟像打造的"现实生活"种种快感的弃绝中,也就是回到一个被虚拟世界所榨取的、已然贫瘠的真实荒漠中。

在视觉影像之外,另一个例子便是迪士尼乐园。在鲍德里亚看来,迪士尼乐园也是一个典型的超真实场所。它被表现为一个人造的"童话世界",区分于真实的世界。当走进迪士尼乐园时,沉浸在各种游乐设备、音乐、美食、表演构成的世界中,一切强烈体验都是真实的,让人遗忘拟像与真实的区别。而在离开迪士尼乐园的时候,此前的强烈体验消失,人们又会觉得那终究是一个幻想的世界,而自己将面对的现实生活才是真实的。这种整体性的体验结构,把迪士尼乐园和乐园之外的一切都整合进一个"超真实"的世界。鲍德里亚谈到,"迪士尼乐园想隐藏的事实就是,它是'真实'的国度,'真实'的美国的一切,就是迪士尼……迪士尼乐园以一种幻想的方式呈现,目的是让人相信迪士尼之外的其他地方都是真实的,而实际上它周围的洛杉矶和整个美国都不再是真实的,而是处于超真实和拟真的序列之中。"②

### 三、对鲍德里亚拟像论的反思

鲍德里亚的理论在彼时学术界引起了不小的轰动,他也被称为"知识的恐怖主义者"。1991年海湾战争期间,鲍德里亚在英国《卫报》上撰文,声称"海湾战争从未发生",引起了巨大的争议。他将海湾战争重新解读为一场"媒介化"的战争,即一场在电子屏幕上展开的虚拟战争。也就是说,海湾战争只是对真实战争的一种拟像,对于坐在电视机前的观众而言,观看"现场直播"的海湾战争与观看一部好莱坞大片并无区别。持不同立

---

① 陈力丹,陆亨. 鲍德里亚的后现代传媒观及其对当代中国传媒的启示[J]. 新闻与传播研究,2007(3):75-79,97.
② 理查德·J. 莱恩. 导读鲍德里亚[M]. 柏愔,董晓蕾,译. 重庆:重庆大学出版社,2016:100.

场的新闻媒体可能会做出完全不同的报道，然而离战争万分遥远的、坐在电视机前的人们所看到的或听到的"海湾战争"，仅仅是被媒介复制、再现或操作了的。正是在这个意义上，鲍德里亚以一种挑衅式的后现代姿态宣称："海湾战争从未发生"。①

但是，鲍德里亚的后现代媒介观过分强调了后工业化社会中生产的文化象征意义，忽略了日常生活中实际的物质需要。② 此外，亦有批评者指出鲍德里亚对于技术决定论的倾向，以及他对技术之于社会生活负面作用的强调，削弱了其批判的立场，并易于陷入虚无主义和悲观主义的论调。在鲍德里亚看来，不断滚动的信息和自我生产的拟像不断消解着人们的注意力，造成了主体性的丧失。然而媒介中的人如何对拟像与超真实世界实现能动地协商、抵抗与批判，则仍需寻找理论的出路。

## 第四节　案例分析：虚拟现实的视觉景观

当代数字技术已深深嵌入人们的日常生活，机器视觉侵入自然视觉，不断更新着人眼的感知逻辑。在数字化浪潮下，现实也被进一步虚拟化。虚拟现实技术（Virtual Reality，简称 VR）进一步融合了现实与虚拟，消解了二者的边界。虚拟现实是一种利用计算机生成模拟环境，创建虚拟沉浸体验的仿真系统。③ 在这个仿真系统中，用户借助于数字眼镜、数字头套等设备，能够极大地发挥能动性与调动全身感官来漫游其中，展开互动并获得沉浸式体验。虚拟现实技术最早出现于 20 世纪 70 年代，当时的计算机图形学先驱伊万·萨瑟兰（Ivan Sutherland）向人们展示了头戴式三维显示器（HMD）。而真正开始使用"虚拟现实"这一概念并投入实际生产则是从 90 年代开始。2016 年被称为"VR"元年，世界各大科技公司纷纷对 VR 进行投资、研发和推广。在新闻业中，媒体机构开始利用 360 度全景拍摄和虚拟现实技术进行沉浸式报道。例如《纽约时报》制作的 VR 新闻作品《流离失所》将观众带向动荡的中东，使得观众能够如置身于现场般地感受战争带给人们的苦难。2017 年我国的两会报道中，人民日报、央视、新华社等媒体均采用了 VR 技术手段，为观众带来身临其境般的与会体验。随着数字化进程的不断加快，VR 技术开始有了越来越多的应用和愈渐成熟的效果。从具体实践和各式内容来看，当下虚拟现实仿真系统的建构主要可分为两种方式：一是虚拟现实元素融入真实现场，二是完全构建一个全新的虚拟世界以作为叙事背景。④ 下文将以两个相关案例来对虚拟现实的

---

① 车致新. 软件不存在：基特勒论软件的物质性[J]. 中国图书评论，2019(5)：70-76.
② 王志永. 鲍德里亚的后现代媒介思想述评[J]. 新闻界，2007(2)：24-25，13.
③ 申启武，李颖彦. 感知边界的革命：论虚拟现实的沉浸感营造及其认同建构[J]. 现代传播（中国传媒大学学报），2021，43(1)：92-97.
④ 段鹏，李芊芊. 叙事·主体·空间：虚拟现实技术下沉浸媒介传播机制与效果探究[J]. 现代传播（中国传媒大学学报），2019，41(4)：89-95.

视觉景观进行解读。

## 一、邓丽君虚拟人演唱会

2015年5月9日,在邓丽君逝世20周年之际,中国台北小巨蛋体育场举办了主题为《如果能许一个愿望》的邓丽君虚拟人纪念演唱会。演唱会伊始,通过虚拟现实技术重现的邓丽君身着一袭红色长裙,缓缓出现在舞台中央,对着观众们问候道:"各位朋友,真的好久不见了,非常想念大家。"随后,邓丽君"亲自"演唱了《甜蜜蜜》《月亮代表我的心》等经典歌曲,无论是一颦一笑,还是举手投足间,都让观众恍若回到了30年前的邓丽君现场演唱会。之后歌手费玉清作为现场嘉宾登场,与虚拟邓丽君合唱了多首歌曲,并展开了多次对话互动,进一步拉近了虚拟邓丽君与真实现场的距离。当这场特殊的演唱会即将结束时,在场的许多观众都红了眼眶。

演唱会上邓丽君的音容神韵得以生动再现主要借助于虚拟人像技术和全息投影技术。作为背后的技术团队,特效公司数字王国花费了多年时间来打造一代歌后邓丽君的虚拟形象。无论是眼睛、鼻子、睫毛等面部信息,还是眼神、口型、肌肉等动态特征,技术人员均需要细细打磨,甚至是舞台上的灯光,也被纳入制作范畴之中。只有当这一切细节都敲定之后,虚拟人的模型才得以完成,也才能够进行下一步的肢体动作匹配工作,成为一个有灵魂的虚拟人。数字王国主席兼行政总裁谢安表示,虚拟人并非静态的蜡像,它的难处就在于如何生动逼真地再现人物的动态形象。而当时观众湿润的眼眶就是对所展现效果的最好的肯定。除此以外,这场演唱会还运用了全息投影技术,完成对邓丽君重返舞台的造梦。全息投影技术(front-projected holographic display)也称虚拟成像技术,它是利用干涉和衍射原理记录并再现物体真实的三维图像的技术。目前该技术的使用已经延伸到了舞台表演、展览等商业活动之中。在全息投影的作用下,邓丽君虚拟人像打破了时空界限,以立体的空中幻象形式出现在舞台之上,并且能够与真实人物展开互动。在这样亦真亦幻的场景下,真实与虚拟的边界被消融,许多现场观众都有所触动,仿佛邓丽君从未离开。

如米歇尔·海姆(Michael R. Heim)所言,"虚拟的消逝意味着虚拟的成功"。[①] 当虚拟浸入到现实之中,真与虚之间的边界开始模糊甚至消失了。虚拟之物重构了真实与人们的经验。在邓丽君虚拟人纪念演唱会中,虚拟的邓丽君与真实的费玉清同台互动,前者青春永驻,而后者则标记了历史时间,这无疑是影像在技术和意义上的双重突破。在技术支持下,这场演唱会不仅是一场极具科技感的视觉奇观,还实现了跨越真实与虚拟、跨越时间、甚至跨越生死边界的纪念意义。

---

① Heim M. The Paradox of Virtuality[M]//The Oxford Handbook of Virtuality. New York:Oxford University Press,2014:111-125.

## 二、虚拟现实短片《HELP》

2014年,谷歌重磅推出 VR 短片《HELP》。这部影片由导演过《速度与激情》系列电影的华人导演林诣彬(Justin Lin)所指导,并且由谷歌、影视特效公司 The Mill 及制作公司 Bullitt 联合制作。虽然短片时长仅为5分钟,但投入资金却高达500万美元。从制作来看,这部 VR 影片除了采用多台昂贵的 Red Dragon 摄影机进行 4K 全景的拍摄外,还运用了大量的计算机动画进行加工,拍摄素材多达 200 TB,并且完成了1500万帧的渲染。

《HELP》的故事场景位于洛杉矶市中心的唐人街,主要讲述了男女主角与外星怪物斗智斗勇的故事。观众除了可以戴上 VR 眼镜进行沉浸式观看以外,也可以通过手机或者网页来全景式观看。由于影片的360度全景效果和高质量画面,观众能够主动地探索影片中的每一处景象和细节,仿佛自己也置身于满目疮痍的街道之中,感受枪林弹雨的惊险与刺激。借助 VR 穿戴式设备,观影者能够获得更加沉浸的感官体验,如同走进了故事发生的场景之中,成为一名路人,与影片主角共同经历生死瞬间。同时,在身体的转动之下,观众能够观察影片中所发生的一切,全方位地获得故事信息。例如,在短片的前两分钟,可以看到主人公不远处的地面被炸出火光,随后便有怪兽出现,此时观影者便可以自行选择视角,既可以靠近主人公以体验他们紧张的情绪,又可以停留在怪兽处从而获得肾上腺素飙升的刺激感。

与传统电影不同,在虚拟现实电影之中,观众似乎已不再是独立的、端坐的旁观者,相反,他们能够发挥自身的主观能动性,以参与者的身份进入电影情境之中。并且电影所展示的视角也是去中心化的,这让观众拥有开放化的观看体验和更加真实的心理体验。虚拟现实电影特殊的影像呈现方式和体验形态,让电影从打造"虚幻的梦境"转向了"超真实的梦境"。原来潜藏在观众头脑中的视觉幻想已渐渐成为可感知的、可互动的身体-视觉想象。

虚拟现实如今已被广泛应用到许多方面,例如新闻报道、游戏、电影、展馆等。从古代遗址到已逝之人,从科幻世界到真实战场,虚拟现实技术总能将场景或形象再现,使体验者拥有沉浸式的身心体验。在虚拟现实影像中,影像是真正的出发点。数字技术使得影像打破屏幕区隔而塑造真实情境,人们将从一个真实可感的现实空间进入另一个真实可感的虚拟现实空间。在人们的亲身参与下,虚拟之物还能够做出实时反应,而参与者的情感也愈发能够得到共鸣。在一定程度上,媒介已能够实现与人类心灵的弥合和行动的交互,为人们带来生动真实的情感共振。[①] 但与此同时,在虚拟现实化的未来,对于打造"现实"背后的权力机制仍需建立不断的反思与批判。技术和符号构筑起一幅新兴

---

① 朱凌飞.视觉文化、媒体景观与后情感社会的人类学反思[J].现代传播(中国传媒大学学报),2017,39(5):96-100,105.

而隐晦的"元宇宙"图景,既建构着人们的情境体验,同时又在持续影响着人们的精神世界。

## 【思考题】

1. "电影"和"视频"的概念有何不同？视觉技术的发展将如何颠覆传统"电影"的观看机制？
2. 举例谈谈当代以数字图像、短视频和直播为主导的视觉文化如何建构人们对"现实"的认知。
3. 如何看待虚拟现实化的未来？